The Beachcomber's Guide to Marine Debris

Michael Stachowitsch

First published in English under the title
The Beachcomber's Guide to Marine Debris
by **Michael Stachowitsch**, edition: 1
Copyright © Springer International Publishing AG, part of Springer Nature, 2019
This edition has been translated and published under licence from
Springer Nature Switzerland AG.
Springer Nature Switzerland AG takes no responsibility and shall not be made liable for the accuracy of the translation.

이 책의 한국어 판권은 Springer Nature Switzerland AG와
독점 계약한 한바랄에 있습니다.

저작권법에 의하여 한국 내에서 보호를 받는 저작물이므로 무단 전재와 무단 복제를 금합니다.

우리가 바다에 버린 모든 것

마이클 스타코위치 지음
서서재 옮김

바다를 걱정하는 당신을 위한 해변 쓰레기 대백과

햇비람

일러두기

1 본문의 페이지 하단에 적힌 각주는 모두 옮긴이의 것입니다.

2 어류 동물을 죽어 있는 식량 자원으로 보는 관점에 반대하여, 본 도서에서는 '물고기'라는 말 대신 '물에 사는 존재'라는 뜻의 '물살이'라는 표현을 사용하였습니다.

3 해변 쓰레기 사진의 촬영지로 각 국가가 등장하는 빈도는 실질적인 국가별 해양 쓰레기 배출량이 아닌, 저자의 국가별 체류 기간을 반영합니다.

목차

발간을 환영하며 viii
들어가며 xii
감사의 말 xvi

1. 서론 19
   이 책의 구성 21
   해변은 살아 숨 쉬는 자연이다 27
   심각한 문제, 해양 쓰레기 33
       해양 쓰레기, 왜 문제인가? 36
   해양 쓰레기, 더 깊이 이해하기 43
       육상 기인 해양 쓰레기 45
       해상 기인 해양 쓰레기 52
   해변 청소가 필요하다! 64
       우리가 할 수 있는 것 66
       해변을 청소해보자! 73

2. 유리   79
   유리   81
   유리병과 유리조각   87
   전구   105

3. 금속, 자동차, 타이어   113
   금속   115
   자동차   139
   타이어   151

4. 플라스틱   169
   플라스틱   171
      미세플라스틱   180
   페트병 등   189
   대형 플라스틱 물통   213
   장난감   223
   풍선   233
   각종 가재도구   241
   비닐봉지와 플라스틱 포장재   253
   산탄총 탄피   267

5. 스티로폼   273

6. 위생용품   291
   개인 위생용품   293
   화장실 설비와 청소용품   303

7. 의료 폐기물   311

8. 가구와 설비 323
　해변 설치물 325
　가전제품 339

9. 의류 349
　옷 351
　신발 359
　슬리퍼 371
　장갑 381
　모자 387

10. 수상 스포츠용품 393

11. 어구 409

12. 나무 435
　나무 선박과 목재용품 437
　팔레트 451

13. 종이 463

14. 유기성 쓰레기 477

15. 원유와 타르 볼 495

16. 담배꽁초 509

참고문헌 533
옮긴이의 말 547
찾아보기 560

발간을 환영하며

세상에 끔찍한 소식이 끊이지 않고 있다. 지난 한 세기 동안 인간이 저지른 어리석은 짓들을 생각하면 어깨가 무겁다. 산업 시대는 인류를 해방시켜 줄 것이라는 기대를 한 몸에 받았지만 결국 너무나도 많은 죽음을 낳고 말았다. 우리는 화석 연료와 그 제품들에 대한 중독에서 벗어나지 못했고, 결국 이 때문에 기후 변화는 가속화되었다. 더러워진 수도와 오염된 바다…. 산업은 무한한 바다가 우리의 폐기물을 한도 끝도 없이 수용해 줄 것이라는 오판 하에 번영했다. 그리고 지구의 이 경이로운 파란빛 생태계는 금속과 유리, 플라스틱, 나무, 종이, 섬유, 그리고 기름의 매립지로 전락했다.

지구에는 웅장한 크기의 고래부터 조그마한 플랑크톤에 이르기까지 다양한 해양 생물이 서식한다. 나는 그들에 대한 깊은 열정에서 오션케어OceanCare를 설립했다. 나는 이 행성의 표면 중 70%를 차지하고 있는 바다와 하구, 석호, 맹그로브숲, 산호초, 염습지, 간조대, 해저에서 놀라울 정도로 유동적인 생명의 네트워크를 발견했고, 여기에서 내 작업에 많은 자극을 받았다. 바다 생물은 전 지구적 생명 활동의 근간이다. 바다 생태계는 지구의 허파이자 지구의 자양분이며, 기후를 안정적으로 유지해 주는 원동력이다. 그래서 바다의 죽음은 우리의 죽음을 의미한다.

우리는 주로 해변을 통해 바다와 연결된다. 우리는 해변에서 일상으로부터 탈출하는 달콤한 꿈을 꾸거나 목가적인 휴일을 보낸다. 찰박대는 해변의 파도 소리는 깊은 안정감을 주고, 모래 속에서 갓 집어 올린 조개껍데기는 낯선 생명에 대한 호기심을 불러일으킨다. 인파로 북적거리거나 바람이 휘몰아치는 해변이라 하더라도 물속에 가만히 발을 담그고 있으면 파도가 고운 모래를 이끌고 발가락 사이로 들어왔다 나가기를 반복하며 마음을 노곤하게 해준다. 바다의 가장자리에 서서 그 안을 들여다보면 지구가 정말이지 경계가 없는, 둘도 없이 아름다운 곳이라는 사실을 깨닫게 된다.

하지만 바다가 텅 비어 있다거나 무한히 크다는 환상은 이제 내려놓자. 나는 해양 보호 캠페인을 이끄는 동안 바다가 파도와 함께 무언가를 계속 바깥으로 뱉어내는 암울한 모습을 목격했다. 그것은 폭풍이 몰아친 뒤에 해변에 해초가 가득 쌓이는 것과 비슷했다.

수십 년 전에 플라스틱 쓰레기 문제가 처음 주목받던 때만 하더라도 전 세계는 쓰레기가 먼바다의 외딴섬에 일단 모이면 그곳을 떠나지 않을 것이라고 생각했다. 그리고 당시에는 해양 생물들만 바다 쓰레기의 위협을 받는다고 생각했다. 때때로 금속이나 유리, 나무로 이루어진 무언가가 해안가에 떠내려오긴 했지만, 우리는 그것들을 보며 낭만적인 향수에 젖을 뿐이었다. 소금과 모래 알갱이에 마모되어 매끈매끈해진 모습이 마치 문명 세계에 찾아온 심연의 보석이라도 되는 것처럼 말이다.

하지만 바다 쓰레기 문제는 해가 갈수록 눈덩이처럼 불어났다. 오늘날 거의 모든 해변은 쓰레기로 더럽혀지고 이전의 영롱하던 빛을 잃고 말았다. 이제는 산호에 플라스틱 쓰레기가 걸려 있지 않은 모습을 찾아보기 힘들다. 해양 쓰레기는 그 규모가 너무나 압도적이라서 보고 있으면 말문이 막힌다. 매 순간 안 좋은 소식이 날아들고 있다. 이 때문인지 사람들은 사고와 행동을 멈추고 항상 스트레스 상태에 빠진 채 제자리에 가만히 서있기만 한다. 하지만 이러한 마음가짐으로는 결코 지금의 위기를 극복할 수 없다.

인간은 창의적인 존재이다. 나는 우리가 이 문제를 해결할 방법을 찾아낼 것이라고 굳게 믿는다. 공감 능력을 잃지 않고 해결책이 뒷받침된 정보를 전파한다면 우리는 더욱 힘을 얻고 인류에 대한 믿음을 회복할 수 있을 것이다. 사실에 기반한 메시지는 유머 감각이 가미되었을 때 비로소 일상에서도 큰 변화를 가져온다. 이 책 『우리가 바다에 버린 모든 것The Beachcomber's Guide to Marine Debris』은 그러한 미덕을 갖추고 있다.

생태안내원과 동행하며 자연공원의 생물들에 관한 설명을 들어본 경험이 있는 독자라면 이 책의 서술방식도 이와 비슷하다고 느낄 것이다. 아직 해변은 우리 곁을 떠나지 않고 있다. 우리는 아직 해변에 가서 햇볕 아래 따뜻해진 모래 위를 맨발로 거닐 수 있다. 하지만 이제 우리는 목적의식을 가지고 해변에 갈 필요가 있다. 커다란 변화로 나아가는 길목을 『우리가 바다에 버린 모든 것』이 밝게 밝혀주길 바란다.

지그리드 뤼버Sigrid Lüber
오션케어www.oceancare.org 창립자 · 회장

들어가며

 해변은 지구상에서 가장 마법 같은 곳이다. 신발을 벗고 맨발로 모래사장을 거니는 것은 분명히 살면서 누릴 수 있는 여러 가지 즐거움 중 하나이다. 세계 인구의 대다수가 해안가에 밀접해서 살고 있는 이유는 그만큼 해변이 매력적인 곳이기 때문이 아닐까. 미국에서만 하더라도 해안선에서 80km 이내에 거주하는 인구가 절반이나 된다고 한다. 해변은 거의 모든 사람이 휴가를 즐기기 위해 즐겨 찾는 장소이기도 하다.

 해변이 우리를 끌어당기는 가장 큰 힘은 아마도 그곳에 가면 가장 순수하고 길들여지지 않은 자연을 느낄 수 있기 때문일 것이다. 하지만 오늘날 우리의 해변은 육지와 바다의 자연스러운 주고받음을 넘어 급변하고 있다. 해양 환경이라고 하면 요즘은 오염과 서식지 파괴가 가장 먼저 떠오른다. 해양 오염 중에서도 가장 눈에 잘 보이고 모든 바다에 만연한 문제는 바로 쓰레기 오염이다. 폐기물이나 잔해, 부유물, 찌꺼기 등등 사람에 따라 부르는 이름은 다르지만, 일반적으로는 '해양 쓰레기'라는 표현이 사용된다. 해양 쓰레기는 단순히 보기에만 안 좋은 것이 아니다. 해양 과학자들을 비롯하여 다양한 시민 단체와 정부 기관, 국제기구에서는 이제 해양 쓰레기가 가져오는 해악들을 인지하고 있다. 해양 쓰레기는 관광 산업을 망치고, 자연 생물들의 생명을 위협하며, 어업과 선박 운항에도 심각한 위험을 초래할 뿐만 아니라, 인간의 건강에도 치명적이고, 연안 지역 공동체의 경제도 파탄시킨다.

    오늘날 알록달록한 조개껍데기 같은 것을 주워볼 요량으로 해변에 가는 사람은 그곳에서 야생 동식물보다 인간이 만든 쓰레기를 더 많이 마주치게 될 것이다. 이 책에서 나는 그러한 현실을 제대로 보여주고자 했다. 이 책에는 세계에서 가장 사랑받는 관광지인 해변이 쓰레기의 공격으로 신음하고 있는 사진들이 담겨 있다. 나는 사람들이 버리고 간 것들을 하나씩 카메라에 담았다. 이 책은 자연 생태 필드가이드의 형식을 취하고 있지만, 해초나 조개와 같은 연안 서식 생물들의 모습을 보여주기보다는 실제로 해변과 호숫가와 강가를 점령하고 있는 것들을 보여주고 있다. 그 주인공은 플라스틱과 금속, 목재, 원유, 의류와 같은 각종 쓰레기들이다. 일반적인 자연 생태 필드 가이드의 내용은 특정 지역의 동식물에 국한되어 있지만, 이 책은 전 세계 어느 해변에서든 읽을 수 있다. 환경오염, 그중에서도 특히 해양 오염은 전 지구적인 문제이다. 전 세계의 바다는 모두 연결되어 있다. 다국적 기업들은 상품을 전 세계로 유통시켜 판매하고 있으며, 바람과 해류와 파도는 남극해와 북극해를 포함한 7대양과 모든 해안으로 쓰레기를 흩뿌리고 있다.

여러분이 해변 청소 활동에 참여하고 있건, 해변에서 밟을 뻔한 쓰레기의 정체가 궁금해졌건, 아니면 생각할 거리와 재미를 제공하는 휴가철 읽을거리가 필요하건, 이 책은 좋은 선택이 될 것이다. 이 책을 통해 여러분은 해변에서 발견한 쓰레기의 정체가 무엇이고, 그것이 어디에서 왔으며, 언제 분해되어 사라지고, 어떤 위험을 끼칠 수 있는지, 그리고 그러할 쓰레기를 줄일 수 있는 방법과 그것 대신 사용할 수 있는 대체품에는 어떤 것이 있는지, 그 쓰레기를 가지고 어떤 재활용 및 업사이클링 제품을 만들 수 있는지 알게 될 것이다.

바다와 해변에 쓰레기를 버리는 것은 범죄이다. 전 세계의 해변은 우리가 저지른 일을 똑똑히 보여주는 범죄현장이 되었다. 그러나 다른 오염과 달리, 해변 쓰레기 문제와 관련해서 우리 각자는 소비자이자 자원봉사자로서 무언가 할 수 있는 일이 있다. 그러니 행동에 나서자. 해변 쓰레기를 치우며 해변 청소와 플로깅의 즐거움을 사람들에게 알려주고, 맨발로 해변을 거니는 행복을 지켜나가자.

오스트리아 빈에서,
마이클 스타코위치

쓰레기에 뒤덮인 해변에 관해 사색하기에 해변보다 더 좋은 장소가 또 있을까! 최근 있었던 국제 연안 정화의 날에는 전 세계 해변에서 변기가 56개나 수거되었다.

감사의 말

우선 전통적인 학문의 경계를 벗어나 학술 출판의 성격에 딱 들어맞지 않음에도 이 책을 출판해준 Springer 출판사와 편집자 자넷 슬로보딘Janet Slobodien에게 감사의 마음을 전한다. 이 책이 세상에 나올 수 있었던 데에는 이 책에 매우 긍정적인 평가를 해 준 익명의 리뷰어 두 사람의 도움이 있었다. 또한 이 책의 출판을 열정적으로 지지해준 오션 케어OceanCare 팀, 그중에서도 특히 니키 엔트럽Niki Entrup에게 각별한 감사의 마음을 전한다. 셀 수 없이 많은 사진 파일은 나와 함께 해변 쓰레기와 새끼 바다거북의 관계에 관한 논문을 작성했던 페트라 트리스니히Petra Triessnig가 없었다면 정리되지 못했을 것이다. 이 책에 담긴 사진에는 각각 촬영 장소가 표기되어 있는데, 사진의 촬영지로 등장하는 빈도는 국가별로 해양 쓰레기를 많이 배출하는 정도를 반영한다기 보다는 내가 그곳에 얼마나 오래 머물렀는지를 의미한다. 물론 내가 이런 책을 쓸 것이라고 눈치챈 사람은 없겠지만, 쓰레기가 나뒹구는 해변의 창피한 모습을 찍고 있는 나를 보고도 체포하지 않은 사람들에게 고마움을 전한다. 136쪽의 사진 2는 마틴 주쉰Martin Zuschin이 촬영한 것이며, 137쪽의 사진 3과 149쪽의 사진 5는 파비안 리터Fabian Ritter가 제공해주었다. 알렉산드라 하젤마이어Alexandra Haselmair는 네 개의 도표를 그려주었다. 마지막으로, 내가 이 책을 완성하도록 닦달해 준 나의 배우자 실비아와 나의 친구들, 동료들, 그리고 몇 년 전 이탈리아로 휴가를 떠났을 때 이런 책을 쓸 생각을 할 수 있게 해준 코니 데니히Coni Dennig에게 감사의 마음을 전하고 싶다. 이 책은 내 고장과 전 세계의 해변에 대한 나의 진심 어린 사랑으로 쓰였다.

1
서론

이 책의 구성
해변은 살아 숨 쉬는 자연이다
심각한 문제, 해양 쓰레기
해양 쓰레기, 더 깊이 이해하기
해변 청소가 필요하다!

이 책의 구성

해변에는 우리가 버린 모든 물건이 모여든다. 지금까지 한 번이라도 생산된 적 있는 물건이라면 전 세계 해변 중 최소한 어느 한 곳에서는 발견할 수 있을 것이다. 해변은 버려진 부엌 싱크대마저도 등장하는 곳이라고 한다면 조금 감이 잡힐까? 해변 쓰레기는 종류가 그야말로 천차만별이라 보편적인 분류 기준을 만들기 쉽지 않다. 하지만 오늘날 전 세계는 활발한 국제 무역의 결과로 서로 비슷비슷한 물건을 사용하게 되었고, 해변에 쓰레기를 마구 버리는 문제도 어느 한 지역만의 문제가 아니기에, 이 책의 내용은 어느 나라 사람이 읽더라도 유효할 것이라고 생각한다.

이 책에서 나는 각종 해양 쓰레기를 대분류와 소분류로 나누어 정리했다. 대분류로는 '유리, 금속, 플라스틱, 스티로폼, 위생용품, 의료 폐기물, 가구와 설비, 의류, 수상 스포츠용품, 어구, 나무, 종이, 유기성 쓰레기, 기름과 타르 볼, 담배꽁초'의 15가지 항목이 있으며, 각각 하나의 장으로 정리했다. 대분류는 다시 소분류로 세분화된다. 예를 들어 '유리' 항목은 '유리병'과 '전구'로 나뉘고, '의류' 항목은 '옷', '신발', '장갑', '모자'로 나뉜다. '플라스틱' 장은 '페트병', '대형 플라스틱 물통', '장난감', '풍선', '각종 가재도구', '비닐봉지와 플라스틱 포장재', 그리고 '산탄총 탄피'로 구성되어 있다.

　모든 장은 한 편의 설명 글로 시작된다. 이 글은 해당 쓰레기가 해변에서 얼마나 자주 발견되고 어떤 경로로 해변에 도달하는지 등을 알려주고 있으며, 약간의 전문적인 지식이나 크고 작은 사건·사고들도 소개하고 있다. 여러분은 각 장에서 다루고 있는 쓰레기가 어떤 소재로 구성되어 있고 자연에서 분해되어 사라지는 데까지 얼마나 오랜 시간이 걸리는지, 그리고 그 쓰레기가 자연 생태계와 인간에게 어떤 위험을 끼치는지 알게 될 것이다. 이 책은 직접 해변에 나가서 쓰레기를 줍겠다고 다짐하게 될 독자들을 노련한 해변 청소 전문가이자 해설가로 이끌고자 한다. 이를 위해 각종 포장 라벨에 적힌 기호와 픽토그램을 해독하는 법과, 해변 쓰레기를 안전하게 수거하는 법, 일상에서 쓰레기를 줄이는 법, 그리고 해변에서 가져온 쓰레기를 재활용하거나 업사이클링하기 위한 아이디어들도 함께 소개할 예정이다.

    해양 쓰레기는 하나 이상의 소재로 이루어진 경우가 많기 때문에 분류하기 무척 까다롭다. 예를 들어, 전구는 몸체가 유리로 되어 있지만 하단부와 내부 부품은 금속으로 되어 있다. 플라스틱으로 이루어진 산탄총 탄피도 일부는 금속을 포함하고 있다. 더 나아가, 해변에 관광객들이 버리고 가는 쓰레기에는 온갖 소재의 쓰레기가 섞여 있는 경우가 많다(아래 사진). 이 책에서는 가급적이면 주 소재에 따라 쓰레기를 분류하고자 했는데, 소재보다 사용처에 따른 분류가 더 적합하다고 생각되는 경

해변에 버려진 비닐봉지를 열어보면 종이, 유리, 플라스틱, 금속, 그리고 음식물 쓰레기와 같은 대표적인 해양 쓰레기의 유형들이 모두 등장하곤 한다.

우에는 후자를 따랐다. 이에 따라 유리나 플라스틱 튜브, 금속 바늘, 고무 플러그로 구성된 주사기는 '의료용품' 장에 넣었다. 수영복과 모자, 신발, 슬리퍼, 장갑도 각각 다른 소재로 만들어질 수 있지만 '의류'라는 공통점이 있기에 별도의 장으로 정리했다. 목차를 살펴보면 각각의 장에서 어떤 쓰레기가 다뤄지는지 확인할 수 있을 것이다. 찾아보기 코너를 훑어보는 것도 좋은 방법이다.

이 책의 목적은 다음과 같다.

- 이 책은 해변에 버려지는 쓰레기의 종류가 상상을 초월할 정도로 많다는 사실을 환기하고, 이에 관한 관심을 불러일으키고자 한다.
- 이 책은 독자가 쓰레기의 정체를 잘 파악할 수 있도록 돕고자 한다. 해변에는 한눈에 무엇인지 알아볼 수 있는 쓰레기도 있지만, 자세히 살펴보아도 원래 어떤 물건이었는지 감을 잡기 어려운 쓰레기도 많다. 그래서 이 책은 쓰레기가 분해되어 가는 모습들을 최대한 많이 사진에 담아 소개하고자 했다. 이를 통해 여러분은 해변 청소를 할 때 쓰레기 수거 기록지를 더 정확하고 빠르게 기입할 수 있게 될 것이며, 현장에서 발견되는 쓰레기를 더욱 잘 해석할 수 있게 될 것이다.
- 이 책은 해양 오염 문제 전반에 관해 더 깊은 이해를 제

공하고자 한다. 또한 해변 쓰레기가 야생 동물과 인간에게 어떤 위험을 끼칠 수 있는지 밝히고, 쓰레기를 덜 발생시키기 위한 아이디어와 조금 더 친환경적인 대체품, 그리고 재활용 및 업사이클링의 가능성을 소개하고자 한다.

사진은 이 책에서 중심적인 역할을 한다. 대부분의 쓰레기는 연출 없이 해변에서 발견된 모습 그대로 직접 촬영했다.

이 책에 수록할 쓰레기를 선정할 때는 다음의 기준을 고려했다.

- 해변에서 자주 발견되는 쓰레기인가?
- 해변에서 발견되었다는 사실이 너무나 뜻밖이어서 당혹스러운 쓰레기인가?
- 심각한 위험을 끼칠 수 있는 쓰레기인가?

오늘날 기업들은 소비자의 브랜드 인지도를 높이기 위해 제품을 최대한 독특하고 화려하게 디자인한다. 그 덕분에 전문 쓰레기 연구자와 우리 해변 쓰레기 탐정들은 손쉽게 쓰레기의 정체를 파악할 수 있다. 이 책은 각각의 쓰레기가 어떤 단계를 거쳐 어느 부분부터 분해되는지 소개하고 있으므로, 닳아서 해졌거나 일부만 남은 쓰레기라고 하더라도 정체를 파악하는

데 도움이 될 것이다. 전체가 온전히 남아 있지 않은 쓰레기라고 하더라도 제품의 상징적인 색깔이나 모양, 특징적인 디자인 요소가 일부분이라도 남아 있다면 충분히 제품을 식별할 수 있다. 해변 쓰레기는 한 군데에 비슷한 종류의 쓰레기가 모여 있는 경향이 있기 때문에(나는 이를 "해변 쓰레기 무더기의 법칙"이라고 부른다) 주변을 둘러보면 보존 상태가 상대적으로 양호한 쓰레기를 쉽게 발견할 수 있을 것이다. 해변 청소를 하다 보면 멀리서도 쓰레기가 눈에 들어오는 경지에 금세 도달하게 된다. 여러분은 모래사장에 삐죽 튀어나와 있는 쓰레기의 일부분만 보고도 그것이 어떤 쓰레기인지 알아맞힐 수 있게 될 것이다. 해변에서 마주친 쓰레기가 원래 어떤 모습이었는지 가물가물하다면 동네 슈퍼마켓에 가보거나 인터넷에 검색해보자. 이보다 더 적극적인 행동을 취하고 싶다면, 제조사의 주소지와 연락처를 파악하여 민원을 넣고 지역 소매점과 지자체, 지역 의회와 국회에도 연락을 취해보자.

해변은
살아 숨 쉬는
자연이다

　사람들은 각양각색의 이유로 해변에 간다. 서핑이나 낚시를 하러 가는 사람도 있고, 피크닉을 즐기거나 따뜻한 모래 위에 엎드려서 '여름 휴가철 추천 도서'를 탐독하려는 사람도 있다. 부모들은 아이들이 집이나 학교에서 억누르고 있었던 에너지를 마음껏 발산하며 뛰어 놀 수 있도록 가족 여행지로 특별히 해변을 택하기도 한다. 해변은 자연을 벗 삼아서 휴식을 취하고 일상에서 벗어나기 좋은 곳이다. 물론 안전 요원이나 바다거북 연구원, 해변 근처의 바에서 일하는 바텐더처럼 해변으로 출근하는 사람들도 있다. 그런데 이렇게 다양한 이유로 해변을 찾는 우리 모두에게는 한 가지 공통점이 있다. 그것은 바로 우리가 자연과 생태계를 함부로 희생시키는 사회에 살고 있다는 것이다.

자주 잊히는 사실이지만, 해변은 육지와 바다의 연결 지점이기만 한 것이 아니다. 해변은 살아 움직이는 자연이다. 바람과 파도와 해류는 해변의 모습을 끊임없이 바꾸고 있다. 해변에 언제나 바다의 거대한 힘이 가해진다는 점을 생각해보면, 해변 지형이 끊임없이 변하는 것은 매우 논리적이고 자연스러운 사실이다. 하지만 이러한 현실을 받아들이지 못하고 짜증을 부리는 사람들도 있다. 바다를 이용하여 특정한 이익을 취하거나 권력 기관에 있는 사람들이 대표적이다. 그들은 해변이 처음 모습이나 자신들의 이익에 부합하는 형태로만 유지되길 바란다. 인간 문명은 자연을 고정시켜 발밑에 두어야만 발전할 수 있다고 생각하기 때문일까? 하지만 해변은 매우 야생적이고 거친 곳이기에, 해변을 길들이고 속박하려는 인간의 노력은 모두 수포로 돌아갈 수밖에 없다. 해변에 설치한 방파제나 부두 등의 구조물은 실제로 예상치 못한 결과를 불러왔고, 변화의 지점을 단순히 해안선의 위나 아래, 인근 마을이나 해수욕장, 도시나 국경의 경계로 전가시키는 것에 불과했다.

우리는 해변이 하나의 생태계로서 살아 있는 자연이라는 점을 얼마나 알고 있을까? 우선, 전문가들은 해변을 물이 찰랑대는 얕은 구역부터 초목이 우거진 내륙까지 다양한 구역으로 나눈다.[1] 이를테면 해변에는 파도가 치는 곳에서부터 안쪽까지

'쇄파대, 포말대, 고해안, 해안사구'와 같은 이름이 붙어 있다. 혹은 '조하대, 저조간대, 중조간대, 고조간대, 조상대'라는 용어가 사용되기도 한다. 각 구역의 크기나 너비는 해안의 기울기나 조석 간만의 차에 따라 큰 폭으로 달라진다. 구역마다 젖거나 마른 정도에서 차이를 보이며, 각각 파도의 힘을 받는 정도나 입자의 크기, 염도가 다르다. 그래서 해변의 다양한 구역에는 각기 다른 동식물이 서식한다. 특히 바위 해안에 가보면 갈조류와 홍합, 따개비가 뚜렷하게 띠를 이루어 쌓여 있어서 구역의 구분을 선명하게 확인할 수 있다.

오늘날 해안선을 보존하고 다양한 구역에 서식하는 동식물

해변이 자연환경이라는 사실을 망각한 사람들이 너무 많기 때문일까? 해변에서 해선 안 되는 것들을 일일이 설명해줘야만 하는 현실이 안타깝다. (대서양, 미국)

1. 서론 | 해변은 살아 숨 쉬는 자연이다   29

을 보호하는 것은 전 세계적으로 매우 중요한 문제가 되었다. 미국에서는 이러한 문제만을 다루는 계간지 「해안과 해변Shore & Beach」이 만들어지기도 했다.[2] 해변을 보호하기 위해서는 해안 생태계가 맺고 있는 긴밀한 관계를 잘 이해해야 한다. 예를 들어, 산호초가 손상되도록 내버려 두면 해안선이 폭풍과 파도에 노출되어 더 빨리 침식되며, 맹그로브숲을 벌목하면 침전물의 흐름과 영양 조건이 달라져서 산호초가 육지의 오폐수에 그대로 노출된다. 만약 해초지가 펼쳐져 있는 얕은 바다에서 준설 작업♻을 하거나, 닻을 내리고 배를 정박하거나, 파괴적인 방식의 어업을 하면 해류가 바뀌고 바다의 모래가 불안정해지며, 당연히 해양 생태계가 망가진다. 내륙의 해안사구에는 연약한 식물이 서식한다. 이들은 해변을 달리는 사륜자동차뿐만 아니라 사람들의 발자국에 의해서도 큰 피해를 입을 수 있다. 답압踏壓; trampling이라고 하는 이러한 현상을 해결하는 데에도 많은 복원 노력이 필요하다.[3] 이때 피해를 복구하고 침식을 되돌리기 위한 노력이 오히려 더 큰 문제를 일으키지 않도록 경각심을 가져야 한다. 대자연은 결코 속일 수 없다. 인간의 단기적인 이익만을 생각한 소치들은 금세 역효과를 가져온다.

사람들은 설레는 마음을 안고 도착한 해변이 너무 지저분해서 실망했다는 이야기를 자주 한다. 그 이유는 바로 쓰레기

♻ 배가 잘 드나들도록 하기 위해 바다에 쌓인 모래나 암석을 파냄

해변 청소를 할 때는 반드시 해변 위쪽도 살펴봐야 한다. 해변을 떠나는 사람들이 쓰레기를 마지막으로 버리는 장소가 바로 이곳이기 때문이다. 바람에 날리는 쓰레기도 모두 이쪽의 초목에 걸려 쌓인다. (지중해, 튀르키예)

때문이다. 해변에는 우리 사회가 만들어낸 모든 것들이 최종적으로 모여든다. 해변에서 쓰레기에 쉽게 오염되는 구역은 따로 정해져 있지 않다. 해변은 구석구석 쓰레기의 공격을 받는다. 떠내려온 지 얼마 되지 않은 쓰레기들은 먼저 파도에 쓸려온 해초 더미나 기타 유기물과 뒤엉킨다. 이러한 쓰레기들은 만조가 되면 해변 안쪽까지 밀려들며, 물이 빠지면 만조선을 따라 띠를 이루어 해변에 쌓이게 된다. 폭풍과 강한 파도는 이러한 쓰레기를 해변 곳곳으로 퍼뜨려 놓는다. 나무나 금속으로 만들어진 무거운 쓰레기들은 전사구前砂丘처럼 융기된 해변 지형의 밑자락까지 올라오기도 하고, 유리병이나 페트병은 이리저리 굴러다니다가 장애물이나 가파른 경사지를 만나고 나서야 멈춰 선다. 종이류나 비닐봉지와 같이 가벼운 쓰레기들은 바람에 날려 해변 위쪽까지 올라오며, 해변에 설치된 펜스나 배후 사구에 자라는 초목에 걸려 어지럽게 쌓인다(31쪽 사진 참조). 해변에는 이렇게 다양한 위치에 쓰레기가 분포하기 때문에, 해변을 전체적으로 정화하고 쓰레기를 빠짐없이 수거하기 위해서는 조를 나눠서 구역을 분담하는 것이 좋다.

심각한 문제,
해양 쓰레기

 이제 해양 쓰레기의 종류와 유형을 살펴보고 이것이 왜 문제인지 이야기 해보자. 하지만 그 전에 용어를 정의할 필요가 있다. 어떤 용어들이 사용되고 있는지 한번 살펴보자. 대표적으로 '해양 잔해물marine debris', '해양 쓰레기marine litter', '해변 쓰레기beach litter', '인간 활동에 의한 해양 쓰레기marine anthropogenic litter', '바다 쓰레기ocean trash' 등이 떠오른다. 이 용어들은 저마다 다른 관점을 담고 있지만 모두 같은 현상을 가리킨다. 유엔환경계획UNEP에서는 해양 쓰레기를 "바다와 해변에서 폐기되거나 유기되어 장기간 잔류하는 모든 종류의 제품·가공품·고형물"이라고 정의하고 있는데,[4] 이 말을 조금 더 쉽게 표현하자면 이렇게 말해 볼 수도 있겠다. "우리가 바다에 버린 지저분한 것 중에서 절대 맨발로 밟고 싶지 않은 것."

인간과 바다의 관계는 역사적으로 시시각각 변해왔다. 과거에 인간은 언제나 자연의 변덕을 정면으로 받아내야 하는 입장에 있었다. 하지만 어느 순간부터 이 관계는 역전되고 말았다. 이제 변덕을 감내해야 하는 쪽은 인간이 아니라 자연이다. 그렇기 때문에 '인류와 바다'에 관한 이야기가 나오면 이제는 인간이 유발한 해양 오염이 가장 먼저 거론된다. 지구에서 가장 큰 생태계인 바다는 인간이 버리는 폐기물을 가장 많이 받아들인다. 우리가 버린 모든 것은 장기적으로 보았을 때 강과 대기를 통해 바다로 흘러 들어가기 때문에 대부분의 환경오염은 사실상 해양 오염으로 이어진다. 바다에서 이루어지는 쓰레기 투기는 여기에 문제의 심각성을 더하고 있다. 오늘날 해양 쓰레기 문제는 과학계에서도 연구 주제로서 뜨거운 관심을 얻고 있다. 다양한 국제 심포지엄[5]과 단행본[6]을 비롯하여, 최고의 해양 오염 전문 저널 「마린 폴루션 불레틴Marine Pollution Bulletin」도 등장했고,[7] 최근 새로 발행되는 해안 동식물 가이드북에는 쓰레기에 관한 설명이 빠지지 않는다.[8] 독일에서는 북해와 발트해의 플라스틱 쓰레기를 집중 조명하는 책자가 발간되기도 했다.[9]

하지만 우리 눈에 보이는 해양 쓰레기는 빙산의 일각에 불과하다. 바다에는 수면에 떠다니거나 해변에 떠내려온 쓰레기만 있는 것이 아니기 때문이다. 찻잔을 빙글빙글 젓고 나면 중앙에 설탕이 모여드는 것처럼, 드넓은 바다 한가운데에 있는 환류대에는 어마어마한 양의 쓰레기가 쌓여 있다(인터넷에 "태평양 거대 쓰레기 지대"를 검색해보라). 이 엄청난 쓰레기에 관한 관심을 촉구하기 위해 이 "쓰레기 섬"을 신생 국가로 인정하여 유명인을 명예 국민으로 임명하자는 국제 청원 운동이 전개된 적도 있다.[10] 해양 탐사 로봇이나 잠수정을 운전하는 과학자, 그물을 퍼올리는 어부, 그리고 다이버들은 엄청난 규모의 쓰레기가 바닷속에 가라앉아 있다는 목격담을 전하기도 한다. 이러한 쓰레기는 우리가 직접 눈으로 볼 수 없지만, 해변에 가면 바다에 얼마나 많은 쓰레기가 버려졌는지 엿볼 수 있다. 해변은 바다가 뱉어낸 쓰레기와 우리가 버린 쓰레기가 한데 모이는 곳이기 때문이다. 그렇기 때문에 이 책은 해양 쓰레기 중에서도 해변에 버려진 쓰레기에 초점을 맞췄다. 쓰레기를 들여다보면 우리 자신에 관해 알 수 있다.[11] 인류학자들이 쓰레기 더미에서 파헤친 잔해를 이용해 역사 속 사회들을 재구성하는 것처럼 우리도 해변 쓰레기를 통해 오늘날 우리가 살고 있는 사회의 단면을 엿볼 수 있을 것이다.

해양 쓰레기, 왜 문제인가?

 많은 사람들이 쓰레기를 삶의 일부로 받아들여 버린 오늘날, 우리가 해양 쓰레기 문제를 걱정해야 하는 이유는 무엇일까? 우선 우리는 길거리나 해변에 있는 쓰레기 하나하나가 우리 사회의 큰 문제를 보여주는 증상이라는 사실을 기억해야 한다. 쓰레기 문제는 다양한 환경오염 중에서도 눈에 드러나 보이는 유형에 해당하며, 이 지구가 얼마나 오염되었는지를 상징적으로 나타내는 지표이다. 근대 문명이 양산한 어마어마한 양의 쓰레기는 오늘날 핵심적인 환경 문제가 되었다. 위기는 사방에서 닥쳐왔다. 사람들은 쓰레기 분리수거 규칙을 제대로 숙지하지 못하거나 충분히 실천하지 못하고 있으며, 쓰레기 매립지는 포화상태에 도달했고, 소각로는 무리하게 가동되고 있다. 어마어마한 양의 쓰레기가 해외로 밀수출되고 있으며, 독성 폐기물 매립지의 입지를 선정하는 과정은 점점 더 많은 반대에 부딪힌다.

 쓰레기는 환경을 질식시키고 있다. 사람이 가기 힘든 오지까지 이렇게 쓰레기로 몸살을 앓게 된 것은 지구 역사에서 처음 있는 일이다. 최근 히말라야 산맥에서는 지난 수십 년간 등반객들이 버리고 간 쓰레기를 치우기 위해 특별 탐사대가 꾸려졌고, 극지방의 연구소들은 쓰레기를 함부로 투기하고 방치하여 공분을 샀다.❖ 우주 공간도 쓰레기장이 되는 운명을 피하지 못했다. 그동안 인공위성과 로켓을 보내면서 발생한 3만여 개의 잔해는 지구 주변을 뱅글뱅글 돌면서 앞으로의 우주 비행에 심각한 위협이 되고 있다(2018년에 스페이스엑스에서 광고 목적으로 우주에 쏘아 올린 테슬라 자동차는 이와 같은 위험을 배가시켰다).

그렇다면 왜 이 책은 쓰레기에 점령당한 자연환경 중에서도 하필 해변에 주목하는 것일까? 그 이유는 우선 대다수의 해양 쓰레기가 얕은 연안 해역에 모여 있기 때문이다. 연안에는 대부분의 어업 활동이 집중되어 있으며, 석유나 가스의 탐사 및 시추가 이루어지고, 관광·레저 선박이 밀집되어 있다. 하수 파이프가 끝나는 지점도 연안에 있으며, 건축 자재부터 방사성 폐기물까지 온갖 쓰레기가 투기되는 곳도 연안이다. 그러니 이러한 쓰레기가 해변으로 떠내려오는 것은 시간문제일 뿐이다. 해변을 보면 야생 생물들이 얼마나 오염에 시달리며 고통스러워하고 있는지도 단번에 알 수 있다. 한편, 우리가 해변의 오염 상황에 관심을 기울이는 이유에는 심리적인 원인도 있다. 이제

♻ 독일의 예나 프리드리히 실러 대학교의 연구진이 남극 과학 연구소 여섯 군데를 대상으로 쓰레기 투기 현황을 조사한 결과, 쓰레기 처리 규정을 준수하지 않고 쓰레기를 산더미처럼 쌓아두거나 간이 시설물을 그대로 방치해 두거나 연구소에서 유류를 그대로 지표 위로 유출한 사례가 다수 적발되었다. 한편, 2014년에는 호주에서 1969년까지 사용했던 남극 윌크스 연구소 Wilkes station에 석유가 가득 들은 드럼통이 최소 3000개 이상 눈밭에 나뒹굴고 있는 모습이 발견되었다.

사람들은 도시의 길거리나 도심 공원에 버려진 쓰레기로는 눈 하나 깜짝하지 않는다. 하지만 순수한 자연이라고 생각되던 곳이 쓰레기로 더럽혀진 광경을 목격하면 적잖은 충격을 받는다. 바다와 해변은 인간에게 길들여지지 않은 거대한 자연을 상징한다. 그렇기 때문에 이곳에서 문명의 악을 맞닥뜨리는 경험은 그 어느 때보다도 더 실망스럽고 충격적일 수밖에 없다.

오늘날의 해변에서는 자연물보다 인간이 버린 쓰레기를 마주칠 확률이 더 높다. 이는 관광객이 북적대는 해수욕장뿐만 아니라 외딴 지역의 섬에서도 마찬가지이다. 사실상 도서지역의 해변에는 정기적으로 청소하는 사람이 없기 때문에 오히려 더 많은 해양 쓰레기가 쌓여 있다. 쓰레기 문제가 가장 심각한 해변을 꼽을 때면 이러한 해변들이 자주 거론된다.[12] 해변 쓰레기는 단순히 미관상의 문제만 일으키는 것이 아니다. 여러 해양 오염 가운데서 해양 쓰레기는 자연 생물과 인간에 가장 큰 위험을 초래하는 요인 중 하나로 손꼽히고 있다. 몇 가지만 이야기해 보자. 우선 해양 쓰레기는 해양 포유류나 바다거북의 몸을 옭아매거나 신체의 일부를 절단하거나 목을 졸라 질식시킨다. 바닷새와 어류 동물은 쓰레기를 먹고 소화 기관이 틀어막히게 되며, 해저에 서식하는 생물들은 쓰레기에 깔려 질식하게 된다. 그뿐만 아니라 해양 쓰레기는 어망에 가득 걸려 어획량을 감소시키고, 선박의 냉각수 파이프를 막으며, 해수욕객에게 부상을 초래하고, 해산물을 소비하는 사람에게 건강 이상을 일으키기도 한다. 바다 위를 떠다니는 쓰레기는 특정 생물 종들을 아주 먼 서식지까지 이동시켜 외래종 문제도 발생시킨다. 어떤 사람들은 생물종이 다른 생태계로 전파되고 서식지를 넓혀 나가는 것이 진화론적으로 자연스러운 현상이라고 생각하겠지만, 오늘날에는 그 정도가 도저히 손을 쓸 수 없는 지경에 이르렀다. 이처럼 해양 쓰레기에 히치하이킹하는 생물 종을 꼽아보자면 각종 이끼벌레류와 따개비, 다모류, 히드로충, 게, 연체동물 등을 들 수 있는데,[13] 이들은 유람선 여행을 하듯 쓰레기를 타고 수천 킬로미터 떨어진 서식지까지 이동한다. 이렇게 외래종들은 정상적인 방식으로는 절대 도달할 수 없는 서식지에 침입하여 경쟁 끝에 토착 생물 종을 몰아낼 수 있으며, 이에 따라 생태계를 심각하게 교란하고 전 세계의 생물 다양성을 획일화하게 된다.[14]

여러분 중에는 해양 쓰레기가 초래하는 생물학적 문제나 미관상의 문제를 별로 대수롭지 않게 생각하는 사람이 있을지도 모르겠다. 그렇다면 이제는 속물적이더라도 모두가 중요하게 생각하는 주제, 바로 돈 문제에 관해 이야기해보자. 바다와 해변을 오염시키는 쓰레기는 상당한 비용을 초래한다. 만약 선박의 냉각수 취수구에 비닐봉지가 빨려 들어간다고 해보자. 그러면 파이프가 막히고 엔진이 과열되어 내부 장비를 다 들어내고 배에서 가장 비싼 부품인 엔진을 통째로 교체해야 할 것이다. 유실된 화물 컨테이너와 같이 바다에 부유하는 대형 쓰레기는 선박을 침몰시키는 암초가 될 수도 있다. 해안가에 위치한 지자체는 해변 청소 장비와 인력에 막대한 비용을 지출하고 있다는 사실도 빼놓아선 안 된다(아래 사진). 끝으로, 쓰레기로 오염된 해변에는 관광객이 두 번 다시 가지 않아 지역 경제가 침체된다. 이는 지역 경제의 침체로 이어진다. 대한민국의 거제도에서는 2011년에 폭우가 내려 해변에 엄청난 양의 쓰레기가 쌓인 뒤로 관광객 수가 63% 감소하고 관광 수익이 2,900만~3,700만 달러나 줄었다고 한다.[15] 이러한 문제가 발생한다면 환경 문제에 가장 미온적인 태도를 보이는 지자체라고 하더라도 행동에 나설 수밖에 없을 것이다.

해변을 청소할 때 사용되는 중장비는 해변 생태계에 남아 있는 마지막 생명의 불씨마저 꺼뜨리는 주요 원인 중 하나이다. (대서양, 모로코)

현재 해양 쓰레기 문제는 수많은 시민단체와 민간 기업, 중앙 정부와 지자체, 각종 NGO와 정부 간 기구, 심지어는 UN까지도 해결을 위해 발 벗고 나설 정도로 심각하다. 여러분도 이 싸움에 힘을 보탤 수 있다. 중금속이나 살충제 등에 의한 화학적 오염이나 방사능 오염과 달리, 쓰레기 문제는 개인적 차원에서도 실질적인 변화를 만들어갈 수 있다. 그 첫 번째 단계는 해변에 쓰레기를 버리지 않는 것이다. 여기에서 더 나아갈 수 있는 독자는 해변에서 직접 쓰레기를 주워보자. 대다수의 해변 쓰레기는 사전 훈련이나 특별한 기술 없이도 수거할 수 있다(1장 "우리가 할 수 있는 것" 참조). 이 책은 여러분이 첫 발걸음을 내딛을 수 있도록 도와주고자 한다. 여러분은 해변 쓰레기를 식별하고 정확하게 분류할 수 있게 될 것이며, 종류별 쓰레기의 발생 원인과 위험 요소를 이해하고, 조금 더 환경에 해가 덜 되는 제품에는 어떤 것들이 있는지 알게 될 것이다. 물론 가장 중요한 일은 일상에서 쓰레기를 줄이는 것이다. 기존의 생활 방식을 유지한다면 해변은 점점 늘어나는 쓰레기 산에 짓눌려 신음할 수밖에 없다.

앞서 소개한 바와 같이, 유엔환경계획은 해양 쓰레기를 정의할 때 "오랜 기간 잔류한다."라는 사실을 강조하고 있다. 이 말은 해양 쓰레기가 분해되기까지 매우 긴 시간이 걸린다는 것을 의미한다. 분해가 잘 되지 않는 물질이라고 하면 사람들은 가장 먼저 플라스틱을 떠올린다. 실제로 해변 쓰레기의 대다수는 플라스틱이다. 플라스틱은 내구성이 좋고 다양한 속성을 가질 수 있어서 전통적인 소재들을 편리하게 대체할 수 있었지만, 오히려 지나친 내구성 때문에 환경에 악영향을 끼치고 말았다. 하지만 플라스틱 외에도 자연에 오랜 기간 잔류하며 환경을 오염시키는 쓰레기는 다양하다. 예를 들어, 유리나 금속은 분해되는 데에 수십 년에서 수백 년이 걸린다. 궁극적으로는 생분해된다고 하는 소재들도 완전히 분해되어 사라지기까지 생각보다 오랜 시간이 걸린다.[16] 종이나 나무가 대표적이다. 코팅된 용지나 방부처리 된 목재를 보면 알 수 있듯, 오늘날에는 이러한 생분해성 소재도 특수 처리되는 경우가 많다. 음식물 쓰레기의 경우에도, 씨앗이 큰 과일이나 껍질에 방부제 등이 코팅된 과일(오렌지나 바나나 등)은 매우 느린 속도로 분해된다. 물론 빨리 분해되는 쓰레기라고 해서 환경에 해를 끼치지 않는 것은 아니다. 예를 들어, 우리가 변기 물과 함께 내려보내는 '그것'이 해변에 유입되면 단순히 미관을 해칠 뿐만 아니라 여러 가지 오염을 초래할 수 있다. 이 모든 것들은 전부 바다를 더럽히는 쓰레기이다. 이 책에서도 이것들을 모두 해양 쓰레기라고 보았다.

해양 쓰레기,
더 깊이 이해하기

 해양 쓰레기를 더 깊게 이해하는 방법에는 여러 가지가 있다. 그중에서 가장 좋은 방법은 다양한 종류의 해양 쓰레기를 일정한 기준에 따라 분류하여 분석하는 것이다.
 먼저 해양 쓰레기는 크기를 기준으로 분류할 수 있다. 연구자들은 나노플라스틱이나 미세플라스틱부터 대형 쓰레기mega-litter에 이르기까지 해양 쓰레기를 다양한 범주로 구분하고 있다. 미세플라스틱은 1mm 이하(혹은 관점에 따라 5mm 이하)인 플라스틱을 의미하며, 대형 쓰레기는 2~3cm보다 큰 쓰레기부터 폐어구와 같이 수 미터에 이르는 쓰레기를 포괄한다. 낱개의 해양 쓰레기를 세는 단위는 '개', '조각', '파편' 등으로 다양하다. 다만 단위에 관해서는 아직까지 연구자들 사이에서도 통일된 용어가 없기 때문에 우리도 여기에서 더 깊게 들어가지는 않을 것이다.

다음으로 해양 쓰레기는 원래의 쓰임새나 구성 소재에 따라 분류할 수 있다. 이 책에서는 쓰임새와 소재를 모두 고려하되, 소재에 따른 분류에 조금 더 초점을 맞췄다. '유리, 금속, 플라스틱, 스티로폼, 위생용품, 의료 폐기물, 가구와 설비, 의류, 수상 스포츠용품, 어구, 나무, 종이, 유기성 쓰레기, 기름과 타르 볼, 담배꽁초'라는 15가지 범주는 이러한 기준에 따른 것이다. 이는 국제 연안 정화의 날에 사용되는 분류법과 여러 해양 쓰레기 수거 기록지에서 제공하는 가이드라인이 종합적으로 반영된 것이기도 하다.[17]

마지막으로 해양 쓰레기는 발생 원인에 따라 분류할 수 있다. 대표적으로 '육상 기인 해양 쓰레기'와 '해상 기인 해양 쓰레기'의 구분이 여기에 해당한다. 해양 쓰레기의 발생 원인 분석은 해결책을 모색하고 쓰레기 발생량을 줄이기 위한 첫 번째 단계이다. 쓰레기는 다양한 지점에서 다양한 경로를 통해 바다로 유입된다. 이번에는 이에 관해 더 자세히 살펴보자.

육상 기인 해양 쓰레기

육상 기인 해양 쓰레기는 '연안 기인 해양 쓰레기'라고도 하며, 연안에서 이루어지는 다양한 활동의 부산물을 포함한다. 육상 기인 쓰레기에는 해수욕객이 버리고 간 쓰레기, 임해 공업 단지나 쓰레기 처리 시설에서 곧장 바다에 버린 폐기물 및 오염 물질, 비에 씻겨 하천을 통해 바다로 흘러 들어간 쓰레기, 하수도와 빗물 배수관이 범람하면서 유출된 오폐수, 그리고 각종 불법 투기물 등이 있다.

육상 기인 해양 쓰레기의 상당수는 하천을 통해 간접적으로 발생한다. 여러분은 왜 수많은 산업 단지가 유독물질을 억류하는 저수지나 침전조를 끼고 해안선과 하천 주변에 집중되어 있는지 생각해 본 적이 있는가? 그 이유는 단순히 운송의 편의성에만 있지 않다. 하천 가까이에 산업 단지가 들어서는 이유는 무엇보다도 여러 생산 공정에 냉각수나 세척수 등으로 사용할 다량의 물이 필요하기 때문이다. 여기서 우리는 기업들이 하천에서 물을 길어 각종 오염 물질을 씻어낸 다음 무분별하게 하천에 다시 방류한다는 사실에 주목할 필요가 있다. 폐수의 무분별한 방류는 수많은 해양 생물의 죽음과 조류 대증식, 그리고 폐기물 슬러지에 의한 수로 막힘 현상을 낳는다. 냉각수의 경우에는 하천의 수온을 상승시켜 열공해를 초래하기도 한다. 이러한 문제들은 "오염의 가장 좋은 해결책은 희석"

이라는 전통적 믿음이 얼마나 잘못되었는지를 보여준다.

해양 오염은 주로 육지에서 시작되어 하천과 대기를 통해 바다로 전파될 때가 많다. 해양 쓰레기도 마찬가지다. 풍선이나 비닐봉투, 폭죽 등은 바람에 날려 바다에 이르기도 하겠지만, 여전히 대다수의 쓰레기는 하천을 통해 바다로 유입된다. 훨씬 내륙에 있는 도시나 산업 단지가 심각한 해양 오염을 일으킬 수 있는 까닭이 바로 여기에 있다. 메마른 강바닥에 있는 쓰레기도 당장은 멈춰 있는 것처럼 보이겠지만, 폭우나 홍수가 발생하면 얼마든지 바다로 흘러 들어갈 수 있다(다음 페이지 사진 참조). 강가의 바위나 나무의 높은 곳에 걸려있는 쓰레기는 모두 이런 방식으로 생긴 것이다. 모든 육지는 하천을 통해 바다와 연결되어 있다. 그렇기 때문에 우리 모두는 사실상 해양 오염과 해변의 쓰레기 문제를 일으킨 장본인이라고 할 수 있다.

육상 기인 해양 쓰레기는 해변을 방문하는 관광객에 의해서도 발생한다. 그렇다면 이번에는 사람들이 해변을 어떻게 이용하는지 살펴보자. 우선 사람들은 해변에 갈 때마다 각종 물품을 바리바리 싸 들고 간다. 햇볕과 바람, 뜨거운 모래의 열기를 막기 위해 큰 타월도 준비하고, 선크림과 선글라스, 모자와 샌들도 챙긴다. 해수욕을 하다 보면 배도 고프고 목도 마를 테니 먹거리와 음료도 빠질 수 없다. 여기에는 바다 수영과 다양한 해변 스포츠를 위한 비치볼부터 마스크와 스노클까지 다양한 스포츠 장비도 추가된다. 가만히 책을 읽거나 음악을 들으

말라붙은 강과 시내, 운하에 투기된 쓰레기는 다음번에 비가 많이 내릴 때 모조리 바다로 쓸려 내려갈 것이다. (대서양, 모로코)

며 쉬고자 하는 경우에도 준비물은 단출하지 않다. 기왕이면 파라솔 밑에 비치타월을 깔고 누워 과자를 먹으며 차가운 음료수를 빨대로 쪽쪽 빨아 마시는 게 더 만족스럽다(다음 페이지 첫 번째 사진). 준비물 목록은 사람에 따라 한없이 늘어날 수 있다. 어린 자녀를 데리고 해수욕장에 가본 경험이 있는 부모라면 거의 이삿짐이라고 해도 될 정도로 준비물이 불어난다는 사실을 알고 있을 것이다. 게다가 아이들과 함께 있으면 해변에서 물건을 잃어버릴 확률도 커진다. 모래사장은 쓰레기를 집어 삼키는 능력으로 치자면 블랙홀을 방불케 한다. 조그마한 물건은 떨어뜨리자마자 곧바로 줍지 않는 이상 여지없이 모래의 포로가 된

해수욕장에서 사용되는 수많은 일회용품을 보라. 사람들이 밤에 집으로 돌아가면서 쓰레기를 도로 가져갈 확률이 얼마나 될까? (태평양, 미국 캘리포니아)

좋은 의도로 쓰레기를 비닐봉지에 모아둔 것 같지만, 언제라도 해양 쓰레기가 되도록 내팽개친 것이나 다름없다. 쓰레기를 단순히 비닐봉지에 담아두기만 하면 바닷새나 들개와 같은 야생 동물이 헤집어 놓을 수 있으며, 바람에 휘날려 멀리 퍼져나가기 쉽다. (지중해, 튀르키예)

다. 한편, 해변 어딘가에 방치된 쓰레기는 사람들로 하여금 무단 투기를 해선 안 된다는 양심의 가책을 덜 느끼게 한다. 해변 쓰레기에는 새로운 쓰레기를 끌어당기는 힘이 있다. 사람들은 지나가면서 여기에 쓰레기를 하나씩 얹어 놓는다. 그렇게 해서 처음에 쓰레기가 하나만 있던 곳에는 결국 쓰레기 산이 생겨 버린다. 사람들은 해수욕을 하다가 돈이나 시계, 귀금속을 잃어버리면 다시 돌아와 열심히 모래사장을 뒤지지만, 끈적이는 아이스크림 포장지나 모래 묻은 음식물 쓰레기 따위를 놓고 온 것이 생각나서 다시 해변을 찾지는 않는다(48쪽 두 번째 사진 참조).

해변에 비치된 쓰레기통은 쓰레기 대란을 막는 두 번째 방어선이다. 아마도 여러분은 역사가 진보하고 기술이 발전한 만큼 해변의 쓰레기통도 진화했을 것이라고 생각할지도 모르겠다. 하지만 아래의 기준을 모두 만족하는 쓰레기통은 거의 찾아보기 힘들다(51쪽 사진 참조).

- 해변 쓰레기통은 벽면이 막혀 있거나 촘촘한 망으로 되어 있어야 하며, 덮개가 있어야 한다. 그래야 캔 고리, 병뚜껑, 담배꽁초와 같이 작고 가벼운 쓰레기가 옆으로 새거나 바람에 날리는 것을 막을 수 있고, 바닷새나 들개와 같은 야생 동물이 쓰레기통을 뒤지는 것을 방지할 수 있다.

- 금속은 바닷물에 닿으면 빨리 부식되므로 해변 쓰레기통은 내연성 플라스틱으로 만들어야 한다.
- 쓰레기통은 해변에 관광객이 가장 붐비는 시간대를 버틸 수 있을 만큼 크기가 넉넉해야 한다. 쓰레기통이 가득 차 있으면 해수욕객들은 쓰레기를 쓰레기통 옆에 두고 가거나 해변 뒤편에 몰래 버린다. 사람들이 이러한 선택을 할 여지를 처음부터 차단할 필요가 있다.
- 해변 쓰레기통은 강한 바닷바람을 견딜 수 있을 정도로 무게가 무겁고 바닥에 단단히 고정되어 있어야 한다.
- 쓰레기통은 알맞은 위치에 있어야 한다. 해수욕장의 모든 입구와 출구에는 쓰레기통을 반드시 하나씩 배치해야 하며, 파도에 닿거나 만조 때 잠길 정도로 바다 가까이에 설치하면 안 된다. 쓰레기통 사이의 간격도 너무 멀면 안 된다.

이 모든 조건이 충족된다고 하더라도 다음 사항이 지켜지지 않는다면 아무 소용이 없다.

- 해변 쓰레기통은 자주 비워져야 한다!

이는 자주 간과되곤 한다. 아무리 잘 만들어진 쓰레기통이라고 하더라도 정기적으로 비워지지 않는다면 해변은 쓰레기

육상 기인 해양 쓰레기는 어디에서 비롯되는 것일까? 그 원인 중 하나는 심각하게 작고 대충 만들어진 해변 쓰레기통에 있다. 정기적으로 비우는 사람이 없기 때문에 문제가 더 심각해진다. (지중해, 튀르키예)

로 넘쳐나게 된다. 피크 시간대에는 정해진 수거 시간이 아니더라도 쓰레기통을 자주 비워줘야 한다.

이 밖에도 육상 기인 해양 쓰레기는 바다에 쓰레기를 불법 투기해서 발생하기도 한다. 오늘날에도 대량의 쓰레기를 계획적으로 바다에 버리는 행태가 끊이지 않고 있다. 아니, 실제로는 우리가 상상하는 것보다 훨씬 많은 지역에서 해양 투기를 법적으로 허용하고 있다. 그 종류는 건설 폐기물부터 각종 일반 쓰레기에 이르기까지 다양하다. 사실 이러한 해양 투기는 1972년에 「폐기물 및 기타 물질의 투기에 의한 해양 오염 방지

협약 (런던 협약)」이 체결되면서 규제 대상이 되었지만, 육지의 쓰레기 매립지가 포화상태에 이르고 새로운 매립부지를 찾는 일이 점점 어려워지면서(작은 섬나라에서는 이 문제가 더욱 심각하다) 해양 투기는 다시금 정책 결정자들을 유혹하고 있다. 핵폐기물을 바다에 버리자는 이야기가 나올 정도인 것을 보면 문제가 아주 심각하다.

해상 기인 해양 쓰레기

해양 쓰레기의 두 번째 주요 발생원은 바다에 있다. 원근해에서 만들어지는 쓰레기는 더욱 직접적으로 바다를 오염시킨다. 레저 선박과 크루즈선, 어선과 상선, 해양조사선과 군함을 비롯하여 석유와 가스 시추 시설은 이러한 오염을 일으키는 주범이다.

이 중에서도 레저 선박과 어선은 해양 쓰레기 문제에서 가장 중요한 비중을 차지하고 있다. 오늘날 수없이 많은 크루즈선과 레저 보트가 바다 위를 다니고 있으며, 그 수는 최근 수십 년간 비약적으로 증가했다. 요트 정박지마다 숲처럼 빽빽하게 늘어서 있는 돛대들을 보고 있으면 이러한 증가세를 실감할 수 있을 것이다. 한 번의 출항은 곧 새로운 쓰레기가 한가득 버려진다는 것을 의미한다. 항해 중에는 각종 음식물 쓰레기를 비롯하여 쓰레기봉투나 플라스틱 우유통, 물병, 맥주캔, 음료수캔, 계란판, 랩에 포장된 고기와 같은 쓰레기가 발생한다. 레저 낚시 선박에서는 모노필라멘트 낚싯줄과 플라스틱 낚시찌, 갈고리, 루어 같은 쓰레기도 배출된다. 그러나 선박 제조 기업들은 배를 설계할 때 안전성이나 주행감, 속도는 신경쓰면서도 쓰레기나 각종 오폐수를 올바르게 처리할 수 있는 공간을 마련해놓는 데에는 인색한 모습을 보인다. 그래서 요트에 설비된 화장실은 대체로 자리에서 일어나 방향을 돌릴 수 없을 정도로 비좁고, 오물을 그대로 바다에 흘려버리는 구조를 가지고 있다. 게다가 요트를 타는 사람들은 바다에 쓰레기를 휙 던져버리는 것이 '쿨한' 일이라고 착각하기도 한다. 물론 요즘에는 환경에 대한 의식 수준이 높아져서 요트에 정화조를 설치하고, 쓰레기를 분류해서 모아두었다가 항구에 정박할 때 배출하는 사람들도 늘어났다. 항구에서 수거된 쓰레기가 그다음 단계에서 잘 처리되는지는 의문이지만 말이다.

▌ 상업적 어업

 전 세계에는 수많은 어선이 있다. 어선의 종류도 전통 어업에서 사용되는 나무 조각배부터 몸집이 집채만 한 공룡급 어선까지 다양하다. 기본적으로 어선은 앞에서 이야기한 레저 선박과 마찬가지로 공간이 비좁고 쓰레기를 보관해 둘 장소가 마

조선소와 항구, 요트 정박지는 쓰레기에 뒤덮여 있을 때가 많다. (대서양, 모로코)

땅치 않다는 문제를 안고 있다. 그렇기 때문에 손상된 어구나 쓰레기를 육지에서 처리하지 않고 바다에 던져버리는 것은 언제나 선원들을 유혹하는 선택지이다. 어업은 농업과 달리 씨를 뿌리지 않고도 수확을 할 수 있는 산업이라고 일컬어진다. 하지만 많은 어업인은 바다의 선물을 가져가면서도 씨를 뿌리기는커녕 막대한 양의 쓰레기를 바다에 버린다. 어선 한 척에서는 어망, 밧줄, 낚싯줄, 통발, 부표, 어상자, 양동이, 소금 자루, 얼음주머니, 전구, 야광 막대, 고무장갑을 비롯하여 음식물 쓰레기와 화장실 오수에 이르기까지 온갖 폐기물이 배출된다 (57쪽 사진 참조). 안타깝게도, 어선에서 버리는 쓰레기 중에는 해양 생물에게 심각한 위험을 끼치는 것들이 많다. 저인망이나 자망과 같은 어망은 애초부터 물살이가 빠져나가지 못하는 구조로 만들어졌기 때문에 바다에서 유실되거나 버려질 경우 "유령 어구ghost net"가 되어 계속 포획과 살생을 지속한다. 어망을 조각조각 잘라서 버리더라도 결과는 다르지 않다. 해저에 방치된 꽃게 통발과 가재 통발도 유령 어업을 지속하기는 마찬가지다. 여러 개의 갈고리가 달린 연승 어구도 줄이 끊어져서 바다에 빠지면 목표 어종뿐만 아니라 각종 비대상 어종을 혼획한다.

물론, 상업 어업에서 유실되는 어구 중에는 실수나 사고로 바다에 버려지는 것이 많다. 어구는 폭풍이나 조업 상의 판단 오류, 혹은 장비 조작 실수 때문에 바다에 빠질 수 있고, 낡고 해져서 끊어질 수도 있다. 수심이 얕은 해역에서는 어망이 바닥에 계속 걸리기 때문에 한 번씩 끊어줘야 하는 상황도 생긴다(난파선과 같은 초대형 해양 쓰레기에도 종종 어망이 걸린다). 외국 영해에서 불법조업을 하는 선박들은 단속반이 등장하면 처벌을 피하기 위해 어망을 끊고 도망가기 일쑤이다. 고의건 실수건, 어업과 관련된 장비는 전 세계의 해변을 더럽히고 있다.

이러한 추세가 조만간 바뀔 가능성도 있다. 해양 쓰레기의 피해를 가장 먼저 겪는 이들은 다름 아닌 어민들 자신이기 때문이다. 수면에 떠다니건, 수중에 늘어져 있건, 해저에 가라앉아 있건, 모든 해양 쓰레기는 많은 비용을 초래한다. 쓰레기는 선박의 프로펠러에 휘감기기도 하고, 냉각수 취수구를 막아 엔진 고장을 유발하기도 하며, 어망에 가득 걸려 조업을 방해하기도 한다. 망망대해에서 쓰레기로 인해 배가 고장 나기라도 한다면 매우 위험할 것이다. 그렇기 때문에 이러한 문제들을 줄이고자 어민들의 참여와 협조를 이용하는 곳도 있다. 하와이에서는 어민들의 자발적인 동참을 유도해 "유실 어망 재활용 프로그램"을 운영하고 있으며, 세계 곳곳에서는 어민들이 바다에서 유실 어구나 기타 해양 쓰레기를 수거해 항구로 가져오면 보상금을 주는 프로그램을 운영하기도 한다.[18] 어구에 일정 간격으로 명찰을 부착해 소유주를 파악할 수 있게 하는 "어구 실명제"를 실시하는 지역도 있는데, 이러한 제도는 유실 어구의 책임 소재를 추적하고 유실을 빙자한 어구 투기를 막는 데에 도움이 된다.

▌ 화물선

한때 세계사의 중심에 있었던 해상 운송은 오늘날에도 가장 저렴한 국제 운송 수단의 자리를 지키고 있다. 하지만 해상 운송은 해양 쓰레기의 주요 발생원이기도 하다. 화물선의 수가 기본적으로 많기 때문이다. 화물선이 항구에 정박해 있으면 항해 중일 때 못지않는 비용이 발생하고 시간이 소모되기 때문에 선사들은 항구 정박 시간을 최소화하려고 한다. 그래서 화

전 세계의 어업은 오늘도 부표와 낚싯줄, 어망, 그리고 각종 대형 쓰레기를 발생시키며 해상 기인 해양 쓰레기 증가에 일조하고 있다. (태평양, 대한민국)

물선이 항구에서 쓰레기를 처리하는 시간은 언제나 부족하다. 화물선에서 발생하는 폐기물 중에는 의도적으로 바다에 투기되는 것도 있지만, 상당수는 화물이나 포장재, 고정 장치 등을 사고로 잃어버림으로써 발생한다. 거센 파도가 몰아치는 거친 바다를 헤쳐 나가다 보면 갑판에 설비된 장비가 떨어지기도 하고, 적재된 컨테이너가 통째로 바다에 빠지기도 한다. 때때로 위험물은 비상 상황에 배를 손상시키거나 오염시키는 것을 방지하기 위해 바다에 빠지기 쉽도록 일부러 갑판에 적재된다. 배가 폭풍을 만나 부서지거나 침몰하게 되면 화물과 유류가 바다를 오염시킨다는 사실도 이미 잘 알려져 있다. 매년 전 세계의 화물선이 잃어버리는 화물을 모두 합치면 큰 선박 여러 척을 가득 채울 정도라고 한다.

크루즈선

이미 여러 차례 지적된 바와 같이, 크루즈선은 매우 많은 해양 쓰레기를 발생시킨다. 전 세계 상선 중에서 크루즈선이 차지하는 비중은 1%도 되지 않지만, 여기에서 발생되는 해양 쓰레기는 전체 상선 쓰레기의 25%나 된다.[19] 빌딩 한 채에 버금갈 정도로 거대한 덩치를 자랑하는 이 배에는 다른 종류의 선박보다 훨씬 여유 공간이 많다. 하지만 쓰레기를 보관해두지 않고 속 편하게 바다에 던져버리는 것은 크루즈선도 마찬가지다. 크루즈선 승객 한 명은 하루에 3.5kg 정도의 쓰레기를 배출한다고 하는데, 여기에 전체 승객 수인 4~5천 명을 곱하면 크루즈선 한 척에서 얼마나 많은 양의 쓰레기가 배출되는지 가늠할 수 있다(그런데 승객 수는 매년 더 증가하고 있다). 일반적으로 크루즈선에서는 샴푸 통이나 컨디셔너, 핸드 로션, 풍선, 일회용 테이크아웃 컵 등이 버려진다. 때때로 이러한 쓰레기에는 크루즈 선사의 이름이 각인되어 있기도 하다. 해변을 청소하면서 이러한 쓰레기를 발견한다면 어디에 항의 전화를 해야 할지 쉽게 파악할 수 있을 것이다. 1993년에 프린세스 크루즈Princess Cruises 소속의 어느 크루즈선은 쓰레기봉투 20개 분량의 쓰레기를 미국 플로리다키스 제도 근처에 투기했다가 50만 달러의 벌금을 낸 적이 있다. 이러한 범죄는 승객 두 명이 범죄현장을 비디오로 녹화하면서 세상에 알려졌다. 그러나 프린세스 크루즈사는 2016년에 이른바 "매직 파이프"라고 불리는 비밀 관을 통해 폐유를 바다에 버려 온 사실이 적발됨에 따라 4천만 달러라는 천문학적인 벌금을 선고받게 되었다.[20] 이 사건 역시 선원 한 명이 내부고발을 한 덕분에 알려지게 되었는데, 역시 양심과 자각을 가진 시민 한명 한명이 세상을 바꾸는 듯하다.

군함

군함에서 발생하는 해양 쓰레기는 특히 문제가 많다. 군함은 공개적으로 감독 받지 않는데다, 일반적인 생활 폐기물보다 훨씬 악랄한 쓰레기를 발생시킨다. 군사 무기가 바다에 버려진다고 생각해 보라. 새로운 무기가 발명되면 기존 것들은 순식간에 퇴물이 되는데, 그렇게 잉여가 된 장비는 외국 군대에 수출하기도 어려워진다. 개인 요트 정박지를 찾기 위해 해도海圖를 열심히 들여다본 사람이 있다면 군사 무기가 투기된 해역이나 사격 훈련지와 같은 민간인 출입금지구역이 얼마나 넓은지 잘 알 것이다. 대부분의 군사 무기는 해안선 가까이에 투기되며, 이렇게 버려진 무기는 어망에 걸려 수면 위로 올라오거나 준설 작업 과정에서 조금씩 이동하게 된다. 폭풍과 파도도 바다에 가라앉은 무기를 해변으로 이동시키는 원인이다. 제2차 세계대전 이후에는 북해와 발트해에만 "해양 투기를 통한 위험 무기의 폐기 인가"라는 프로그램의 일환으로 160만 톤에 이르는 재래식 무기와 20만 톤의 화학 작용제가 투기되었다.[21] 유럽의 북쪽 해역에는 제1차 세계대전 때부터 사용되어 온 재래식 무기와 생화학 무기의 해상 매립지가 80여 곳이나 있다고 한다. 이는 결국 매년 2~4건에 달하는 인명 사고로 이어지고 있다. 소이탄에서 누출된 백린이나 추진 장약✿에 의한 사고가 대표적이다. 백린 덩어리는 호박석과 비슷하게 생겼는데, 이를 혼동하여 주머니에 넣었다가 백린이 1,300℃로 발화하여 중증 화상을 입는 사례가 발생하곤 한다. 추진 장약도 맹렬한 화염을 내뿜어 큰 부상을 초래한다. 한편, 지뢰나 어뢰에 삽입되는 폭발물은 거의 반세기 이상 물속에 있으면서 매우 지저분해지고 형체를 알아보기 힘들어져서 돌덩어리와 혼동되기도 한다. 전 세계에는 연이은 인명사고 때문에 결국 폐쇄되어 버린 해변이 많다.

해양 쓰레기 중에서도 가장 악독하고 끔찍한 것은 아마 지뢰일 것이다. UN에 따르면 전 세계 62개 국가에는 1억 개 넘는 지뢰가 매설되어 있다고 한다. 매주 지뢰로 약 150명에 이르는 사람들이 팔다리가 잘리거나 목숨을 잃고 있다. 특히 해

✿ 포의 몸통 안에서 포탄을 앞으로 밀어내는 역할을 하는 화약.

변에는 적군의 상륙을 막기 위해 매설된 지뢰가 많기 때문에 피해가 자주 발생한다. 지뢰는 심기는 쉽지만, 제거하려면 그야말로 목숨을 걸어야 한다. 바닷물에 부식돼 정체를 알아보기 힘든 지뢰 위에 모래가 쌓인 것만큼 위험한 게 또 있을까(3장 "금속" 참고).

지구상에 존재하는 수천 척의 군함은 상선이나 어선과 동일한 문제를 공유한다. 내부 공간은 비좁고, 항구에 정박해 있는 시간이 짧으며, 올바른 쓰레기 처리는 언제나 후 순위로 밀린다. 물론 환경에 관한 문제의식이 확대되는 추세에 있고, 해군이 안보상의 이유로 쓰레기를 제대로 처리하려고 노력하는 부분도 있다. 예를 들어, 군함에서 버린 쓰레기는 적 함대나 잠수함에게 꼬리를 밟힐 수 있는 단서가 되고, 수면에 둥둥 떠다니는 검정색 비닐봉투는 근래에 사용되기 시작한 부유기뢰와 비슷하게 생겼기 때문에 해군으로서도 여간 골치 아픈 것이 아니다. 이러한 이유로 해군에서는 폐기물을 줄이기 위해 쓰레기를 분쇄하거나 압축하거나 소각하는 등의 방법을 도입하고 있다. 이렇게 함으로써 쓰레기를 선내에 보관해두었다가 육지에서 처리하거나, 쓰레기의 부력을 줄여 가라앉게 하거나, 쓰레기를 소각하여 대기로 배출하는 것이다.

▌ 석유 산업

석유 산업은 단순히 액체 상태의 원유만 바다에 유출하는 것이 아니라, 유엔환경계획에서 정의한 '오랜 기간 잔류하는 고형물'로서의 해양 쓰레기도 발생시킨다(타르 볼이 대표적이다). 실제로 유조선은 평상시에 운항하는 동안 대규모 유류 유출 사고 때보다 더 많은 양의 기름을 바다에 배출한다. 그리고 유조선과 석유 및 가스 플랫폼은 화물선과 동일한 방식으로 해양 쓰레기를 발생시킨다. 예를 들어, 원근해에 설치된 플랫폼에서는 전구와 안전모, 양동이, 대형 비닐 천, 디젤 오일과 공기 필터를 비롯하여 지진계나 굴착 파이프 보호 마개와 같은 전문 장비도 바다에 빠뜨린다. 전 세계에서 현재 가동 중인 약 25,000개의 플랫폼에서 이렇게 매 순간 쓰레기를 만들어낸다고 생각해 보라! 여기서 발생한 쓰레기는 주로 해안선 근처의 얕은 해역에 집중되어 있는데, 이 때문에 인근 해변은 가장 큰 피해를 입고 있다. 육지로 움푹 들어가 있는 바다에서는 문제가 더 심각하다. 가장 대표적인 예는 멕시코만에서 찾을 수 있다. 잘 알려진 바와 같이, 이 지역의 석유 플랫폼에서는 석유 시추 시설인 딥워터 호라이즌이 폭발하면서 유류 분출 사고가 발생했고, 부영양화로 인해 세계에서 가장 큰 산소부족 물 덩어리(빈산소수괴dead zone)가 만들어지는 등, 해양 오염과 관련된 문제들이 빈번하게 일어났다.

해양 쓰레기 문제 해결을 위한 국제 협약

선박에 의한 쓰레기 투기는 전 지구적 문제이기 때문에 이를 줄이기 위해서는 국제법의 역할이 절실하다. 얼마 전까지만 하더라도 미국 영해에서는 연간 어획량보다 선박의 쓰레기 투기량이 더 많았다. 이러한 추세는 국제해사기구IMO에 의해 기초된 "선박에 의한 해양 오염 방지 국제 협약MARPOL"('해양MARine'과 '오염POLlution'에서 알파벳을 따서 "MARPOL"이라고 통칭함)이 발효(1983)되면서 변화를 맞는 것처럼 보였다. 여기에 더해 1987년 미국에서는 "해양 플라스틱 오염 연구 및 규제 법안MPPRCA"도 제정되었다. 하지만 MARPOL은 쓰레기 투기를 규제하기만 할 뿐 금지하지는 않는다. 이 때문에 플라스틱을 제외하면 대부분의 폐기물이 충분히 곱게 분쇄됐다는 전제하에 해안선 약 5km 밖에서 투기되는 것이 가능하다. 게다가 MARPOL의 여러 부속서에는 "실현 가능한 선에서만 적용한다."라는 문구가 포함되어 있다. 그래서 선원의 건강과 안전이 위협받거나, 선내의 환경이 쾌적하지 않게 되거나, 군함의 전투 경계 태세를 늦춰야 하는 상황(군함의 경우에는 MARPOL 협약을 준수하는 것이 필수가 아니다)은 MARPOL의 규제를 받지 않는다. 선박이 손상되어 폐기물이 유출되는 경우도 마찬가지다. 그리고 다른 국제 협약이 그러한 것처럼, MARPOL 또한 협약에 서명한 국가들에게만 구속력이 있다는 한계가 있다.

해변 청소가
필요하다!

　앞서 소개한 바와 같이 쓰레기를 줄이기 위한 제도가 모두 시행된다고 하더라도 안심할 수는 없다. 왜냐하면 해변에 지속적으로 버려지거나 해안가에 떠내려오는 쓰레기를 정기적으로 제거해야 하기 때문이다. 해변 청소는 해수욕을 즐기는 관광객이나 해변에서 장사하는 상인들, 인근 호텔 직원들, 그리고 지자체 공무원들도 할 수 있는 일이다. 물론 관광 해수욕장에서는 중장비를 이용해 표면의 모래층을 갈퀴로 긁는 방식으로 해변을 청소하기도 한다(40쪽 사진 참조). 이는 주로 밤에 실시되기 때문에 낮에만 해변에 가본 사람들은 이러한 작업이 이루어지는지 잘 모르기도 한다. 하지만 밤에 해변에 가보면 이렇게 수거된 쓰레기 더미가 한쪽에 쌓여 있는 모습을 볼 수 있다. 해변에 트랙터 바퀴 자국이나 갈퀴 자국, 모래밭이 평평하게 다져진 흔적이 있다면, 혹은 해변이 반쪽만 깨끗하고 나머지 반쪽은 지저분한 상태라면 그곳에서 해변 정화 작업이 이루어졌다는 사실을 짐작할 수 있을 것이다.

중장비를 이용한 해변 정화 사업에는 단점이 많다. 우선, 관광객이 안정적으로 많이 찾아오는 해수욕장들만 비싼 장비를 구입하고 운용하는 비용을 댈 수 있다. 모든 해변을 중장비로 청소할 수 있는 것도 아니다. 자갈이나 바위로 이루어진 해변에서는 장비가 고장 날 수 있다. 모래로만 구성된 해변이라고 하더라도 파도가 치는 구간에서는 장비를 운용할 수 없다. 쓰레기가 많이 모이는 나무 데크 보행로의 아래도 장비의 접근이 제한되기는 마찬가지다. 기계로 수거할 수 있는 쓰레기의 종류에는 한계가 있다. 캔이나 병, 종이컵 같은 것들은 수거될 수 있지만, 유리 조각이나 담배꽁초처럼 자그마한 쓰레기들은 그대로 해변에 남겨진다. 크기가 큰 어망이나 드럼통, 화물용 팔레트, 타이어처럼 큰 쓰레기를 기계로 수거할 수 없음은 말할 것도 없다. 더 나아가, 기계 장비는 사람이 만든 쓰레기와 자연물을 모두 무분별하게 제거해버린다. 그런데 해변에 쌓여 있는 해초나 유목은 다양한 종류의 작은 생물들에게 서식지 역할을 한다. 조개껍데기는 소라게 등의 집이 될 수 있고, 부서져 가루가 되면 궁극적으로 모래사장의 일부가 된다. 해변 생태계의 모든 자연적 구성 요소는 제자리에 남아 있어야 한다. 모래 해변은 달랑게처럼 땅속으로 들어가 생활하는 생물들의 살아 있는 서식지이며, 멸종위기종인 바다거북도 모래 해변에 알을 낳는다. 이 중 어떤 생물도 정기적으로 중장비에 의해 쟁기질 당한 해변에서는 살아남을 수 없다.

그렇다면 우리에게 필요한 것은 무엇일까? 꼭 영화에 나오는 슈퍼히어로가 존재할 필요는 없다. 그저 우리 같이 평범한 해변 산책자들도 변화를 이끌 수 있다. 해양 쓰레기 문제를 해결하기 위해 어떤 일을 할 수 있는지 한번 찾아보자.[22] 국제 연안 정화 프로그램을 주관하는 오션 컨서번시Ocean Conservancy에서는 지역마다 해변 정화 활동을 진행하고 있으니 여기에 참여해 보는 것도 좋다.[23] 해변에 갈 때마다 쓰레기를 한두 개씩만 들고 나와서 버리는 것도 좋은 방법이다. 해변에서 발견한 쓰레기를 탐문하고, 해양 환경보호 활동가가 되어 해결책의 일부가 되어 보자. 여러분은 잘할 수 있을 것이다.

우리가 할 수 있는 것

해양 쓰레기 문제에서 그나마 다행인 점이 있다면, 그것은 바로 중금속이나 방사능 오염과 달리 우리가 직접 문제 해결을 위해 할 수 있는 일이 있다는 것이다. 우리 모두는 쓰레기를 만들어내는 만큼 쓰레기를 줄이는 데에도 기여할 수 있다. 매 순간 우리는 이 세상이 너무나도 복잡하고 우리가 살고 있는 사회 체계가 쉽게 바뀌지 않는다는 말을 듣는다. 하지만 이는 무관심 속에 아무 행동도 취하지 않는 결과를 낳을 뿐이다. 커다란 변화와 큰 규모의 공공 정책, 그리고 다양한 풀뿌리 운동은 모두 한 개인으로부터 시작되었다는 사실을 기억하자. 처음 문제를 인지하여 해결책을 모색하고, 자기 일처럼 그 일에 헌신하고, 용기와 신념을 가지고 행동했던 한 사람에게서 모든 변화는 시작되었다. 해양 쓰레기 문제에 있어서는 우리도 그러한 변화의 씨앗이 될 수 있다.

우리는 다양한 수준에서 변화를 모색할 수 있다. 해수욕객으로 해변에 갔을 때는 함께 가져간 모든 물건을 도로 집에 가져오는 것이 중요하다. 쉬운 일처럼 들리지만 여러 심리학적이고 사회적인 요인들에 순전한 귀찮음이 약간만 더해지면 막상 실천하기는 쉽지 않다. 우선은 꼭 필요하지 않은 물건을 해변에 가져가지 않는 것부터 시작하자. 그리고 해변에서 쓰레기가 발생하면 반드시 쓰레기통에 버리거나 집으로 가져오도록 하자. 새 상품은 집에서 개봉하고, 해변에서는 포장을 벗기는 일이 없게 하자. 도시락도 마찬가지다. 세척 할 수 있고 다시 쓸 수 있는 용기에 먹을 만큼만 옮겨 담아서 가져가는 게 좋다. 여기에서 한 발짝 더 나아가고 싶다면 쓰레기봉투를 챙겨서 해변에 널브러진 쓰레기들을 주워 담아 보자. 해변에 방문하는 사람들이 각자 조금씩만 쓰레기를 주워도 해변은 금세 깨끗해질 것이다.

우리는 소비자로서 다른 각도에서 이 문제에 접근할 수도 있다.[24] "6R"을 실천하는 것은 큰 도움이 된다. 6R은 다시 생각해 보기Rethink, 거절하기Refuse, 적게 쓰기Reduce, 다시 쓰기Reuse, 고쳐 쓰기Repair, 재활용하기Recycle를 의미한다. 사람들은 재활용하기를 가장 강조하는 경향이 있지만, 재활용하기는 쓰레기 문제의 근본적인 해결책이라고 하기에는 무리가 있다. 모든 소재가 재활용될 수 있는 것은 아니며, 재활용하기는 단순히 쓰레기가 자연에 버려지는 것을 늦추는 것에 불과할 수 있기 때문이다. 여기서는 처음부터 쓰레기가 발생하는 것을 피하기 위해 다른 다섯 가지 "R"과 한 가지 "U"를 소개해 보겠다.

▎ 다시 생각해 보기Rethink

이 물건이 나에게 꼭 필요할까? 이미 가지고 있는 것으로 해결할 수 있는 방법은 없을까? 이 상품은 꼭 환경에 해가 되는 소재(분해되는 데 오래 걸리고, 독성이 있거나 위험을 끼칠 수 있고, 해변을 오염시키는 주범으로 꼽히는)로 만들어져야 했을까?

▎ 거절하기Refuse

그냥 거절하자! 과대 포장된 상품을 무조건 구매하라는 법은 없다. 물건이나 음식을 일회용 포장 없이 구매할 수 있는 방법을 고민해보자. 장을 볼 때는 상품을 각각 다른 비닐봉투나 쇼핑백에 담지 말자. 플라스틱 식기류나 일회용 라이터, 일회용 필름 카메라처럼 한 번 쓰고 버리는 제품을 거부하고, 더 품질이 좋고 여러 번 쓸 수 있는 제품을 선택하자.

▎ 적게 쓰기 Reduce

내가 소비하는 제품 중에서 친환경적이지 않은 것들을 다른 대체품으로 바꿀 수는 없을까? 비닐봉투를 천 가방으로 바꾸는 것은 어떨까? 사무실에서 생수병과 종이컵을 쓰지 말고 정수기와 물병, 개인 컵을 사용해보자. 카페에서 음료를 테이크아웃 할 때 텀블러를 가져가면 매일 버려지는 수백만 개의 일회용 컵을 줄이는 데에 도움이 된다. 식당에서 음식을 테이크아웃 할 때도 일회용 젓가락을 받지 말고 개인 식기류를 챙겨 다니자. 해변에 갈 때도 새것을 사는 대신 쓰던 것을 가져가면 좋을 것이다. 편리성을 추구한다는 명목으로 기업들은 점점 더 상품을 작은 단위로 나눠 낱개 포장하고 있는데, 이러한 추세에도 반기를 들 필요가 있다. 미국 환경보호청에서도 "일상에서 포장지 줄이는 법"을 제시하고 있으니 참고해 보자.[25]

▎ 다시 쓰기 Reuse

쇼핑을 하고 집에 돌아오자마자 비닐봉지나 종이 쇼핑백을 버리는 게 옳은 일일까? 다음번에 장을 볼 때 다시 사용하는 것은 어떨까? 슈퍼마켓에서 가져온 비닐봉지는 여러 번 다시 써도 괜찮다. 빈 용기는 집이나 창고에서 물건을 보관할 때 사용해보자.

고쳐 쓰기 Repair

물건이 조금 망가졌다고 해서 꼭 버려야만 하는 것은 아니다. 무엇이든지 고쳐주는 수리점이 동네에 있는지 한번 찾아보자. 의외로 많다는 사실에 놀랄 것이다.

재활용하기 Recycle

대부분의 상품과 포장재는 사실 귀중한 자원이다. 끝내 어떤 물건을 버려야 할 때는 그것을 별도로 배출하는 방법이 정해져 있는지 찾아보자. 우리가 올바른 방식으로 분리배출한다면 대부분의 쓰레기는 재활용될 수 있고, 새로운 상품을 만드는 데에 필요한 에너지와 원료를 아낄 수 있다. 예를 들어 유리병은 거의 무한정 재활용이 가능하나. 재활용은 쓰레기 매립지에 투기되는 쓰레기의 양을 줄이고 하천에 흘러 들어가는 쓰레기를 줄이는 데에도 도움이 된다.

환경을 위한 "R"에는 몇 가지 다른 실천도 있다. 예를 들어 "다시 설계하기Re-invent"는 기업에 제품을 다시 디자인하라고 요구하는 것을 의미한다. 바다를 오염시키는 소재를 사용하지 말라고 하거나, 최소한 불필요한 포장재라도 줄이라고 요구해보자. 마지막으로 이 가이드북에서는 또 하나의 중요한 R로 "치우기Remove"를 제시하고 싶다.

앞서 소개한 여섯 가지 'R'은 한 가지 'U'가 더해졌을 때 더 강력한 힘을 발휘한다.✿

업사이클하기Upcycle

많은 제품은 완전히 다른 물건으로 거듭날 수 있다. 무엇이든 상상해 보라. 유리 조각, 음료수병, 병뚜껑, 깡통 등은 원자재로서 수많은 수공예품으로 재탄생할 수 있다. 화물용 나무 팔레트는 고급스럽고 세련된 가구로 만들어지기도 한다. 세상에는 정말로 다양한 업사이클링 아이디어가 존재한다. 아무 물건이나 "업사이클링"이라는 키워드와 함께 인터넷에 검색해보면 생각지도 못한 천재적인 발상들을 발견하게 될 것이다.

물론 쓰레기 대란을 극복하고 해양 쓰레기 문제를 해결하기 위해서는 조금 더 높은 단계에서의 노력도 필요하다. 우선

✿ 쓰레기 자원의 재활용률을 높이기 위해 '비헹분섞(비우고, 헹구고, 분리하고, 섞지 않는다)'을 지켜서 분리배출을 하는 것도 잊지 말자.

첫째로, 환경 문제에 관한 대중의 의식 수준이 높아져야 한다. 그다음으로는 정부에서 법안을 마련하고 물리적인 인프라를 구축해야 한다. 분리수거함을 마련하고, 쓰레기 수거 시스템이 발전해야 하며, 쓰레기를 올바른 방식으로 처리해야 하고, 벌금 제도도 도입해야 한다. 기업들은 더 나은 통찰력과 헌신을 보여야 한다. 제품은 재활용 가능한 재료를 사용하여 재활용 가능한 디자인으로 만들어야 한다. 재활용된 제품의 수익성이 보장되려면 기술 개발도 필요하다. 소비자들이 알 수 있도록 포장지에는 제품에 어떤 소재가 쓰였는지 명확히 표기해야 하고, 재활용 기호를 병기해야 한다. 세계적으로 쓰레기 재활용이 수익성 있는 산업이라는 사실을 보여주는 사례들이 있다. 그러한 사례들을 참고하여 시스템을 만들면 정치인들이 입이 닳도록 말하는 일자리 창출에도 도움이 될 것이다.

    허황되고 희망에 부푼 생각인 것처럼 들리는가? 하지만 의외로 우리들 한명 한명은 약하지 않고 실질적인 변화의 주체가 될 수 있다. 해변에 있는 식당이나 바, 호텔에서 가서 "당신들이 쓰는 물건이 인근 해변에서 엄청나게 많이 발견됐다"라고 항의하면 쓰레기를 첫 단계에서부터 대폭 줄일 수 있을 것이다. 한 걸음 더 나아가서, 해변을 어지럽히는 쓰레기나 위험한 쓰레기를 생산한 기업에 이메일이나 트윗을 보내보자. 그러면 소비자들이 쓰레기 문제에 관심을 가지고 있다는 사실을 알릴 수 있고, 해당 기업이 제품이나 포장을 친환경적인 방향으로 다시 디자인해야 한다는 사실도 지적할 수 있다. 만약 반응이 시원치 않다면 어떻게 할까? 그러면 지자체나 중앙 정부 부처, 그리고 국회의원들에게 연락을 취하자. 관련 환경 단체에 문제 사실을 알려주는 것도 중요하다. 친구들과 가족들에게 여러분이 이러한 일을 해결하고자 한다는 것도 이야기해주자. 해양 쓰레기 문제는 다양한 관계 부처와 시민 단체에서 주목하고 있는 사안이기에 여러분의 이야기를 들어줄 곳을 쉽게 찾을 수 있을 것이다. 목표의식이 뚜렷한 해변 청소 캠페인에도 참여해보자. 항상 기억하자. 이 지구의 해변은 공공재라는 사실을! 해변은 당신의 것이기도 하다.

해변을 청소해보자!

마지막으로 여러분 중에는 해변에 가서 아무것도 남겨두고 오지 않는 것보다 더 적극적인 행동을 하고 싶은 사람이 있을지도 모르겠다. 그렇다면 지역에서 시행하고 있는 "반려 해변" 프로그램을 알아보는 것은 어떨까?♻ 이는 인근 해변을 입

♻ 1986년 미국 텍사스주에서 처음 시작된 반려해변 제도는 현재 한국에서도 시행되고 있다. 2022년 8월을 기준으로 63개의 기관과 기업이 전국 53개 해변을 각각 입양하여 관리하는 중이다. 자세한 정보는 '바다가꾸기' 누리집 www.caresea.or.kr을 참조.

양하여 해변을 건강하고 안전하고 아름답게 보살피는 제도이다. 이 프로그램에 참여하면 일 년에 몇 번 정도 해변을 청소해 주게 될 것이다. 하지만 해변 청소에 관해서라면 무엇보다도 매년 100개가 넘는 나라에서 개최되는 "국제 연안 정화의 날"을 빼놓을 수 없다. 이 행사는 해변뿐만 아니라 호숫가나 하천변도 함께 치우기 때문에 해변이 없는 내륙 국가에서도 개최된다. 1985년부터 지금까지 1,200만 명 이상이 참여한 국제 연안 정화의 날은 바다와 관련된 자원봉사 활동 중에서는 전 세계에서 가장 규모가 크다. 최근에는 매년 80만 명 이상의 사람들이 참여하고 있다. 국제 연안 정화의 날은 9월 중순에 열린다. 이 행사를 주관하는 오션 컨서번시Ocean Conservancy에서는 몇 년간의 데이터를 모아 해변에서 어떤 쓰레기를 얼마나 많이 수거했는지 알려주는 구체적인 보고서를 발간한다. 자세한 정보를 확인하고 행사에 참여하고 싶다면 웹 사이트www.oceanconservancy.org를 확인해보자!

물론 여러분은 자신만의 해변 정화 활동을 시작해볼 수도 있다. 인근 하천이나 해변을 정해서 혼자서, 혹은 친구와 함께 청소를 해보자. 관련 기관에서 지원을 해 줄 수도 있으니 한번 문의해보자.

해변을 청소할 때는 다음과 같은 준비물이 필요하다.

- 모자와 넉넉한 선크림
- 적절한 신발 (슬리퍼는 안 된다)
- 마실 물
- 장갑 (필요하다면 집게도)
- 응급처치키트
- 쓰레기를 담을 다회용 용기나 쓰레기봉투
- 날카롭거나 위험한 쓰레기(낚싯바늘, 주사기 등)를 담기 위한 단단하고 뚜껑 있는 용기

쓰레기의 종류와 양에 관한 정확한 정보는 장기적으로 문제를 해결해 나가는 데에 큰 도움이 된다. 환경단체들은 해변 청소 캠페인을 실시할 때 쓰레기 관련 데이터를 함께 수집하여 가장 해변을 많이 오염시킨 원인을 찾고 변화를 촉구한다. 만약 여러분이 수집한 데이터도 공적으로 사용되도록 하고 싶다면 오션 컨서번시에서 만든 쓰레기 수거 기록 양식♻을 확인해보라. 손저울을 휴대하면서 쓰레기의 무게를 재거나 특이한 쓰레기의 사진을 남기는 것도 도움이 된다.

♻ 오션 컨서번시에서 만든 해양쓰레기 수거 기록 앱 '클린 스웰Clean Swell'을 이용한다면 편리하게 쓰레기를 기록할 수 있다.

다음은 해변 청소를 할 때 하지 말아야 할 것들이다.

- 비어 있는 것처럼 보이더라도 뚜껑이 달린 용기를 열어선 안 된다. (위험물 기호 참조)
- 타이어와 같은 대형 쓰레기를 모래에서 끄집어내려고 하거나 드럼통과 같이 무거운 물건을 혼자서 옮기려고 해선 안 된다.
- 의료 폐기물과 같이 위험한 물건이 무더기로 있다면 건드려선 안 된다.
- 죽거나 다친 야생 동물을 만지거나 옮기려고 하면 안 된다.
- 해초나 유목流木, 해파리, 산호, 조개껍데기와 같은 자연 생물을 제거할 필요는 없다.

해변을 청소할 때에는 '적어도 해를 끼치지는 말아야 한다'라는 히포크라테스 선서를 염두에 둘 필요가 있다. 여러분이 이 책을 읽고 해양 쓰레기 문제를 해결하는 데에 한 걸음 더 나아갈 수 있으면 좋겠다.

| 폭발성 | 가연성 | 부식성 | 산화성 |

| 급성 독성 | 유해 물질 | 호흡곤란/발암유발 등 | 수생 환경 오염 |

| 생물학적 위험 | 방사성 |

위험물 표시 마크 대체적으로 그림 그 자체는 오랜 기간 변하지 않았지만, 프레임의 모양(삼각형, 사각형, 최근에는 마름모)이나 색깔(예전: 검정; 최근: 빨강), 전체적인 색상 톤(노랑, 주황)에는 조금씩 차이가 있다. 이러한 표식이 붙어 있는 해양 쓰레기를 다룰 때는 항상 전문가의 감독을 받아야 한다.

2
유리

유리
유리병과 유리조각
전구

유리

이 얼마나 멋진 소재인가! 유리는 투명하고, 기체를 밀봉할 수 있으며, 산酸에 부식되지 않는다. 이뿐만이 아니라 유리는 무색무취하며, 어떤 모양으로도 만들 수 있고, 안정적으로 형태를 유지하는 데다, 다른 소재와 쉽게 반응하지도 않는다. 게다가 유리의 재료인 모래는 거의 무한정 존재한다.♻ 그래서인지 고대 이집트인들은 3500년 전에 유리의 진가를 알아보고 이 멋진 소재를 귀중하게 여겼다고 한다. 물론 오늘날과 같은 대량 생산의 시대에 유리는 일상에서 쉽게 볼 수 있는 흔한 소

♻ 유엔환경계획UNEP은 '모래와 지속가능성 - 위기를 피할 10가지 권고Sand and Sustainability: 10 Strategic Recommendations to Avert a Crisis (2022)'라는 제목의 보고서를 통해 모래를 유한한 자원으로 인식할 것을 촉구하고 있다. 해안 침식과 해수면 상승이 심각한 오늘날, 자원으로 사용할 수 있는 모래의 양은 점차 크게 줄어들 것으로 예상된다.

재가 되고 말았다. 흔하다는 것은 곧 쉽게 대체 가능하다는 것을 의미한다. 대체 가능한 물건은 그만큼 쉽게 버려진다.

아마도 여러분은 과학 시간에 유리가 사실 액체라는 사실을 배운 적이 있을 것이다. 하지만 지금은 이 지식을 잊어버려도 좋다. 바다 쓰레기 문제에 관해서라면 유리가 액체라는 사실은 큰 의미가 없는 데다 별 도움도 되지 않기 때문이다. 해변에서 유리 조각을 밟아본 사람이라면 유리는 누가 뭐래도 고체라고 외칠 것이다. 해변에서 발견되는 유리의 종류는 유리병, 유리 단지, 씨글라스, 전구, 재떨이 등으로 다양하다. 때로는 유리창에 쓰이는 판유리 한 장이 통째로 발견되기도 한다. 해안선을 따라 쓰레기를 치우다 보면 유리병에 담긴 편지나 유리 부표와 같이 희귀한 물건을 줍게 되는 경우도 있다. 그렇다면 당신은 특별한 자신의 운을 칭찬해도 좋을 것이다. 1990년에 캐나다 밴쿠버 해변에서는 술 대신 전단지가 들어 있는 술병이 떠내려온 적이 있는데, 그 전단지에는 어느 중국 반체제 인사의 석방을 호소하는 내용이 적혀 있었다고 한다.[1] 이보다 더 최근에는 독일의 해양학자들이 1886년에 실험 목적으로 띄운 유리병이 132년 만에 호주의 해안에서 발견된 일이 있었다. 그 전까지 기네스에 등재된 가장 오래된 유리병 편지의 나이는 108년이었기에, 발견자는 순식간에 유명인사가 되었다고 한다.[2]

담배꽁초를 제외하면, 유리 제품은 플라스틱이 아닌 쓰레기 중에서 가장 많이 발견되는 쓰레기이다. 또한, 유리는 국제 연안 정화의 날에 수거된 '가장 지저분한 쓰레기 10위'에서 상위권을 차지하기도 했다. 유리는 해변에 매우 많을 뿐만 아니라, 너무나 긴 시간 동안 분해되지 않아서 해변을 몹시 괴롭히게 된다. 이는 유리가 금속이나 플라스틱에 비해 소금물과 햇빛을 훨씬 잘 견디기 때문이다. 유리는 기본적으로 모래에 몇 가지 첨가물을 넣고 열을 가해 녹인 다음 형태를 잡아주는 방식으로 만들어진다. 그렇다면 유리는 자연에서 온 재료로 만들었으니 환경친화적이라고 할 수 있을까? 그렇지는 않다. 유리가 분해되려면 정확히 특정할 수 없을 정도로 오랜 시간이 필요하다. 자연에 버려진 유리병은 인류의 역사보다 오랜 기간을

안전을 심각하게 위협할 수 있다는 점에서 유리는 1순위 해변 반입 금지 품목으로 꼽히곤 한다. 물론 해변에서 위험한 쓰레기는 유리 말고도 많다. (대서양, 미국)

버틸 수 있다.[3] 만약 모래에 파묻히게 된다면, 유리는 전혀 분해되지 않은 상태로 수세기를 보낼 것이다. 물론 파도가 치는 구역, 특히 바위 해변에 버려진 유리라면 분해될 가능성이 조금은 있을 것이다. 발에 밟혀 으스러진 경우에도 마찬가지겠지만, 이 경우에는 사람들이 다칠 수 있다는 문제가 발생한다. 해변에서 유리 조각을 밟는 것은 매우 위험한 일이기에 많은 해변에서는 이용수칙을 안내하는 표지판에 유리병이나 유리 용기를 가지고 들어오지 말라는 말을 써 놓고 있다.

유리병과
유리 조각

유리병의 크기와 모양은 '병 모양'이라는 상용구가 무색해질 정도로 매우 다양하다. 크기와 모양 외에도 우리는 색깔이나 두께, 장식, 개봉 방식 등을 가지고 유리병의 종류를 구분할 수 있다. 업계 관계자라면 병의 특징을 더 구체적으로 파악하고 더 세밀하게 분류할 수 있을 것이다.[4,5] 유리병은 브랜드 정체성을 나타낸다. 기업들은 음료수병이건 향수병이건 약병이건 상관없이 병을 독창적이고 눈에 띄는 모양으로 디자인하기 위해 머리를 싸맨다. 글로벌 기업은 세계 어느 곳에서나 자사 제품과 브랜드가 쉽게 인식될 수 있도록 하기 위해 제품의 디자인을 통일한다. 병의 디자인이 바뀌는 일은 흔하지 않다. 아마 기업의 입장에서 병 디자인을 바꾸는 것은 위험부담을 감수해야 하는 일일 것이다. 그래서 기업들은 디자인을 리뉴얼 할 때 '새로운 병 출시! 10% 증가된 가성비 용량과 따르기 쉬워진 디자인!'과 같이 제품의 리뉴얼 소식을 대대적으로 알리고 사람들에게 새로운 이미지를 각인시키기 위해 노력한다. 유리병의 디자인은 쉽게 바뀌지 않기 때문에, 해변 청소를 하다가 유리병을 주우면 그 병에 어떤 내용물이 담겨 있었고 어떤 기업에서 생산했는지 쉽게 알아챌 수 있다. 만약 곧바로 정체를 파악하기 어려운 경우에는 동네 슈퍼나 주류 판매점에 들러서 매대 주변을 서성거려 보자. 아마도 진열된 상품 중에서 비슷한 것을 찾을 수 있을 것이다. 병에 이해할 수 없는 외국어가 쓰여 있는 경우에도 라벨이나 각인된 글씨, 그리고 병뚜껑 등을 보고 브랜드명이나 로고를 확인할 수 있다.

    과연 유리병은 어떻게 해변까지 오게 되는 것일까? 유리병이 해변에 유입되는 경로는 해안에서의 레크리에이션 활동부터 직접적인 쓰레기 투기, 하천에서의 인간 활동까지 다양하다. 이쯤에서 사람들이 빈 병이나 마시다 만 음료수병을 해변에 버리며 어떤 핑계를 대는지 한번 알아보자.

"병이 너무 무겁다."
"짐이 너무 많다."
"집에 가지고 가다가 깨질 것 같다."

"비닐봉투에 넣어 가려고 했는데 바람이 불어서 굴러갔다."
"유리병 여러 개가 서로 부딪혀 달그락거리는 소리가 거슬린다. 차 안에 두면 굴러다니다가 깨질 것 같다."
"병뚜껑을 잃어버렸는데 내용물이 쏟아져서 문제가 생길 것 같았다. 그래서 모래 안에 병을 박아두었다."
"쓰레기통이 없다고 아무 데나 버리긴 찜찜했다. 그래서 땅을 깊게 파서 묻어두었다."
"누군가는 이걸 가져다가 병 보증금을 벌지 않을까?"
"이런 거 치워가라고 내가 세금 내는 거 아냐?"
"경관님, 제가 당시에 너무 취해서 빈 병을 어디에 두었는지 기억이 나질 않습니다."

보트를 타는 사람들도 배 밖으로 빈 병을 투기한다. 이 사람들은 무슨 생각으로 병을 바다에 버리는 것일까?

"빈 병은 물에 뜰까, 아니면 가라앉을까? 한번 시험해봐야지."
"내용물을 다 마셨으니 버려도 문제없어."
"빈 병이 해저에 가라앉으면 해양 생물의 서식지가 될 수 있지 않나?"
"유리에서는 독성 물질이 침출되지 않으니까 괜찮아."
"아이고, 편지를 넣어 바다에 띄우려고 했는데 깜빡하고 빈 병만 던져 버렸지 뭐야."

해변에 버려진 유리병은 파도에 쓸려 온 것이건 누군가 육지에서 버린 것이건 사실상 영원히 해변에 머무를 수 있다. 유리병이 모래에 파묻혀 있거나 어딘가 안락한 곳에 자리를 잡게 된다면 특히 더 오래 자연에 남아 있을 것이다. 그러니 쓰레기 투기라는 범죄는 수 세기 동안 지속되는 셈이다. 물론 유리병은 파도의 힘을 받거나 누군가의 발에 밟혀서 깨질 수 있고, 깨진 유리 조각은 '씨글라스sea glass'가 될 수도 있다(씨글라스라는 용어는 마치 유리 조각이 바다 환경의 공식 구성원이 되었다는 듯한 오해를 불러일으킨다). 모서리가 닳아서 맨들맨들해 지고 색이 불투명해진 씨글라스를 '인어의 눈물'이라고 부르는 사람들도 있는데, 나는 그게 인어가 쓰레기 투기의 현실에 탄식하며 흘린 눈물이라는 뜻이길 바란다. 유리 조각이 얼마나 날카롭고 투명한지를 보면 그것이 깨진 지 얼마나 지났는지 짐작할 수 있다. 바람에 갈가리 찢겨서 나부끼는 신문지와 마찬가지로 유리병도 수많은 조각으로 쪼개진다. 깨진 유리병에서 가장 오랫동안 원래의 모습을 유지하는 부분은 가장 두껍고 단단한 바닥과 목, 입구 부분이다. 어떤 제품들은 워낙 디자인이 독특한 탓에, 깨진 조각의 일부만 가지고도 상표를 알아맞힐 수 있다.

유리는 다른 종류의 바다 쓰레기와 달리 독성 물질을 침출시키지 않는다고 하지만, 그렇다고 해서 유리가 환경이나 인간에게 덜 위험한 것은 아니다. 우선 유리병은 뚜껑이 닫혀 있건 열려 있건 장기간 물에 뜬 상태로 매우 먼 거리를 이동할 수 있다. 이러한 유리병에는 해양 생물이 붙어서 자라게 된다. 그러면 유리병은 해양 생물을 매우 안락하게 먼 서식지로 옮기는 크루즈선이 된다. 이러한 히치하이킹 때문에 세계 각지에서는 정상적인 조건에서라면 절대 경험하지 못했을 외래종의 침입을 겪고 있다. 이때의 외래종은 매우 유해한 결과를 불러오기 때문에 '침입종'이라고 불러도 무방하다. 때때로 이들 침입종은 고유종과의 경쟁에서 승리해서 고유종을 터전에서 몰아내기도 한다. 그 결과 생태계의 균형이 깨지고 종 다양성이 무너진다. 한편, 유리 조각은 강한 햇빛을 돋보기처럼 모으기 때문

유리병에는 종이, 유리, 코르크, 플라스틱, 금속 등 다양한 소재가 한데 모여 있다. 그런 점에서 유리병은 바다 쓰레기를 대표한다고 할 수 있다. 처음 해변 생활을 시작하는 유리병에는 라벨이 붙어있기 때문에 정체를 파악하기 쉽다. (대서양, 벨기에)

에, 자연에서 갑자기 화재를 일으키는 원인이 되기도 한다.

이제 인간의 건강에 유리가 끼치는 위험에 대해 이야기해 보자. 유리병을 포함하여 대부분의 용기는 아무리 속이 비어 있다고 하더라도 원래의 내용물이 조금은 남아 있기 마련이다. "마지막 한 방울까지 남김없이"라는 광고 문구가 그대로 현실에서 실현되는 경우는 드물다. 그러니 위험한 액체가 담겨 있었던 것 같은 유리병을 집어 들 때는 항상 조심해야 한다. 라벨을 보면 위험물 기호를 확인할 수 있다. 해골과 뼈가 그려진 독극물 기호는 직관적으로 의미를 이해할 수 있을 것이다. 무슨 의미인지 잘 이해가 되지 않는 기호가 있다면 공부를 해보자(77쪽 사진 참조). 물론 유리병과 연관된 일반적인 위험은 바로 유리 파편을 맨발로 밟는 것이다. 해수욕장에서 쓰레기 청소 기계로 모래사장을 훑고 지나가면 빈 유리병은 제거되겠지만 작은 유리 파편들은 수거망을 그대로 통과해버릴 수 있다. 날카로운 유리 파편들은 발에 심각한 부상을 안겨주며, 결국 해변에서 맨발로 걷는 즐거움을 영영 단념하게 만든다. 해변 청소를 할 때는 이러한 부상을 막기 위해 적절한 신발을 착용하도록 하자. 그리고 유리병을 불에 넣으면 폭발할 수 있으니 이는 절대 금물이다. 깨진 지 얼마 되지 않은 날카로운 조각은 항상 여러 개가 한자리에 모여 있다는 사실도 유념하자. 유리 파편을 발견하게 된다면 반드시 주변을 더 둘러보는 것이 좋다. 분명히 가까운 곳에서 다른 조각들이 호시탐탐 당신의 발을 노리고 있을 것이다. 이처럼 하나의 쓰레기가 깨져서 여러 개의 쓰레기가 발생하는 것은 "해변 쓰레기 무더기의 법칙(해변에서 어떤 쓰레기를 발견하면 같은 지점에 동일한 종류의 쓰레기가 반드시 여러 개 모여 있다는 법칙)"이 어떻게 가능한지 설명해주는 한 가지 이유가 된다. 물론 유리병이 깨지지 않았다고 하더라도 여전히 해변 쓰레기 무더기의 법칙은 적용된다. 해변에서 진탕 술판이 펼쳐졌다고 할 때, 술병을 집에 가져가는 사람과 해변에 버리고 가는 사람이 따로 있지는 않을 것이다. 분명히 다 같이 해변에 던져놓고 간다. 마모되어 동글동글해진 유리 조각이라고 하더라도 크기가 크다면 해변에서 제거할 필요가 있다. 그 조각이 부서지면 작고 날카로운 조각들이 만들어지기 때문이다. 확실히 해변에서는 하지 말아야 할 것이 많다. 그렇다면 해도 되는 것에는 무엇이 있을까? 나는 이렇게 제안하고 싶다. 해변에서 나올 때는 병을 하나씩 주워서 나와도 된다!

이쯤에서 우리는 '6R(다시 생각해 보기Rethink, 적게 쓰기Reduce, 다시 쓰기Reuse, 거절하기Refuse, 고쳐 쓰기Repair, 재활용하기Recycle)'과 '1U(업사이클하기Upcycle)'를 다시 떠올릴 필요가 있다. 이러한 환경 보호의 실천 지침들은 유리에도 잘 적용된다.

- 이 음료를 텀블러에 담아 간다면 나중에 집에 갈 때 잊지 않고 가져가게 되지 않을까? (다시 생각해 보기)
- 작은 병 여러 개를 사지 말고 큰 병을 하나만 사면 쓰레

기를 줄일 수 있지 않을까? (적게 쓰기)
- 음료를 다 마신 병에 다른 무언가를 채우면 다시 쓸 수 있지 않을까? 물을 담으면 식물에 물을 줄 때 쓸 수 있을지 않을까? (다시 쓰기)
- 다 쓴 유리병을 모아서 새것을 만들 수는 없을까? (재활용하기)

　사실 유리는 모든 소재 중에서도 가장 재활용하기 쉽다. 유리는 녹여서 새로운 형태로 빚는 작업을 무한정 반복할 수 있으며, 그 과정에서 속성이 크게 변하지도 않는다. 모든 유리병은 재활용될 수 있고, 그렇기 때문에 재활용되어야만 한다. 주변을 둘러보면 분명히 유리병 분리수거함이 하나쯤 있을 것이다. 유리병 보증금제가 시행되고 있는지도 확인해보자. 유리병을 회수해 재활용하면 병을 세척하는 비용이 들기는 하겠지만, 모래나 헌 유리병을 녹여서 새 유리병을 만드는 것에 비하면 훨씬 적은 에너지가 사용된다. 이러한 제도를 지지하고 싶은 마음이 든다면 보증금이 없는 병 음료를 구매하지 말자. 음료수병 보증금 제도가 도입되고 확대된다면 병의 회수율과 재활용률을 높일 수 있을 것이다. 미국에서 해변 쓰레기 중 유리병이나 관련 쓰레기의 비중이 가장 적은 주들은 모두 병 보증금 제도나 재활용 프로그램을 시행하는 곳들이었다.

　마지막으로 우리가 할 수 있는 일은 업사이클링이다. 인터넷에는 유리병이나 유리 단지를 재활용할 수 있는 DIY 강좌들이 정말 많다. 어떤 사이트에 들어가 보니 유리병을 업사이클링해서 만들 수 있는 공예 아이디어가 735개나 검색되기도 했다.[6] 깨진 유리 조각이라도 만들 수 있는 물건은 무궁무진하다. 사람들은 유리 조각으로 다양한 수공예 작품을 만든다. 씨글라스를 주제로 회의를 열고 축제도 하는 전문 협회가 있을 정도이다.[7] 유목이나 골판지에 패턴을 그려 넣고 조개껍데기 등과 함께 씨글라스를 섞어 꾸며보자. 씨글라스를 이어 붙여 그릇을 만든다면 식탁에 멋을 더할 수도 있을 것이다. 그릇에 물을 채워서 씨글라스가 해변에서처럼 빛나게 해주자. 씨글라스는 아마추어 보석 공예가에게 딱 좋은 재료이다. 인터넷에서 더 많은 업사이클링 아이디어를 찾아보자.

1   뚜껑과 플라스틱/금속 링은 라벨보다 훨씬 오래 분해되지 않는다. 라벨이 없어도 유리병의 독특한 모양을 보면 어떤 제품인지 알 수 있다. 동네 마트나 주류 판매점에 가서 짝을 찾아보자. (시숭해, 이탈리아)

2   1인용 사이즈로 나온 작고 귀여운 유리병은 기업에게 더 많은 이윤을 가져다주겠지만, 소비자에게는 더 적은 내용물을, 환경에게는 더 많은 포장재와 쓰레기를 안겨다준다. 상술에 놀아나지 말자. 구매하기 전에 다시 생각해보고, 거부하자! (지중해, 튀르키예)

3   언제나 유리병은 해변을 청소할 때 가장 많이 발견되는 쓰레기 10위 안에 든다. 게다가 유리병은 가장 마지막까지 분해되지 않고 남아 있는 해양 쓰레기이기도 하다. 모래에 파묻힌 유리병은 수십 년이나 수 세기가 지나고 나서도 처음 모양을 그대로 유지할 수 있다. (지중해, 이탈리아)

4   주인에게 버림받은 프레드와 에틸(약간 취한 것 같아 보임)은 해변에서 눈부시게 아름다운 노을을 바라보며 여생을 함께하게 되었다. (지중해, 튀르키예)

5   "해변 쓰레기 무더기의 법칙을 발견하신 것을 축하합니다!"

관광객이 많은 해변에서는 유리병이 한 개만 뒹구는 모습이 더 희귀하다. 같은 브랜드의 것이 여러 개 있는 경우도 있고, 다양한 브랜드의 유리병이 한데 모여 있는 경우도 있다. (지중해, 튀르키예)

1. 으악! 처음에는 하나였을지 몰라도 깨지면 여러 조각이 된다. 맨발을 호시탐탐 노리는 무서운 녀석들이다. 이 와중에도 뚜껑은 여전히 굳게 닫혀 있다. 유리병은 깨지지 않았을 때 바로바로 수거하자. (지중해, 이탈리아)
2. 해변을 청소하다 보면 유리병이 자갈 해변에서 더 빨리 깨진다는 사실을 금세 알아차릴 수 있다. (지중해, 튀르키예)
3. 유리병을 불 속에 넣는 것은 결코 좋은 생각이 아니다. 유리병이 폭발하면 끔찍한 부상을 입을 수 있다. 운 좋게 사고를 면하더라도 파편을 치우는 것은 고역일 것이다. (지중해, 튀르키예)

4 라벨에 경고문과 픽토그램, 안내사항, 그리고 내용물에 관한 정보가 적혀 있다. 그런데 왜 해변에 유리병을 버리지 말라는 말은 안 쓰여 있는 것일까? (지중해, 튀르키예)

5 성에가 낀 것처럼 불투명해진 씨글라스의 테두리가 둥글둥글하게 닳아 있다. 인터넷에서는 셀 수 없이 많은 씨글라스 활용법이 있으니 한번 검색해보자. (지중해, 그리스)

1 와인을 마실 때 병나발을 부는 것이 우아하지 않다고 생각하는 사람은 와인잔을 쓰고 싶어 할 수도 있겠다. 하지만 와인잔은 두께가 얇고 눈에 잘 안 보이기 때문에 맨발로 밟았을 때 조각조각 바스러진다. (지중해, 튀르키예)

2 술 마시면 운전대를 잡지 말라! 술 마시고 병을 떨어뜨리지도 말라! (지중해, 튀르키예)

3 "반입 금지라지만 너무 마시고 싶어서…."

종이 봉투에 넣어 해변 안전요원의 눈은 속였겠지만, 해변 쓰레기 해설가의 눈도 속일 수는 없다. (태평양, 미국)

4, 5, 6 유리병의 길쭉한 목과 두툼한 입구 부분은 병뚜껑이나 금속/플라스틱 호일에 싸여 보호되는 경우가 많다. 그래서 원래 모습을 유지한 채 가장 마지막까지 보존된다. (지중해, 이탈리아)

7 두꺼운 밴드와 딱딱한 뚜껑에 감싸진 유리병의 입구는 거의 영원히 분해되지 않을 수 있다. (지중해, 튀르키예)

8 '펀트(punt)'라고 하는 유리병의 오목한 바닥 모양은 병 내부의 압력을 버티고 소믈리에가 와인을 따르기 쉽게 해준다. (지중해, 튀르키예)

1, 2 툭 튀어나온 알루미늄 캡과 중앙부의 고무마개를 보면 이것이 의약품을 담아두던 바이엘(vial)이라는 사실을 알 수 있다. 대부분 고무마개에 피하주사기를 꽂아 내용물을 뽑아낸다. 해변에 다른 의료용품이 떠내려오지는 않았는지 꼼꼼히 찾아보자! (지중해, 튀르키예) 알루미늄 캡의 안쪽에 고무 패킹과 깨진 유리병이 딘단히 맞물려 있다. (지중해, 그리스)

3 유리창이 깨져 있으니 보고만 있어도 불안하다. 유리창용 판유리는 비교적 희귀한 해변 쓰레기이며, 유리병 재활용 시설에서도 받아주지 않는다. 발에 밟혀 으스러지는 소리가 곧 들릴 것만 같다. (지중해, 튀르키예)

4 위쪽 테두리에 곡선형으로 들어간 홈이 있다. 무엇에 쓰인 물건이었는지 맞춰보시길.

이건 재떨이 파편이다. (아드리아해, 슬로베니아)

5 "축하합니다! 가장 희귀한 해양 쓰레기 열 가지 중에서 하나를 발견하셨습니다."

예전에 일본에서는 사케 술병을 녹여서 유리 부표를 만들곤 했다. 지금은 알루미늄이나 플라스틱, 스티로폼으로 만든 부표가 쓰이는데, 이는 '재활용하기, 다시 쓰기, 다시 생각해보기'의 철학에서 한 걸음 퇴보한 것으로 보인다. (태평양, 미국)

전구

사람들은 전구가 일으킬 수 있는 환경오염으로 빛 공해를 가장 먼저 떠올린다. 빛 공해는 수없이 많은 곤충을 죽음으로 내몰고 새들의 방향 감각에 이상을 초래하며, 반짝이는 빛이 있는 곳에 물이 있다고 생각하는 새끼 바다거북이 바다 대신 내륙으로 향하게 한다. 빛 공해가 인간의 건강과 심리에도 악영향을 끼친다는 사실은 여러분도 이미 많이 들어보았을 것이다. 그런 점에서 빛 공해는 종류를 가리지 않고 모든 생물에게 피해를 입힌다고 할 수 있다. 그래도 한 가지 다행스러운 점은 빛 공해가 여러 환경오염 중에서도 가장 해결하기 쉬운 축에 속한다는 것이다. 빛 공해를 해결하려면 그냥 불을 끄기만 하면 되니 말이다. 하지만 우리를 괴롭히는 문제는 여기에서 끝나지 않는다. 그것은 바로 전구가 해양 쓰레기가 되어 바다와 해변을 떠돈다는 사실이다.

당신이 어떤 전구를 쓰든 간에 — 그것이 백열등이든, 형광등이든, 할로겐램프든, LED 전구든 상관없이 — 그것들은 해변에 돌아다녀선 안 된다. 전구는 물에 잘 뜨고, 다양한 소재로 이루어져 있다는 점에서 해양 쓰레기의 특징을 잘 보여준다. 전구는 유리구나 유리관, 금속으로 된 소켓와 필라멘트, 플라스틱이나 세라믹으로 된 절연재 등으로 구성되어 있으며, 내부에는 가스가 들어 있어서 건강에도 매우 해롭다.

전구는 모양, 크기, 색깔, 설치 방식(돌려서 끼거나 눌러서 끼거나) 면에서 종류가 다양하다. 그 덕에 우리는 전구를 보고 그 종류와 사용처를 추측할 수 있다. 유리구에 적혀 있는 전력량 등의 정보도 우리에게 여러 힌트를 준다.

그렇다면 전구는 왜 해변에 도달하게 되는 것일까? 전구는 도시 폐기물에 섞여서 나올 수도 있고, 석유·가스 시추 플랫폼이나 어선 등의 갑판에서 떨어져 나올 수도 있으며, 해변 식당이나 술집에서 버려질 수도 있다. 전구는 영구적으로 쓸 수 있는 물건이 아니다. 실제로 전구는 1920년대에 의도적으로 짧은 수명을 갖도록 설계되었던 것을 시작으로, 일찍부터 "계획된 구식화planned obsolescence" 논쟁의 중심에 서 있었다.[8] 오늘날에는 수많은 전구가 전 세계에 퍼져 있는 10,000개의 석유와 가스 시추 플랫폼의 밤을 밝히기 위해 사용되고 있다. 이처럼 "운항상 쓰레기operational waste"로 취급되는 전구는 멕시코만과 같이 석유가 많은 해역의 해안가에서 특히 많이 발견된다. 전구와 형광등은 해변에서 매년 수만 개씩 수거되고 있으며, 오션 컨서번시가 25년간 집계한 통계에 따르면 그 수가 438,361개에 달한다.[9] 상업 어선에서는 성능이 강력한 전구를 사용하는데, 달빛이 비추지 않는 밤에 집어등을 늘어뜨리면 오징어를 비롯하여 다양한 종류의 바다 생물들이 수면 위로 올라와서 잡기 쉬워진다. 이처럼 조업을 할 때 밝히는 집어등의 불빛은 너무나 강한 탓에 인공위성 사진에서도 확인될 정도라고 한다.

대부분의 해양 쓰레기와 마찬가지로 전구는 인간과 야생 생물 모두에게 심각한 위험을 초래한다. 우선 전구는 매우 얇기 때문에 반드시 부서지게 되어 있다. 깨진 전구 조각은 파도나 모래에 의해 마모되지 않고 칼날처럼 날카로운 상태를 유지할 뿐만 아니라, 금속 꼭지쇠 부분을 모래에 단단히 박은 채 날카로운 이빨을 하늘로 드러내고 있는 경우가 많다. 맨발로 이것을 밟는 일은 생각만 해도 아찔하다.

세상에 어떤 전구도(사실 다른 제품들도 마찬가지지만) 바다에 버려지거나 해양 쓰레기가 되었을 때를 염두에 두고 설계되지 않았다. 에너지 절약과 온실가스 감축을 위해 점점 더 많은 나라들이 백열전구 대신 채택하고 있는 LED 전구도 마찬가지이다. 물론 LED 전구는 기존 전구보다 비싸더라도 전력을 적게 소모하고, 수명이 더 긴 데다, 앞서 설명한 것과 같은 유리 쓰레기를 줄일 수 있다. 하지만 LED 전구 중에는 유독한 물질을 포함하고 있는 것들이 있다. 대표적인 물질이 바로 수은이다.✪ 수은은 먹이 사슬의 일부가 되어 인간의 식탁 위로 되돌아올 수 있으며, 오늘날에는 이것이 수산물과 관련된 핵심 문제로 떠오르고 있다. 여기서 우리가 얻을 수 있는 교훈은 무엇일까? 최소한 전구를 올바르게 분리배출 해야 한다는 것만은 분명하다.

✪ 한때 LED 조명에 수은이 들어있는가 하는 논쟁이 일었으나, LED 전구에는 수은이 들어있지 않다.

1   백열전구는 해양 쓰레기의 특징을 잘 보여준다. 물에 잘 뜨고, 다양한 소재로 구성되어 있으며, 소금물을 만나면 쉽게 흉해진다.
2   소캣 모양이 눌러서 끼우는 방식이고 크기가 크다는 사실은 이 전구가 바다에서 사용되었다는 점을 알려준다. (홍해, 요르단)

1   특대형 사이즈(캘리퍼스를 1cm 만큼 벌려 놓았다)와 일반적이지 않은 소켓 모양을 통해 이 전구가 어선에서 사용되던 것이었다는 사실을 알 수 있다. 아래에 파란색 노끈이 깔려 있는데, 역시 해양 쓰레기는 혼자서만 발견되는 법이 없는 것 같다. (태평양, 일본)

2   따개비로 뒤덮여 있다는 것은 전구가 바다에서 오래 떠다녔다는 것을 의미한다. 따개비가 어디에 붙어있는지를 보면 전구의 어느 면이 잠겨 있었는지도 알 수 있다. 바다 생물들은 이처럼 부유하는 쓰레기에 히치하이킹해서 수천 킬로미터를 이동할 수 있고, 결국 멀리 떨어져 있는 서식지를 침범하게 된다.

3   금속 꼭지쇠에 배기관과 도입선이 연결되어 있다. (지중해, 튀르키예)

4 맨발 지옥 — 전구가 부서져서 산산조각이 났고, 금속 필라멘트와 소켓이 분리되어 있다. (지중해, 튀르키예)

5 금속 꼭지쇠는 부식되어 떨어져 나가는 경우가 많다. 그러면 유리구 내부의 배기관과 날카로운 내부 부품들이 드러나게 된다. (카리브해, 쿠바)

6 전구에서 분리된 알루미늄 꼭지쇠의 마지막 분해 단계 — 하지만 주변 어딘가에 깨진 전구 조각들이 있을 수 있으니 조심해야 한다. (지중해, 튀르키예)

1. 네온 가스가 들어간 형광등도 물에 잘 뜬다. 파도가 뱉어낸 일회용 플라스틱 컵과 옥수수 껍질, 그리고 해초 사이에 형광등이 놓여 있다. (지중해, 튀르키예)
2. 형광등 오른쪽에 달려 있던 금속 부품이 떨어져 나갔다. 이대로 두면 분명히 누군가의 발에 밟혀 깨질 것이다. (태평양, 일본)
3. 전극과 절연재가 달려 있는 알루미늄 캡에 충분히 상처를 입힐 수 있을 정도로 날카로운 유리가 남아 있다. (홍해, 요르단)
4. 이것이 형광등의 마지막 분해 단계에 해당한다는 것을 눈치챌 정도라면 이미 노련한 해변 탐정이라고 할 수 있다. 전극이나 절연재, 유리가 사라진 채 알루미늄 캡만 남아 있다. (지중해, 튀르키예)

3
금속, 자동차, 타이어

금속

자동차

타이어

금속

 우리는 일반적으로 플라스틱은 물에 뜨고 금속은 가라앉는다고 생각한다. 그런데 정말 그럴까?
 꼭 그렇지만은 않다. 선박은 수만 톤이나 되는 금속 덩어리지만, 물에 뜬 채로 물살을 가로지르며 나아갈 수 있고, 백 톤짜리 금속인 비행기는 하늘을 날기까지 한다. 이러한 점을 생각해보면, 금속으로 만들어진 온갖 종류의 해양 쓰레기들이 일정한 조건에서 물에 떠다니는 것도 무리가 아니다. 이러한 쓰레기들은 결국 해변에도 떠내려오게 된다.
 금속은 지구에서 가장 많은 무게와 부피를 차지하는 물질이다. 주기율표에 있는 100여 개의 원소도 대부분은 금속이다.

하지만 금속은 생물을 구성하는 주된 성분은 아니라서 순수한 자연에서는 쉽게 발견되지 않는다. 오늘날 어마어마한 양의 금속이 땅에서 꺼내진 것은 단지 더 빨리, 더 높이, 그리고 더 멀리 가고자 하는 인간의 욕심 때문이다. 인류는 금속을 맨 처음 발견하고 가공한 시기인 청동기 때부터 매번 더 강하고 특수한 성질을 가진 합금을 개발해 왔다. 물론 모든 금속이 인간에게 이로운 것은 아니다. 금속 중에는 아주 적은 양으로도 독성을 띠는 것들이 있다. 예를 들어, 바다를 오염시키는 여러 대표적 물질 중 하나인 수은은 실제로 수많은 사람을 죽인 전력이 있다.[1] 하지만 이번에 우리는 해양 쓰레기를 탐구하고 있는 만큼, 형태가 일정하고 단단한 금속에 초점을 맞출 것이다. 그 예는 우리 일상에서 쉽게 찾을 수 있다. 우리가 사용하는 거의 모든 물건에는 금속이 들어 있기 때문이다. 우리는 심지어 매일 몇 시간씩 금속 덩어리 안에 들어가 있기까지 하지 않는가! (자동차를 생각해 보라)

그렇다면 금속은 어떻게 해변에 도달하게 되는 것일까? 우선 금속 쓰레기 중에는 관광객들이 해변에 가져와서 그대로 놓고 간 것들이 있다. 음료수 캔이나 스프레이 캔, 바비큐 그릴 같은 것들이 여기에 해당한다. 물론 알루미늄 호일이나 다른 피크닉용품들도 쉽게 버려진다. 어떤 사람들은 해변을 철물점이나 폐차장이라고 착각하는 것인지 냉장고나 자동차 부품(때로는 자동차 한 대를 통째로!)을 버리기도 한다. 해변에 버려지는 금속 쓰레기는 미관상 보기에 거슬리는 것부터 목숨을 위협할 수 있는 것까지 다양하며, 특히 후자에 해당하는 것으로는 가스통(134쪽 사진 1)이나 지뢰를 들 수 있다. 잠깐, 지뢰라고? 농담인 것 같겠지만 농담이 아니다(135쪽 사진 2). 통계를 한번 살펴보자. 전 세계에는 2억 개에 달하는 지뢰가 매설되어 있으며, 매설된 지 수십 년이 지난 지뢰에 의해서도 매년 수천, 수만 명의 민간인이 다치거나 목숨을 잃고 있다. 몇몇 나라에는 지뢰가 너무 많은 나머지 아주 넓은 영토를 출입금지 구역으로 지정하고 있을 정도이다.♻ 국제 사회는 지뢰를 퇴출하기 위해 협약을 제정했지만,[2] 기어코 몇몇 나라는 비준을 거부했고, 협약의 적용 대상도 대전차 지뢰를 제외한 대인 지뢰에 국한되었다. 지뢰에 의한 민간인 피해가 발생할 때마다 언론은 떠들썩하게 기사를 내보내고[3] 유명인들은 줄지어 공개 발언에 나서지만, 지뢰 없는 세상으로 향하는 길은 여전히 멀기만 하다. 실정이 이러하므로 해안가에서 지뢰가 발견되는 것도 그리 놀랄 만한 일은 아니다. 최근에 생산된 지뢰 중에는 금속탐지기에 걸리지 않기 위해 플라스틱으로 만든 것들도 있다.

금속은 먼 곳에서부터 떠내려올 수 있다. 이렇게 금속이 물에 뜬 채로 바다를 건널 수 있는 데에는 세 가지 가능성이 존재

♻ 한국의 지뢰지대는 비무장지대와 민간인통제선 지역, 민통선 이남지역, 그리고 미확인 지뢰지대 등 112.5k㎡에 달하며, 국제지뢰금지운동ICBL에서는 한반도 DMZ에 약 200만 개 이상의 지뢰가 묻혀 있을 것으로 추정하고 있다.

한다. 하나는 금속이 물에 뜨는 물건의 일부로 쓰인 경우이고, 다른 하나는 물에 뜨는 구조로 만들어진 경우이며, 마지막은 금속으로 된 물건 내부에 공기가 들어차 있는 경우이다. 해변에 떠내려오는 금속 쓰레기의 종류는 나무판자에 박힌 못부터 맥주 캔, 화물용 컨테이너, 폐선박까지 다양하다. 2011년에는 후쿠시마에 쓰나미가 들이닥쳐 수백만 톤에 달하는 물건과 잔해가 바다로 끌려 들어갔는데, 1년이 지난 뒤 캐나다 해안에서 할리 데이비드슨 오토바이가 발견되었다(주차장용 컨테이너 안에 보관된 채로 태평양을 가로질러 5,000km에 달하는 거리를 항해한 이 오토바이는 주인을 수소문한 뒤에 미국에 있는 할리 데이비드슨 박물관에 전시되었다고 한다).[4] 이보다 더 최근인 2015년에는 마다가스카르 동쪽에 있는 레위니옹Réunion 섬에 비행기 파편이 떠내려오기도 했다. 이는 1년 전에 인도양 상공에서 행방불명된 말레이시아 여객선의 잔해로 밝혀졌고, 전문가들은 이 파편을 가지고 사고 원인 규명 작업을 더 진행할 수 있었다. 한편, 해변에서 발견되는 금속 중에는 동전이나 귀금속, 시계처럼 발견자에게 쏠쏠한 기쁨을 주는 것들도 있다. 금속탐지기를 들고 해변 일대를 배회하는 사람들은 주로 이러한 '보물'들을 찾아다니는 중일 것이다. 운이 좋다면 여러분도 몇 세기 전에 난파선과 함께 바닷속에 가라앉았던 역사적인 금화를 발견할 수 있다.

금속은 단단하기 때문에 현대인의 삶에서 매우 중요한 역할을 한다. 금속이 단단하다는 것은 그만큼 자연에 오랜 기간 남아 있을 수 있다는 사실을 의미한다. 기업들은 수명이 긴 금속 제품을 만들기 위해 여러 단계에 걸쳐 금속을 가공하고 페인트를 덧칠하며, 바다에서 사용되는 합금이라면 특별히 더 강한 내구성을 가지도록 만든다. 하지만 첨단 기술이 집약된 초강력 금속이라고 하더라도 바다의 힘 앞에는 결국 굴복할 수밖에 없다. 그 이유는 바로 염분 때문이다. 바닷물은 상당히 강한 부식성을 가졌기에, 모든 금속은 종류를 막론하고 바다에서 계속 녹슬 수밖에 없다(이를 '산화'라고 한다). 녹이 슨 금속은 금세 지저분해지고, 자연 생물의 삶을 위협하기 시작한다. 예를 들어 납으로 생산되던 제품들은 습지를 오염시켰으며, 수십 년간 산탄총에서 발사된 납 구슬은 새들에게 납 중독을 일으켰다[5](새로운 소재의 낚시 추와 봉돌, 산탄이 개발된 것은 이 때문이다). 한편 금속은 해변에 버려지면 맨발로 다니는 사람들을 다치게 할 수도 있다. 그러므로 해변 청소를 할 때는 금속 쓰레기들을 빠짐없이 주워야 한다. 항상 장갑을 착용하고, 녹이 슬고 모가 난 금속을 주울 때는 조심하자. 드럼통이나 자동차 부품과 같은 것들은 모래에 파묻혀 있는 경우가 많은데, 이런 쓰레기를 제거하려면 중장비가 필요할 수 있다. 그리고 해변 청소 중에 대형 폐기물이나 액체가 담긴 대형 용기를 발견하면 반드시 해변 청소 감독관에게 알린다. 특히 액체 용기는 내용물이 마지막 한 방울까지 비워져 있는 경우가 드물고, 원래 유해하지 않은 액체가 담겨 있었다고 하더라도 며칠에서 몇 달간 햇빛에 달궈지면 독성을 띨 수 있으므로 매우 조심해야 한다.

　모든 쇠붙이는 상태가 어떻든 귀중한 자원이다. 그래서 쓰레기통을 뒤져 알루미늄 캔을 수거하거나 중고 전자기기를 분해해 금속 부품을 철물점에 가져다주면 돈을 받을 수 있다. 이 때문인지 기차 사고나 대형 재난이 일어날 것은 생각도 하지 않고 선로용 구리선을 훔치는 사람들이 이따금 뉴스에 등장하기도 한다. 기존에 생산된 금속을 녹이면 새것을 만들 때보다 에너지와 돈을 절약할 수 있기 때문에 금속은 다른 쓰레기들보다 적극적으로 재활용되는 편이다. 우리가 버린 금속 제품이 쓰레기 매립지나 해변에 무의미하게 쌓이는 것을 원치 않는다면 금속을 재활용하는 운동에 동참하자. 그리고 포크나 숟가락, 몽키 스패너, 드럼통, 세탁기 부품, 캔 고리 등 온갖 금속을 이용해서 DIY 수공예품을 만들거나 업사이클링 제품을 만드는 방법이 다양하게 있으니[6] 인터넷에 "금속 업사이클링"도 검색해보자.

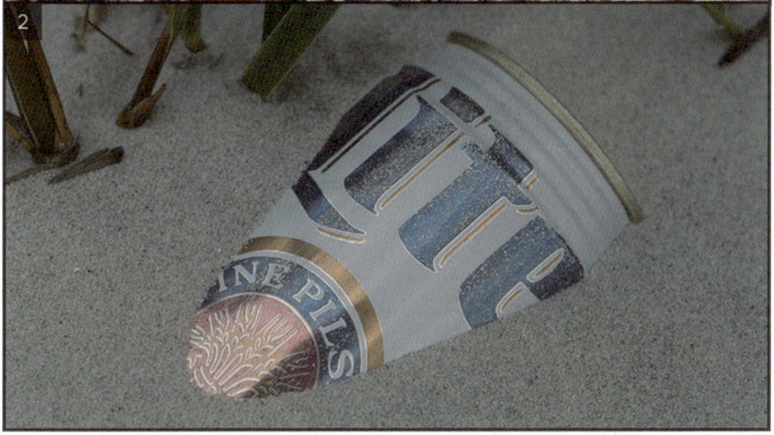

1 알루미늄 캔은 기술의 집약체이자 하나의 예술 작품이며, 값비싼 원자재이다. 하지만 알루미늄 캔은 환경을 무차별적으로 파괴하는 주범이기도 하다. 어느 측면에 초점을 맞추어 보더라도 알루미늄 캔이 전 세계 해변에서 가장 많이 수거되는 쓰레기 10위 안에 항상 들어간다는 사실에는 변함이 없다. (카리브해, 쿠바)

2 어느 추정에 따르면, 알루미늄 캔이 마른 모래 안에 묻히면, 분해 과정이 200년씩 늦춰진다고 한다.[7] 로고나 글귀가 일부만 남아 있을 뿐이지만 충분히 어느 브랜드의 것인지 파악할 수 있다. (대서양, 미국)

1 알루미늄 캔에서는 표면에 인쇄된 그림이 제일 먼저 지워지며, 그다음으로 얇은 벽 부분이 풍화된다. 단면이 면도날처럼 날카로우므로 줍기 전에 반드시 장갑을 착용해야 한다. (카리브해, 쿠바)

2 발로 밟아 찌그러뜨리거나 불에 태운다고 해서 분해가 더 빨리 진행되는 것은 아니다. 오른편에는 테두리만 남은 금속 뚜껑에 유리 단지의 깨진 조각이 붙어 있다. 모두 맨발에 끔찍한 악몽을 선사할 수 있는 것들이다. (지중해, 튀르키예)

3   어떤 캔은 두 종류의 금속으로 이루어져 있다. 사진의 경우에는 윗부분이 알루미늄이고 옆면이 철로 되어 있다. 철이 먼저 부식된다는 것을 알 수 있다. (지중해, 튀르키예)

4   하지만 소금기 가득한 바다 환경에서는 결국 알루미늄도 녹슬고 만다. 얇고 날카로운 테두리에 이가 빠져 있다. (지중해, 튀르키예)

5   그렇다. 금속도 물에 뜬다. 따개비와 이끼벌레류가 붙어 있는 것을 보니 이 캔은 바다에서 오래 떠다닌 것 같다. 이렇게 음료수 캔은 특정 생물 종을 멀리 떨어진 서식지에 운반해 외래종 문제를 일으킨다. (대서양, 미국)

1 해변에서 발견되는 스프레이 캔은 주로 관광객들이 사용하던 살충제나 개인 위생용품, 혹은 피부 관리 제품이다. 폭발할 수 있으니 주의할 것! (지중해, 튀르키예)
2 선박 위나 건설 현장에서는 우레탄폼 단열 스프레이를 매우 많이 사용한다. (지중해, 튀르키예)
3 표면의 그림은 지워지고 금속으로 된 몸체도 녹슬었지만, 플라스틱 부품만큼은 여전히 새 것 같은 상태를 유지하고 있다. (카리브해, 쿠바)

4 가장 두꺼운 부분은 마지막까지 분해되지 않는다. (지중해, 튀르키예)
6 녹슨 스프레이 캔은 맨발에 치명상을 입힐 수 있다. 발견하는 족족 해변에서 치워버리자. (지중해, 튀르키예)
5 스프레이 캔이 녹슬어 사라진다고 하더라도 플라스틱 흡수관과 같은 부품은 아무 일 없었다는 듯이 멀쩡하게 남아 있을 수 있다. (지중해, 튀르키예)

3. 금속, 자동차, 타이어 | 금속

1, 2　사진과 같은 사각 깡통은 견고한 내구성을 가지도록 만들어지며, 주로 엔진 오일이나 식용유를 담고 있다. (지중해, 튀르키예)

3　어떤 용기든지 마지막 한 방울까지 내용물을 비우는 것은 불가능하다. 내용물이 새고 있다면 특별히 주의가 필요하다. 밀봉된 용기는 절대 열지 말고, 해변 청소를 할 때는 반드시 장갑을 착용하자. (지중해, 튀르키예)

4　금속 용기가 아무리 튼튼하게 만들어졌다고 하더라도 소금물과 파도의 힘을 이겨낼 수는 없다. 그런데 플라스틱 손잡이와 입구는 상처 하나 없이 멀쩡해서 놀랍다. (지중해, 튀르키예)

5 플라스틱 손잡이와 입구는 금속 용기가 사라져 없어진 자리에 유언처럼 남아 이야기를 들려준다. (지중해, 튀르키예)
6 금속 용기의 마지막 분해 단계 – 호시탐탐 맨발을 노리는 지뢰와 같다. (지중해, 튀르키예)

1 통조림 식품을 먹고 나면 통조림이 남는다. 그런데 도대체 왜 이걸 해변에 버리는 것일까? 라벨을 보면 이 쓰레기에 관한 자세한 정보를 캐낼 수 있다. (대서양, 미국)

2 라벨은 금세 지워지고 표면엔 녹이 슨다. 면도날처럼 날카로운 뚜껑이 연약한 발바닥을 금방이라도 벨 것만 같다. (홍해, 요르단)

3 더 오래되고 녹슬수록 더 날카롭다. (지중해, 튀르키예)

4   이 초대형 깡통은 200L짜리 석유 드럼통이다. 고스란히 남아 있는 라벨에 주소와 연락처가 적혀 있으니 전화해서 바다에 버리지 말라고 항의하자. 내용물이 완전히 비워져 있지 않을 테니 주의할 것! (대서양, 스코틀랜드)

5   드럼통은 대부분 정체와 출처를 알기 어렵고 위험물이 들어 있으며, 모래에 파묻혀 있는 경우가 많다. 항상 경계심을 늦추지 말고, 모래에서 끄집어낼 때는 허리를 다치지 않게 조심하자. (대서양, 스코틀랜드)

1 이렇게 멀쩡한 바비큐 그릴은 왜 해변에 버려졌을까? 너무 기름이 많이 묻어서? 집에 가져가기엔 너무 뜨거워서? 아니면 지지대가 헐거워져서? 최근 전 세계의 해변에서는 그릴이 26개 수거되었다. (태평양, 미국)
2 이 찻주전자는 해변에서 차를 끓일 때 사용되었을 것이다. 지중해 사람들은 해변에서 차를 마시며 쉬는 것을 좋아하니까. (지중해, 튀르키예)
3 번개탄과 함께 묶음으로 판매되곤 하는 일회용 알루미늄 그릴이 버려진 현장은 흔히 이렇게 생겼다. (지중해, 튀르키예)

4 이 펜치처럼 한때 유용하게 쓰였던 물건들도 해변에서는 금세 녹이 슬어서 쓸모없어진다. (지중해, 튀르키예)

5 해변의 위험한 금속 쓰레기 중에는 낚싯바늘도 있다. 이것들은 물살이의 입을 잘 꿰는 것처럼 사람들의 발을 날카롭게 파고든다. 11장 "어구"를 참조할 것. (지중해, 튀르키예)

6 5m까지 잴 수 있는 금속 줄자가 이리저리 풀어 헤쳐져 있다. 칼날 같은 테두리에 녹이 슬어서 조심하지 않으면 언제라도 손을 베일 수 있다. (지중해, 튀르키예)

1 해변의 금속 쓰레기 중에는 냉장고도 있다. 냉장고 내부에는 플라스틱 부품도 많이 들어 있고 유독한 냉매가 남아 있을 수도 있다. 무게가 상당하니 옮길 때 허리를 조심하자. (지중해, 튀르키예)

2 철제 주방 설비에 에나멜 코팅을 입혀도 바다에서는 언젠가 부식되는 운명을 피할 수 없다. (대서양, 스코틀랜드)

3 해변 청소를 몇 번 하다 보면 머지않아 부엌 싱크대와 같은 금속 실내설비도 발견할 수 있을 것이다. (대서양, 포르투갈 마데이라)

4 매트리스 안에 들어가는 '박스 스프링'도 얼마든지 해변에서 발견될 수 있다. (지중해, 튀르키예)

5 마트에서 쇼핑 카트를 가져가지 못 하게 하는 이유는 바로 이렇게 해변에 버려지는 것을 염려하기 때문이 아닐까? 최근 전 세계 해변에서는 쇼핑 카트가 149개나 수거되었다. (카리브해, 그레나다)

1 해변의 금속 쓰레기 중에 두 번째로 가장 위험한 것은 이렇게 녹슨 가스통이다. 사실상 폭탄이나 다름없다. 반드시 조심하고 또 조심하자! (지중해, 스페인 이비사)

2 가스통이 두 번째로 위험한 쓰레기인 이유는 해변에 실제로 폭탄이 있기 때문이다. 사진은 중동 분쟁으로 발생한 지뢰로, 내가 만나본 해변 쓰레기 중에 압도적으로 가장 위험한 쓰레기였다. 내가 이곳에 머무르는 동안에만 해도 과학자 한 명과 강아지 여럿이 희생되고 말았다. (홍해, 이집트 수에즈만)

3. 금속, 자동차, 타이어 | 금속

1 난파선이나 조난선을 '가장 특별한 열 가지 바다 쓰레기' 중의 하나로 꼽는 사람들도 있지만, 이러한 쓰레기를 치우는 것은 우리 같은 자원봉사자가 아닌 해안 경비대나 해군의 몫이다. 대신 우리는 난파선이 가지고 있는 흥미로운 뒷이야기에 관해 생각해 보자. (태평양, 미국 캘리포니아)

2 대형 난파선은 수십 년 동안 바다에 방치되기도 한다. 하지만 그렇게 내버려 두는 동안 난파선은 녹슬고 부서져 내린다. 난파선이 있는 해변이나 바다에서 수영을 하고 있다면 절대 가까이 가지 말 것! (인도양, 몰디브)

3   연구소나 포경 기지가 문을 닫고 나면 완전히 차원이 다른 규모의 철제 폐기물이 버려지게 된다. (남극해, 남극 디셉션 섬♻)

♻ 남아메리카 최남단에서 남쪽으로 조금 더 가면 도달할 수 있는 디셉션 섬은 울릉도와 비슷한 크기($79km^2$)의 섬으로, 20세기 초반부터 포경 기지가 건설되었다. 현재 이 섬에 남아 있는 다수의 건물은 철거되지 않고 있으며, 역설적이게도 남극 조약에 역사적 유적지 및 기념물(HSM) 71호로 등록되어 보호받고 있다.

자동차

 해변과 자동차는 어떤 관계에 있을까? 아마도 여러분은 해변이 휴양지로 선택되는 주된 이유가 자동차와 트럭과 오토바이로 뒤섞인 도시의 소음을 피할 수 있는 곳이기 때문이라고 생각할지도 모르겠다. 우리의 상상 속에 해변은 점잖게 파도가 철썩이고 이따금 갈매기가 끼룩대는 평화로운 곳으로 남아있다. 하지만 아쉽게도 이것은 다소 낭만적인 믿음에 불과하다. 요즘 사람들은 몸을 움직이는 것을 좋아하지 않는 데다, 해변에 갈 때는 이삿짐을 방불케 할 정도로 많은 짐을 가져간다. 그래서 해변까지 직접 걸어서 들어가는 법이 없다. 그 대신 사람들은 해변 안쪽까지 차를 끌고 가서 비치타월을 깔고 짐을 내려놓는다. 그러고 난 다음에는 자신의 소중한 자동차가 눈에 안 보이면 불안하기라도 한 것인지 자동차를 주차장에 가져다 놓지 않고 그대로 해변 위에 둔다.

차량 운전이 허가된 곳이건 그렇지 않은 곳이건, 우리는 해변에 바퀴 자국이 이리저리 어지럽게 나 있는 모습을 심심치 않게 발견할 수 있다. 해변에는 낚시꾼들의 차량도 다니고, 해변 안전요원의 사륜 오토바이도 다니며, 정기적으로 운전되는 해변 청소 기계(40쪽 사진 참조)도 지나다닌다. 해질녘에 관광객들이 집에 가고 난 다음이나 성수기를 앞둔 해수욕장에서는 모래사장의 모양을 정돈하기 위해 중장비가 사용되기도 한다. 여기서 우리는 한 가지 중요한 사실을 기억해야 한다. 그것은 바로 모래와 소금물, 그리고 자동차는 절대 친구가 될 수 없다는 것이다. 일반적인 자동차의 바퀴는 고운 모래사장에서는 전혀 앞으로 나아가지 못한다. 그런데도 수없이 많은 사람은 이 사실을 직접 겪어보고 나서야 깨닫는다. 물론 이러한 실수를 하지 않기 위해 광폭타이어를 끼운 사륜구동 SUV나 픽업트럭을 대동하는 사람들도 있다. 이들은 모든 지형에서 달릴 수 있는 이 연비 괴물에 큰돈을 쓴 보람을 느끼고 싶어 한다. 그래서 자동차의 성능을 테스트한다는 명목으로 미친 듯이 해변을 헤집고 다닌다. 당연히 해변의 연약한 생태계는 아수라장이 되고, 여린 식물들은 자동차 바퀴에 찢어지며, 해변 침식은 가속화된다. 게다가 바다거북이 알을 낳는 해변 위로 차가 지나가면 지반이 다져지기 때문에 알에서 깨어난 새끼 바다거북들이 모래 안에 갇혀 그대로 죽기도 한다. 깊게 파인 바퀴 자국은 새끼 바다거북들이 바다로 나아가는 방향을 가늠하기 어렵게 만드는 원인이기도 하다.

이 모든 것이 해변 쓰레기 문제에 시사하는 바는 무엇일까? 우선 모래에 빠진 자동차는 얼마 지나지 않아 견인된다고 하더라도 그때까지는 심각한 해변 쓰레기라고 볼 수 있다. 일부러 해변에 버려진 차체는 말할 것도 없다. 자동차는 한 덩어리로 이루어진 물건이 아니다. 바다 환경에 노출된 자동차에서

이 지구에는 10억 대가 넘는 자동차가 존재한다. 그러니 그중 하나가 해변에서 달리고 있거나, 해변에 주차해 있거나, 파묻혀 있거나, 버려져 있는 것을 발견하는 것도 무리는 아니다. 이 트럭 운전사는 휴게소를 마다하고 해변에서 밤을 새우다가 물때를 피하지 못하고 이곳에 갇혀 버렸다. (지중해, 튀르키예)

3. 금속, 자동차, 타이어 | 자동차

는 휠캡이나 흙받기, 번호판과 같은 부품들이 하나씩 떨어져 나온다. 그리고 자동차에서는 운전 중이건 멈춰 서 있건 기름이 흘러나온다(주말에 아무 주차장에 가서 바닥에 기름 자국이 남아 있는 것을 확인해보라). 고속도로를 달리면서 차창 밖으로 쓰레기를 집어 던지는 사람들이 많은데, 그런 사람들은 해변에 차를 끌고 와서도 똑같이 행동한다. 어떤 사람들은 밤이 되면 헤드라이트를 켜놓고 카 오디오로 노래를 크게 틀어 놓은 채 자동차 배터리로 핸드폰을 충전하며 파티를 즐기기도 한다. 해변에 버려진 가구는 금세 쓰레기 집하장이 되곤 하는데, 쓰레기가 된 자동차도 이와 똑같은 결과를 불러온다. 조용히 바퀴 자국만 남기고 떠나는 자동차는 거의 없다. 마지막으로, 바닷가 근처의 불법 쓰레기 투기 현장을 가보면 오래된 자동차 부품과 배터리, 타이어 등이 널브러져 있는 것을 확인할 수 있을 것이다. 여기에 있는 것들은 대부분 태풍이 한번 불면 곧장 바다로 쓸려 내려가 해양 쓰레기가 될 위험에 직면해 있다. 이 모든 이야기가 전부 과장된 것 같고 믿기지 않는가? 그렇다면 이제 나머지 내용을 읽어보자.

1. 무엇을 하는 자동차일까? 아마 여러분은 관광 해변들이 성수기를 앞두고 모래를 대대적으로 갈아엎는다는 사실을 알면 깜짝 놀랄 것이다. (지중해, 이탈리아)
2. 이 자동차들은 해변 근처 클럽에서 장식용으로 가져다 놓은 것이다. (지중해, 튀르키예)
3. 현역에서 은퇴한 이 자동차는 경치 좋은 바닷가에서 여생을 보내게 되었다. (카리브해, 프랑스령 과들루프)

1 누군가 해변 위편에 녹슨 자동차 프레임들을 버려놓고 갔다. (태평양, 멕시코)
2 끔찍한 사고 현장일 수도 있지만, 파렴치한 쓰레기 투기의 현장일 수도 있다.
3 버려진 자동차는 소금기가 많은 해변 환경에서 빠른 속도로 부식된다. (태평양, 멕시코)

4 육중한 자동차 엔진은 바다에 버려진 후에도 분해되지 않고 매우 오랜 시간 동안 자연을 괴롭힌다. (카리브해, 그레나다)
5 이 엔진은 보트의 밧줄을 매어 두는 말뚝인 "클리트(cleat)"로 쓰였다. (카리브해, 그레나다)

1 자동차가 버려진 곳에서는 배터리와 같은 다양한 부품들도 찾을 수 있다. 해변을 청소할 때 자동차 배터리는 위험물로 취급해야 한다! (지중해, 스페인 이비사)

2 모든 자동차에는 운전자가 직접 교체할 수 있는 오일 필터가 있다. 녹이 슨 철제 케이스가 뜯겨 나가자 오랫동안 기름에 찌든 필터가 보인다. (지중해, 튀르키예)

3 사진은 '벤트 캡(vent cap)'이라고 불리는 배터리 부품이다. 이 주변을 잘 살펴보면 반드시 배터리 본체가 뒹굴고 있을 것이다. (지중해, 튀르키예)

4 해변에서 버려진 자동차 번호판을 수집해 본 적이 있는가? 인터넷에서 다양한 재활용 방법과 업사이클링 아이디어를 찾아보자! (지중해, 튀르키예)

5, 6 오늘날 자동차 범퍼를 철로 만드는 경우는 거의 없지만, 일단 해변에 버려진 이상 오랜 세월을 견딜 것이다. (지중해, 튀르키예) 자동차 바퀴에 끼우는 휠캡의 경우에도 사정은 다르지 않다. (지중해, 튀르키예)

7 전지형차에 너무나도 열광하는 자동차 애호가들이 있다. 그들은 자기가 산 비싼 연비 괴물의 성능을 테스트하기 위해 해변을 휘젓고 다니다가 차량 부품을 떨어뜨리기도 한다. (대서양, 잉글랜드)

1. 해변에 버려진 자전거는 대안적인 녹색 교통수단으로서의 아우라를 온데간데없이 잃어버리게 된다. 최근 전 세계 해변에서는 435개의 자전거가 수거되었다. (태평양, 멕시코)
2. 자전거 바퀴를 구성하는 림과 바큇살은 강한 충격을 견디도록 만들어진다. 그래서 자전거 바퀴는 해변에서 지겹도록 분해되지 않는 쓰레기가 된다. (태평양, 멕시코)
3. 때로는 운전자가 자신의 준마보다 빨리 뻗어 버리기도 한다. (태평양, 미국 캘리포니아)

4 이건 불도저의 일부만 남은 무한궤도 바퀴처럼 보인다. 덩치가 꽤 크지만, 바닷물의 부식성 힘 앞에는 쉽게 지저분해지고 만다. (카리브해, 그레나다)

5 못 믿을 수도 있겠지만, 때로는 해변에서 무한궤도 차량 한 대를 통째로 발견하는 일도 생긴다. 물론 이곳은 상당한 오지의 해변이긴 하다. (디셉션 섬, 남극해)

3. 금속, 자동차, 타이어 | 자동차

타이어

 최근 20년 동안 생산된 자동차와 트럭의 수는 과연 얼마나 될까? 어느 추정에 따르면 그 수는 대략 10억 대라고 한다. 그 말은 이 지구에서 최소한 40억 개나 되는 타이어가 생산되었다는 것을 의미한다. 그렇다면 자동차 한 대당 평생 타이어를 두 번 교체한다고 가정해 보자. 그리고 일부 지역에서 사용하는 겨울용 타이어와 무수히 많은 오토바이와 스쿠터의 타이어도 모두 고려하여 전체 개수를 짐작해보자. 아마 '0'이 잔뜩 붙은 무지막지한 수가 나오지 않을까? 여기서 의문은 그 많은 타이어는 도대체 어디로 가게 되는가 하는 것이다. 이 행성에는 가늠하기 어려울 정도로 어마어마한 규모의 타이어가 계속 쌓이고 있지만, 지금까지 그 누구도 다 쓴 타이어들을 어떻게 처리하는 게 좋을지에 관해 뾰족한 수를 생각해내지 못했다. 타이어는 단순한 고무 덩어리가 아니다. 타이어에는 나일론이나 천, 케블라Kevlar✿와 같이 다양한 소재가 들어 있으며, 안에 철강이 들어 있는 타이어도 있다. 타이어를 녹여버리면 어떨까? 그러면 소재를 분류해서 재활용할 수 없게 된다. 소각하는 방법도 있지 않나? 그러면 엄청난 대기 오염 물질이 방출된다. 갈아서 분말로 만드는 것은? 폐타이어 분말은 수요가 적은 데다 강철이 함유된 타이어는 복잡한 전처리 과정을 거쳐야 한다. 그렇다면 과연 타이어를 가지고 무엇을 할 수 있을까? 물론 폐타이어의 개수가 많지 않다면 소소한 방식으로 업사이클링을 할 수 있기는 하다. 예전에는 젊은 감각을 내세우는 신발 가게마다 타이어로 만든 샌들을 팔곤 했다. 잠시 시간을 들여서 폐타이어를 재활용하거나 업사이클링할 수 있는 창의적인 프로젝트와 다양한 수공예 아이디어들을 인터넷에서 찾아보자. 물론, 아무리 개인적인 차원에서 재활용하더라도 폐타이어의 절대다수는 결국 쓰레기 하차장에 무더기로 쌓이게 된다는 사실을 잊지 말아야 한다.

쿠웨이트 사막은 아마도 세계에서 가장 큰 타이어 매립지

✿ 듀폰DuPont사에서 만든 고분자 합성 섬유로, 매우 질기고 튼튼해서 방탄복이나 타이어의 강도를 높이는 데에 사용된다.

도대체 그 많은 타이어는 어디로 간 것일까? 일단 나는 바닷가 코앞에 있는 이 석호에서 수천 개의 폐타이어를 발견했다. 물이 고인 타이어는 최고의 모기 부화장이기도 하다. (카리브해, 그레나다)

일 것이다. 여기에는 7백만 개의 폐타이어가 버려져 있다.[8] 이 타이어의 무덤은 우주에서도 볼 수 있을 정도라고 한다(사실 요즘은 카메라 화질이 워낙 좋아서 웬만한 것들은 우주에서도 전부 보이긴 한다).

폐타이어는 거의 모든 해변에서 발견된다. 2011년에 국제 연안 정화의 날이 25주년을 맞으면서 집계된 통계에 따르면, 폐타이어는 그동안 해변에서 979,468개나 수거됐다.[9] 도대체 타이어는 어떻게 해변에 이르게 되는 것일까? 이상한 일이지만, 어떤 사람들은 놀이터를 만든다는 명목으로 해변에 폐타이어

아이들의 놀이터로 사용되던 이 폐타이어 더미는 바다에 너무 가까이 붙어 있어서 태풍이 한 번만 불면 모두 바다로 떠내려가고 말 것이다. (지중해, 튀르키예)

를 가져다 놓기도 한다(위의 사진). 쓰레기 처리 비용을 아끼기 위해 해변에 몰래 타이어를 투기하는 사람들도 있다. 그런데 이 밖에도 우리의 놀라움을 자아낼 법한 이유가 두 가지 더 있다.

그중 첫 번째는 각종 선박과 관련이 있다. 항구에 가면 좌현과 우현에 타이어를 묶어둔 배들을 발견할 수 있을 것이다. 이 타이어들은 항구에 배를 정박할 때 부두와 배 사이, 혹은 배와 배 사이에서 '방현재防舷材, fender'라고 불리는 충격 완충 장치 대용으로 쓰이고 있는 것이다(159쪽 사진 참조). 어떤 항구는 부두에도 타이어를 일렬로 둘러서 이중 보호 장치를 마련하기도 한다. 겉으로 보기에는 지저분하지만, 값이 싸고 실용적이며, 효과가 좋고, 무엇보다 일종의 재활용이라고 볼 수 있다. 예상하다시피 이 타이어들은 엄청난 내구성을 자랑하기 때문에, 주로 타이어를 묶어두는 밧줄이나 체인이 먼저 닳아서 끊어지면 해양 쓰레기가 된다. 해변에서 발견한 타이어에 밧줄이 이어져 있거나, 체인 등을 통과시키기 위한 구멍이 뚫려 있다면 방현재로 쓰이던 타이어라고 짐작할 수 있다.

바다에서 타이어가 발견되는 두 번째 이유는 바로 "인공 어초" 때문이다. 천연 어초가 파괴되어 버린 오늘날에는 인공 구조물을 바다에 넣어 해양 생물들에게 피신처와 서식지를 조성해주는 일이 중요해졌다. 석유 기업들은 이를 핑계 삼아 해저에 세워진 석유 굴착 설비를 완전히 철거하지 않고 바다에 방치하며 막대한 철거 비용을 절감하기도 한다. 이러한 시설물에 물살이들이 모여들기도 하는 것은 사실이지만(그리고 여기에는 레저 낚시꾼도 많다), 인공 어초를 조성한다는 명목으로 온갖 폐기물이 바다에 버려지는 것은 분명히 문제이다. 퇴역 함선이나 오래된 지하철 차량마저도 바닷속에 집어넣는 사례들을 보면 정말 말문이 막힌다.✪ 상황이 이러하니 타이어가 바닷속에 버려지는 것도 무리가 아니다. 폐타이어로 인공 어초를 만들어 쓰레기 문제를 해결하고 바다 생태계를 되살린다는 발

✪ 뉴욕시에서는 인공 어초 조성 등의 명목으로 2001년부터 2010년까지 2500량의 노후 지하철을 바다에 집어넣었다.

상은 처음에는 두 마리 토끼를 한 번에 잡는 기발한 아이디어로 여겨졌다. 그래서 미국 동부 해안에서는 수백만 개의 타이어를 바다에 집어넣은 다음, 타이어들이 둥둥 떠다니지 않게 서로 연결해서 바다에 고정했다. 하지만 대자연은 이러한 인간의 얄은수에 쉽게 속아주지 않았고, 얼마 지나지 않아 반격을 하기 시작했다. 인간이 바다의 힘을 과소평가한 것이 분명했다. 대형 폭풍이나 허리케인은 너무나도 손쉽게 폐타이어 구조물을 해저면에서 뜯어내 버렸다. 이에 따라 낱개로 흩어지게 된 타이어들은 조류와 해류를 따라 해저면 위를 굴러다니며 산호초와 해초지를 뭉개고, 이동 경로에 있는 각종 해양 생물들을 해쳤다. 바다는 파도의 힘으로 이 타이어들을 해변에 뱉어 냈다. 나중에 수십만 개의 타이어가 군의 도움을 받아 수거되었지만,[10] 여전히 플로리다 앞바다에만 백만에서 2백만 개 사이의 폐타이어가 떠돌고 있다. 제멋대로 돌아다니며 불도저처럼 해저를 밀고 다니는 폐타이어들을 회수하기 위해 미국 여러 주에서 앞으로 지불해야 할 비용만 수천만 달러에 달할 것이라고 한다.[11]

타이어가 일으킬 수 있는 문제에는 어떤 것들이 있을까? 우선 타이어는 상상을 초월할 정도로 억센 내구성을 가지고 있다. 타이어는 고속으로 주행하는 운전자와 탑승자의 목숨을 책임져야 하므로 절대적으로 튼튼해야만 한다. 아마도 유리를 제외하면 가장 마지막까지 분해되지 않는 해양 쓰레기는 타이어일 것이다. 더 나아가, 타이어에는 유연성을 더해주는 첨가제가 들어 있다. 이러한 첨가제는 결코 환경에 친화적이지 않다. 인공 어초로 설치한 폐타이어에 산호나 기타 해양 생물이 서식하는 모습을 볼 수 없는 이유가 바로 이 때문이다. 그리고 폐타이어는 해양 생태계에 악영향을 끼치는 것에 그치지 않고 인간의 건강과 안전에도 위험을 초래한다. 어떤 타이어는 휠에서 분리되지 않은 상태로 바다에 버려지기도 하는데, 이러한 타이어는 내부에 공기가 차 있어서 매우 잘 떠다닌다. 스피드보트를 몰다가 이것을 들이박는 것은 악몽일 것이다. 그리고 요즘은 몇 톤에 달하는 자동차나 트럭의 무게를 지탱하면서도 모양을 안정적으로 유지하기 위해 내부에 철제 밴드나 케이블을 덧댄 타이어가 많다. 고무가 벗겨지면 이 부품들이 녹이 슨 채 바늘처럼 튀어나오게 된다. 해변에 있는 폐타이어는 대부분 모래에 덮여 있으므로, 타이어를 끄집어낼 때는 날카로운 금속 케이블에 찔리지 않도록 조심해야 한다. 물에 젖은 모래가 타이어를 채우고 있으면 상상 이상으로 무거우므로 허리를 다치지 않도록 주의하는 자세도 필요하다.

호기심 많은 해변 탐정이라면 타이어 측면("사이드 월")에 새겨진 표식에서 많은 정보를 얻을 수 있다. 여기에는 제조사, 모델명, 생산 일자 및 생산지, 레디알 구조, 지름, 하중 및 속도 지수, 최대 공기압을 비롯한 다양한 내용이 들어 있다. 다음 사진을 훑어보거나 인터넷에 "타이어 사이드 월 정보"를 검색하면 타이어에 적힌 다양한 코드와 기호, 숫자의 판독법을 익힐 수 있을 것이다.

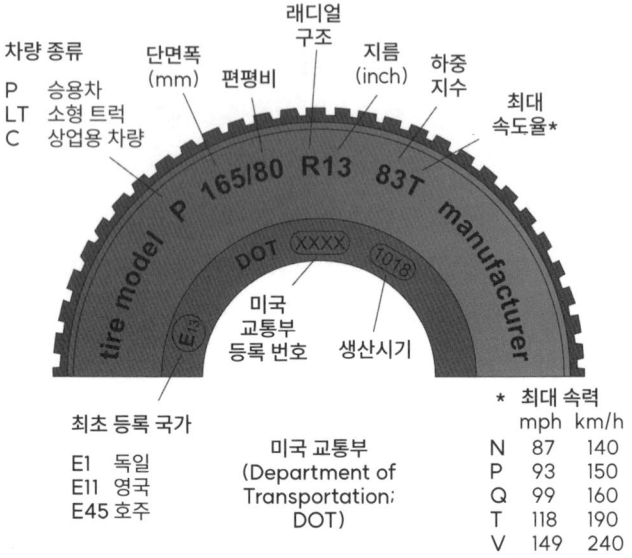

타이어의 사이드 월에 새겨진 정보는 이집트 상형문자보다 해독하기 어려워 보이지만, 바로 여기에 타이어의 이야기가 담겨 있다.

1   타이어는 엄청난 맷집을 지녔다. 그 덕에 타이어는 수많은 선박의 방현재(fender)로 사용된다. 하지만 바다는 거칠고 배를 부두에 대는 과정도 사나우므로 이렇게 재활용된 타이어는 쉽게 떨어져 해양 쓰레기로 전락하고 만다. 물론 레저용 선박에는 더 알록달록하고 멋스러운 고가의 방현재가 사용되곤 한다. (페르시아만, 아랍에미레이트 아부다비)

2   하지만 바다의 완력은 방현재로 쓰인 타이어도 찢어 놓을 만큼 강력하다. 사진에는 녹슨 체인이 아직 연결되어 있다. (대서양, 미국 플로리다)

1 이제 우리는 끈이 묶여 있는 타이어를 발견하면 이것이 방현재 비용을 아끼기 위해 재활용되던 폐타이어라는 사실을 알 수 있다. (홍해, 요르단 아카바)
2 폐타이어는 튼튼하지만, 타이어를 묶고 있는 밧줄과 사슬은 그만큼 강하지 않다. (지중해, 튀르키예)

3 타이어의 사이드 월에는 거의 모든 정보가 적혀 있다(타이어를 버린 사람의 이름도 적혀 있으면 좋을 텐데).

사진의 내용을 왼쪽에서부터 읽어보자. 먼저 밀리미터로 측정된 타이어 너비(단면 폭)가 적혀 있고(165), 타이어 너비와 폭의 비율(편평비%; 80), 래디얼(radial) 구조를 의미하는 알파벳(R), 그리고 인치로 표시된 타이어 안지름(13)이 잇따라 등장한다. 이어서 하중지수(83)와 최대 속도율(T; T는 190km/h까지 주행 가능함을 의미 – 옮긴이)과 함께 타이어가 처음 등록된 지역(동그라미 안에 알파벳 E와 함께 숫자가 적혀 있는데, E13은 룩셈부르크를 의미한다)이 표시되어 있다.

모든 기호와 코드의 의미가 궁금하다면 본문의 타이어 사이드월 읽는 법을 참고하거나 인터넷에 "타이어 사이드 월 정보"를 검색해보자!

1 해변 청소를 하다 보면 반드시 한 번쯤 폐타이어를 마주치게 된다. 타이어 휠이 금속임에도 불구하고 망망대해를 건널 수 있는 이유는 타이어 안에 공기가 가득 차 있기 때문이다. 해양 쓰레기가 된 폐타이어는 선박 사고를 유발하고 산호초를 비롯한 각종 해양 생태계를 파괴한다. (카리브해, 프랑스령 과들루프)

2 타이어 회사들은 자사 제품이 관능적이라는 인상을 주고 싶어 하는 모양이지만, 해변에 널브러진 타이어는 추하기 그지없다. (지중해, 튀르키예)

3 무거운 하중을 견뎌야 하는 차량에는 더 크고 강한 타이어가 사용된다. 이 타이어는 바다를 더 오랫동안 괴롭힐 것이다. (지중해, 튀르키예)

4 해변에 떠내려온 심해 괴물인가? 아니다, 이건 단지 아무렇게나 버려진 타이어일 뿐이다. (지중해, 튀르키예)

1 석회관갯지렁이의 하얀색 집이 군데군데 붙어 있는 것을 보면 이 타이어가 바닷속에 얼마나 오래 있었는지 짐작할 수 있다. 타이어 안에 모래나 자갈이 가득 차 무거운 경우가 많은데, 이 때문에 타이어를 치울 때는 허리를 조심해야 한다. (지중해, 튀르키예)

2 한편 아래의 타이어는 표면을 따개비가 빽빽하게 뒤덮고 있다. 이를 통해 바닷속에서 오랜 시간을 보냈다는 사실을 알 수 있다. 그동안 유독한 화학 첨가제가 많이 배어 나왔을 것이다. (카리브해, 프랑스령 과들루프)

3 타이어는 고무로만 이루어져 있는 것 같지만 금속도 포함하고 있다. 예를 들어 림 주변에는 '비드(bead)'라고 하는 강철 케이블이 둘려 있다. 이보다 더 억센 해양 쓰레기가 또 있을까? 모래에서 타이어를 파낼 때는 손을 다치지 않도록 조심하자. (지중해, 스페인 이비사)

1 금속 휠이 있는 폐타이어는 더 강력한 파괴력을 갖게 된다. 사진의 해안 절벽에는 폐타이어와 타르로 범벅된 철판, 그리고 부탄가스 통이 뒤엉켜 있다. 파도의 강한 힘으로 바위 사이에 끼인 해양 쓰레기는 쉽게 꺼낼 수 없다. (지중해, 스페인 이비사)

2 거의 철사만 남아 있지만, 고무 조각이 붙어 있어서 타이어의 잔해라는 사실을 알 수 있다. (지중해, 튀르키예)

3 모든 자전거 운전자가 환경을 아끼는 마음에서 자전거를 타는 것은 아닌가 보다. 인터넷에 "자전거 바퀴 업사이클"을 검색하면 오래된 자전거 바퀴와 튜브를 가지고 얼마나 기발한 것들을 만들 수 있는지 알아 볼 수 있다. (태평양, 멕시코)

4 해변에서 폐타이어로 하지 말아야 할 것 101가지 중 56번째 — 화분 만들기! (카리브해, 그레나다)

3. 금속, 자동차, 타이어 | 타이어 167

4

플라스틱

플라스틱
페트병 등
대형 플라스틱 물통
장난감
풍선
각종 가재도구
비닐봉지와 플라스틱 포장재
산탄총 탄피

플라스틱

여러분은 1967년에 개봉한 고전 영화 「졸업」(마이크 니콜스 감독)을 본 적이 있는가? 이 영화에서 주인공 벤자민 브래드독 (더스틴 호프만 분)에게 덕담을 주던 어느 사업가는 성공과 행복을 얻고 싶거든 딱 하나만 기억하라며 이렇게 말한다.

"플라스틱!"

그렇다. 몇십 년 전까지만 하더라도 플라스틱은 인류가 직면한 거의 모든 문제의 해결책으로 떠받들어졌었다.

하지만 오늘날의 관점에서 본다면 도대체 플라스틱에 좋은 구석이 하나라도 있을까 싶다. 물론 플라스틱은 기존에 동물을 죽여 얻었던 많은 천연 재료를 대체했다. 플라스틱 덕분에 우리는 코르셋 재료를 얻기 위해 고래를 잡지 않아도 되고, 피아노 건반을 만들기 위해 상아를 뽑지 않아도 되며, 머리빗을 만들기 위해 바다거북을 죽이지 않아도 된다. 석유가 무한하지 않다는 점을 생각하면, 이 한정된 자원을 자동차 연료로 태워 버릴 바에는 플라스틱으로 만들어 수십 년씩 사용하는 편이 더 의미 있을지도 모르겠다. 어떤 사람들은 플라스틱도 자연에서 얻은 원유로 만드는 것이므로 '천연' 재료라고 말하기도 한다.

물론 우리는 플라스틱의 원료가 자연에서 유래했다고 해서 친환경이라고 말할 수 없다는 사실을 누구보다 잘 알고 있다. 원유도 천연자원이지만 바다에 유출되면 해양 생태계에 막대한 해를 끼치지 않는가. 이와 마찬가지로, 제대로 버려지지 않은 플라스틱도 해양 쓰레기가 되어 치명적인 결과를 가져온다. 플라스틱은 한때 모든 문제의 만병통치약처럼 여겨졌지만, 오늘날에는 막대한 환경 문제의 주범이 되었다.[1] 특히 바다는 그 어느 곳보다도 플라스틱이 초래한 환경 문제가 심각한 곳이다. 사실상 '플라스틱'과 '해양 쓰레기'는 거의 동의어나 다름없게 되었다.

매년 생산되는 플라스틱은 그 무게와 양이 상상을 초월한다. 그래서 개인은 그 규모를 제대로 가늠하기 쉽지 않다. 대량 생산의 시대였던 최근 반세기 동안 플라스틱의 양은 급격히 불어났다. 이 모든 플라스틱이 결국에는 쓰레기가 되었다. 바다를 떠도는 플라스틱의 양이 10년 안에 약 3억 톤에 이를 것으로 추정되는데도 여전히 전 세계에서는 매년 800만 톤♻의 플라스틱이 바다로 흘러들어가고 있다.[2] 바다에서는 지금까지 생산된 거의 모든 종류의 플라스틱 제품을 발견할 수 있다. 플라스틱은 해저에 가라앉기도 하고 해변에 떠내려오기도 한다. 그리고 자잘한 미세플라스틱(이 장 후반부 설명을 참고)은 먹이 사슬의 일부가 되어 우리의 몸속으로 들어오기까지 한다. 결국, 전문가들이 지적하는 바와 같이 지구의 모든 오염 문제는 궁극적으로 해양 오염과 맞닿아 있는 셈이다.

해양 쓰레기의 원천은 두 가지로 구분된다. 하나는 우리가 일상적으로 사용한 물건들이 육상에서 제대로 처리되지 않고 사고나 무지에 의해 바다로 흘러 들어가는 경우이다. 다른 하나는 바다에서 직접 쓰레기가 발생하는 경우인데, 해상 기인 쓰레기는 대부분 플라스틱이다. 플라스틱은 녹슬지도 썩지도 않아서 바다의 척박한 환경을 견디기에 적합하다. 그래서 오늘날 낚싯줄과 어망, 부표, 유람선 선체와 같이 바다에서 쓰이는 것들은 대부분 플라스틱으로 만들어진다. 플라스틱은 여러분이 바다 위와 해변에서 마주칠 쓰레기 중에서 압도적으로 가장

♻ 2021년에 발간된 유엔 환경계획UNEP의 보고서에 따르면 현재 바다에 버려진 플라스틱의 양은 7500만~1억 9900만 톤으로 추정된다.

큰 비중을 차지할 것이며, 해변 청소를 하고 나면 제일 많이 수거되는 쓰레기도 단연 플라스틱일 것이다.

'플라스틱plastic'은 원하는 모양으로 쉽게 가공할 수 있다는 뜻이다. 하지만 완성된 플라스틱에서 찰흙처럼 말랑말랑한 성질을 기대해선 안 된다. 다양한 플라스틱의 이름에 '폴리poly-'라는 접두어가 붙는 것에서 알 수 있듯 플라스틱은 '폴리머'라고 하는 거대 분자로 구성된다. 그런데 완성된 플라스틱은 매우 유연할 수도 있지만, 돌처럼 딱딱한 것까지 온갖 종류를 아우를 수 있다. 플라스틱은 깃털처럼 가벼울 수도, 육중한 크기나 충격에 강한 형태를 가질 수도 있다. 이는 여러 염기성 성분과 최첨단 생산 공정, 그리고 플라스틱에 여러 특성과 색깔을 더해주는 각종 화학 첨가제가 더해진 결과이다.[4] 이에 따라 플라스틱의 종류는 대략 200여 종에 이르게 되었다. 이 중에는 폴리에틸렌 테레프탈레이트polyethylene terephthalate, 폴리메틸 메타크릴레이트polymethyl methacrylate, 폴리페닐렌 테레프탈아마이드polyphenylene terephthalamide와 같이 발음하기도 어려운 것들도 많다. 전문가들은 이러한 이름을 가지고 그 플라스틱이 무엇으로 만들어졌는지 파악할 수 있겠지만, 일반인들은 발음하다가 혀가 꼬일 뿐이기에 보통 약어나 이니셜을 사용한다. 예를 들어 폴리에틸렌polyethylene은 'PE'로, 폴리염화 비닐polyvinyl Chloride은 'PVC'로 축약된다. 상표명도 대중적으로 사용되는데, 폴리아마이드polyamide는 '나일론Nylon®'으로, 폴리페닐렌 테레프탈아마이드는 '케블라Kevlar®'로 통칭된다. 여기서 중요한 사실 하나! 플라스틱 쓰레기가 널브러진 범죄 현장을 발견한다면 플라스틱의 종류를 의미하는 약어가 삼각형 기호나 재활용 코드와 함께 제품 겉면에 찍혀 있다는 사실을 기억하자. 전체 플라스틱의 80%는 이른바 표준 플라스틱으로서, 우리가 일상적으로 사용하는 제품의 대다수가 이러한 플라스틱으로 만들어진다. PE, PP, PS, PVC, PET 같은 것들이 대표적이다(다음 페이지 도표 참조). 물병이나 쇼핑백, 파이프, 자동차 범퍼, 카펫용 실, 요거트 컵, 단열재 패널, 창틀, 의류용 합성 섬유와 같이 일상 속 모든 것들이 이러한 플라스틱을 재료로 하고 있다.

그렇다면 플라스틱은 왜 해양 쓰레기로서 문제가 되는 것일까? 이에 대한 답은 간단하다. 플라스틱은 절대 사라지지 않고 해양 생물들을 위협하기 때문이다. 플라스틱은 바다에 있는 사람들에게도 심각한 위험을 초래하고, 미관을 해칠 뿐만 아니라, 인간이 가진 본질적이면서 썩 유쾌하지 않은 성질들도 그대로 드러내 보인다. 그래서인지 환경 단체 '네이처 컨서번시 Nature Conservancy'가 꼽은 '해양 생물에게 가장 위험한 쓰레기' 목록을 보면 1위부터 10위를 모두 플라스틱 물건이 차지하고 있다. 한번 읊어볼까? 비닐봉지, 풍선, 꽃게/가재 통발, 낚싯줄, 어망, 플라스틱 천, 밧줄, 식스팩 링, 노끈, 주사기….

그렇다면 플라스틱이 해양 생물들에게 어떤 영향을 끼치는지 한번 살펴보자. 플라스틱은 해양 생물에게 삼켜져 소화관을

바다의 플라스틱 쓰레기를 보면 일반적으로 다음과 같은 기호가 찍혀 있을 것이다.

틀어박을 수 있고, 해양 생물의 몸을 옭아매 불구로 만들거나 익사를 초래할 수 있으며, 화학 첨가물을 침출시켜 바다를 오염시키고, 원서식지에서 한참 떨어진 지역까지 생물을 이동시켜 외래종 문제를 유발한다. 이렇게 바다의 생물 다양성과 생태계는 플라스틱에 의해 위협받고 있다.[6]

잠깐. 플라스틱을 먹는다고? 물론 어떤 생물도 플라스틱을 주식으로 삼도록 진화하지는 않았다. 하지만 해양 생물들이 플라스틱을 먹는 일은 숱하게 일어난다. 오늘날 바다는 자잘한 해양 쓰레기나 미세플라스틱으로 가득 차 있어서 '플라스틱 죽plastic soup'이라는 이름이 어울릴 정도가 되었는데, 여과 섭식을 하는 생물들은 주 먹이인 플랑크톤만 골라 먹지 못하고 먹이와 쓰레기를 한꺼번에 섭취한다. 이렇게 섭식 활동을 하는 생물이 지금 당장은 많이 떠오르지 않겠지만, 사실상 대부분의 해양 생물이 이러한 방식으로 먹이를 먹는다. 해면과 바다지렁이, 홍합, 멍게를 비롯한 많은 무척추동물이 여기에 해당하고, 지구에서 가장 몸집이 큰 존재인 수염고래류도 여과 섭식을 한다. 최근 한 연구는 지중해와 태평양에 서식하는 참고래의 세포 조직에 눈에 띄게 많은 플라스틱 화합물과 첨가제가 들어 있다는 사실을 발견했는데, 이를 통해 우리는 참고래가 플랑크톤과 막대한 양의 미세플라스틱을 동시에 섭취하고 있다는 사실을 알 수 있다.

한편 플라스틱을 실수로 삼켜버리는 것은 육식 동물도 예외가 아니다. 예를 들어 루어 낚시용 미끼는 너무나 정교하게 만들어지는 까닭에 물살이들은 이것을 진짜 먹이와 구별하지 못하고 덥석 깨물어 버린다(11장 "어구" 참조). 바다에 부유하는 쓰레기도 먹이와 혼동될 수 있다. 바다거북이 비닐봉지를 삼키는 경우가 여기에 해당할 텐데, 스쿠버 다이버들의 이야기를 들어보면 나풀거리는 비닐봉지가 해파리인지 아닌지 확인하려면 사람도 최소한 두 번은 자세히 봐야 한다고 한다. 아니면 바다거북은 플라스틱 부유물에 붙은 먹이를 깨물면서 플라스틱을 함께 삼키는 것인지도 모른다.[7] 최근 한 연구는 플라스틱에 들어 있는 특정 화학 물질들이 바닷새의 식욕을 자극한다는 사실을 밝혀내기도 했다.[8] 어찌 되었건 플라스틱을 먹은 바다 생물은 모두 소화 기관이 플라스틱으로 꽉 막혀서 천천히 굶어 죽는 결말을 맞게 된다. 90%가 넘는 바닷새가 플라스틱을 먹은 적이 있다고 하는데, 이 수치는 2050년이면 99%까지 늘어날 전망이다.[9] 혹시 해변에서 살점이 모두 썩어 없어진 바닷새의 사체를 발견한다면 갈비뼈 안쪽을 한번 자세히 들여다보라. 원래 소화 기관이 있던 자리에 플라스틱 조각이 가득 남아 있을 것이다(인터넷에 '바닷새 사체 플라스틱bird cadaver plastic'을 검색하면 관련 사진들을 볼 수 있다). 여과 섭식을 하는 가장 큰 포식자 중 하나인 향유고래도 비닐하우스용 플라스틱 천처럼 거대한 쓰레기를 먹고 죽음에 이르고 있다.[10]

플라스틱이 해양 생물들에게 끼치는 두 번째 위협은 바로 '얽힘'이다. 얽힘을 초래하는 위험 품목으로는 버려지거나 유실된 낚싯줄과 어망, 노끈을 비롯한 각종 포장재, 비닐봉지, 그리고 음료수 캔을 여섯 개씩 묶을 때 쓰이는 비닐 포장재('식스 팩 링') 등이 있다. 주로 바닷새와 바다거북, 물개, 돌고래가 이러한 플라스틱 얽힘 사고에 희생된다. 플라스틱 쓰레기에 몸이 얽힌 생물은 움직임에 제약이 생기거나 목이 졸린 채로 굶어 죽게 된다. 또한, 살갗을 파고든 플라스틱 때문에 감염이 생기거나 신체 부위가 절단되기도 한다. 얽힘 사고에서는 피부가 미끌미끌한 물살이도 자유로울 수 없다. 미끄러운 바다 생물을 특별히 잘 잡도록 고안된 자망gill net과 같은 어구가 있다는 사실이 이를 증명한다. 그렇다면 고래처럼 크기가 큰 생물들은 얽힘의 위협을 덜 받을까? 그렇지 않다. 대형 생물들은 그들 나름대로 크기가 큰 어업 쓰레기들에 옥죄여 고통받기 때문이다. 어찌나 어구에 몸이 얽힌 고래들이 많은지, 국제포경위원회IWC에서는 '얽힘 대응 네트워크Entanglement Response Network'까지 만들어 고래 구조 전문가를 양성하고 있다.[11]

한편 플라스틱에 들어있는 수많은 화합물과 첨가제는 서서히 바닷물에 녹아 나와 바다를 오염시킨다. 그리고 오늘날 세계 각지에서 외래종 침입이 심각한 환경 문제를 일으키고 있는데, 이러한 문제가 발생하는 원인 중 하나도 해양 플라스틱에 있다. 플라스틱 부유물에 달라붙은 생물들이 플라스틱을 뗏목 삼아 아주 멀리 떨어진 생태계까지 이동할 수 있게 된 것이다. 이렇게 인위적으로 유입된 생물 종은 무방비 상태의 생태계를 완전히 쑥대밭으로 만들어버릴 수 있다. 유리나 나무도 뗏목 역할을 할 수 있겠지만, 플라스틱은 미끄럽지 않고 썩지 않는 데다 양도 많다는 점에서 그야말로 완벽한 이동 수단이다.

마지막으로 동물 복지에 관심이 없는 사람들을 위해 말하자면, 해양 플라스틱 쓰레기는 인간에게도 심각한 위험을 초래한다. 다이버나 스노클러들이 잠수할 때 항상 날카로운 칼을 휴대한다는 사실을 생각해 보자. 이는 호기심 많은 상어가 접근할 때를 대비해서 호신용으로 가지고 다니는 것이 아니다. 다이빙 나이프는 보이지 않는 낚싯줄이나 어망, 그리고 기타 플라스틱 쓰레기에 몸이 얽혔을 때 재빨리 탈출하기 위해 사용된다. 그리고 경제적인 관점에서 보더라도 플라스틱 쓰레기가 끼치는 손해는 막대하다. 플라스틱 쓰레기는 각종 선박의 프로펠러나 프로펠러축에 뒤엉키며, 냉각수 흡입구를 틀어막아 순식간에 엔진 과열을 일으킨다. 조업을 위해 펼쳐놓은 어망에 플라스틱만 가득 걸려드는 일도 이제는 허다하다. 플라스틱은 화학 첨가제를 물속에 침출시키고, 수면에 떠 있는 다른 오염물질들을 흡착하므로 인간의 건강에도 악영향을 끼친다. 그리고 눈에 보일락 말락 한 크기의 미세플라스틱 입자들은 해산물의 체내에 자리 잡고 있다가 우리의 입속으로 들어오게 된다.

미세플라스틱

오늘날 해양 쓰레기 전문가들의 관심을 한 몸에 받고 있는 단어가 있다. 바로 '미세플라스틱'이다.[12] 지방정부는 물론이거니와 UN에서도 이제 이 문제를 심각하게 다루기 시작했다.[13]

이름에서도 알 수 있듯, 미세플라스틱은 아주 작은 플라스틱을 일컫는다. 일반적으로 크기가 5mm 이하인 것들을 미세플라스틱이라고 하는데, 어떤 전문가들은 1mm부터 마이크로미터㎛ 단위에 해당하는 플라스틱을 미세플라스틱으로 분류하기도 한다. 더 정확한 분류를 위해 이보다 더 작은 나노미터nm 단위의 플라스틱을 '나노플라스틱'으로 구분하기도 하지만, 이 책은 우리가 해변에서 마주치는 쓰레기들을 다루고 있는 만큼 나노플라스틱까지 깊게 이야기하지는 않으려고 한다.

미세플라스틱은 크게 두 종류로 구분된다.

1차 미세플라스틱

처음에 생산될 때부터 특별히 작은 크기로 만들어진 플라스틱을 '1차 미세플라스틱'이라고 한다. 크게는 플라스틱 펠렛 pellet에서부터 작게는 세안용품이나 화장품에 들어 있는 스크럽 알갱이가 여기에 해당한다. '너들nurdle'이라는 이름으로 불리기도 하는 플라스틱 레진 펠렛(183, 184쪽 사진 참조)은 모든 플라스틱 제품을 만들 때 사용되는 원재료인데, 공장에서는 이 플라스틱 알갱이들을 거푸집에 부어서 원하는 제품을 만든다. 그런데 완제품 플라스틱 못지않게 플라스틱 펠렛도 심각한 바다 오염을 일으킨다. 플라스틱 펠렛은 크기가 콩알 정도는 되고 해변에 나뒹구는 양도 많아서, 플라스틱 펠렛을 한 번도 본

적 없는 사람도 쉽게 알아볼 수 있다. 플라스틱 펠릿에는 DDT나 PCB와 같이 매우 유독한 잔류성유기오염물질이 함유되어 있는 탓에 이를 모니터링하기 위해 국제펠릿감시단International Pellet Watch이라는 국제단체가 만들어지기도 했다. 그런데 해변에 플라스틱 펠릿이 돌아다닌다는 사실은 이것들이 제품 생산 과정에 들어가기 전부터 대량으로 자연에 유출된다는 사실을 의미한다. 가장 큰 원인은 강변에 위치한 산업단지와 공장에 있다. 최근 한 연구는 라인강이 여러 나라를 통과해 북해로 흘러 들어갈 때 어느 지점에서 플라스틱 레진 펠릿이 유입되는지 일일이 밝혀내기도 했다.[15] 한편 오스트리아 빈 인근의 도나우강에서는 치어보다 미세플라스틱이 더 많이 발견되었다는 연구 결과도 나왔다. 산업계에서 얼마나 환경을 생각하지 않고 관리를 허술하게 하는지 보여주는 대목이다. 정말 창피한 일이 아닐 수 없다.

2차 미세플라스틱

플라스틱 완제품이 부서지거나 마모되면서 생긴 입자들은 '2차 미세플라스틱'으로 분류된다. 여기에는 테이크아웃 컵이나 비닐봉지 등이 자잘하게 부서진 것부터 합성 섬유를 빨래할 때 생기는 미세 섬유까지 온갖 것들이 포함된다. 이 중에서도 특히 합성 섬유로 만들어진 옷은 세탁될 때 10,000개에서 250,000개의 미세 섬유를 발생시킨다고 한다.[17] 플라스틱은 이렇게 크기가 작아지고 나서도 여전히 독성 물질을 배출한다. 게다가 미세플라스틱 입자들은 수면에 떠 있는 오염물질들을 흡착하고 다니면서 농축된 오염물질 덩어리가 된다. 이것을 해양 생물들이 먹으면 체내에 오염물질을 축적하게 되며, 이는 결과적으로 우리의 몸속에도 들어온다. 미세플라스틱은 바닷물을 증발시켜 만든 천일염에서도 이미 검출된 바 있다.

남획으로 물살이의 씨가 말라버린 오늘날, 미세플라스틱이 이렇게 많다는 점을 생각해보면, 바다에 물살이보다 플라

모든 플라스틱의 어머니, 플라스틱 레진 펠렛. '너들'이라고 불리기도 하는 이 플라스틱 알갱이들을 녹여서 대부분의 플라스틱 제품을 만들 수 있다. (지중해, 스페인 이비사)

스틱이 더 많다는 말이 사실일지도 모르겠다. 실제로 과학자들은 바다에 떠다니는 플라스틱 조각들이 미생물들의 새로운 생활공간으로 자리매김했다는 사실을 지적하기 위해 "플라스틱권plastisphere"이라는 용어를 만들어내기도 했다.[18] 이 말은 50조 개가 넘을 것으로 추산[19]되는 해양 플라스틱 입자마다 눈에 보이지 않은 미생물의 생태계가 얇은 막처럼 존재한다는 것을 의미한다. 그래서 어떤 과학자들은 플라스틱권에 플라스틱의 분해를 촉진하는 박테리아가 있을 것이라는 희망찬 추측을 내놓기도 한다. 하지만 바다의 플라스틱 쓰레기는 수면에 떠다니기

플라스틱 펠렛은 처음부터 작게 만들어지기 때문에 1차 미세플라스틱으로 불린다. 플라스틱 펠렛을 찾고 싶거든 만조 때 해변에 생긴 쓰레기 띠를 자세히 살펴보라. 펠렛을 누가 더 많이 줍는지 시합도 해보자. (지중해, 스페인 이비사)

만 하는 것이 아니며, 가라앉아 있는 쓰레기들의 수를 모두 합치면 수십조 개보다 훨씬 많을 것이기 때문에 실제로 플라스틱 입자들이 어떻게 분해될 것인지에 관해서는 여전히 논쟁이 오가고 있다.[20]

과연 우리는 플라스틱 생산을 반대해야 할까? 그렇다면 고래수염이나 상아, 바다거북의 등딱지는 무엇으로 대체해야 할까? 석유나 천연가스 이외의 원료를 가지고 플라스틱을 만드는 방법도 있다. 사실 나무나 옥수수, 감자, 해초와 같은 유기재료로도 플라스틱을 만들 수 있다. 이것들은 농장이나 숲에서 기를 수 있는 재생 가능한 원료이며, 원유로 만든 플라스틱보다 훨씬 잘 분해된다. 아니면 새 플라스틱 제품을 생산할 때 플라스틱병이나 요거트 컵과 같이 다 쓰고 남은 폐플라스틱만 재활용해서 만드는 방법도 있다. 재활용 시대의 신기원이랄까…. 하지만 무엇보다도 중요한 것은 일상에서 "6R(다시 생각해 보기Rethink, 거절하기Refuse, 적게 쓰기Reduce, 다시 쓰기Reuse, 고쳐 쓰기Repair, 재활용하기Recycle)"과 "1U(업사이클하기Upcycle)"를 실천하는 것이다. 스스로에게 다음 질문들을 던져보자. 이 상품이 정말로 나한테 필요한가? 이 상품이 꼭 플라스틱으로 만들어졌어야 할까? (다시 생각해 보기) 이 상품이 꼭 낱개로 포장되어 있어야 할까? (거절하기) 내가 물건을 사고 집에 와서 곧바로 비닐봉지를 버리진 않나? (다시 쓰기) 쓰다가 조금 손상된 부분이 있다고 해서 꼭 버려야만 할까? (고쳐 쓰기) 정말 버려야 한다면 이 플라스틱 물건을 배출하는 방법이 정해져 있지 않을까? (재활용하기) 아니면 버리지 않고 완전히 새로운 용도로 탈바꿈시킬 수는 없을까? (업사이클하기)

안타깝게도 플라스틱 재활용은 이론상으로는 쉬워도 현실적으로는 많은 어려움을 안고 있다. 우선 플라스틱 쓰레기는 양이 심각할 정도로 많아서 보관할 곳이 마땅치 않고 운송도 쉽지 않다. 게다가 산업체에서 재활용 제품을 만들기 위해서는 플라스틱을 종류별로 분류해야 하는데, 플라스틱은 종류가 한두 가지가 아니다. 이러한 이유로 많은 플라스틱 쓰레기는 결국 소각기에 들어가는 운명을 벗어나지 못하고 있다. 물론 플라스틱 쓰레기를 연료 삼아 태우는(이를 기술적으로는 '열적 재활용thermal recycling'이라고 하는데, 참 거창한 표현이 아닐 수 없다) 방법이 있기는 하다. 그래도 여러분은 해변을 청소하고 나서 절대로 모닥불에 플라스틱을 태우지 않길 바란다. 유독 가스가 나오는 것도 문제지만, 녹은 플라스틱이 모래나 나무 등과 엉겨붙어 돌처럼 굳으면 제거가 어렵기 때문이다. 요즘은 이를 두고 "플라스티글로머레이트plastiglomerate"❂라고 한다.[21] 플라스티글로머레이트야말로 인류에 의해 오염된 지구를 가장 상징적으로 보여주는 물질이 아닐까? 미래에는 이 돌을 보고 인류세라는 지질학적 시

❂ '플라스틱plastic'과 '융합체conglomerate'의 합성어로, '파이로플라스틱pyroplastic'이나 '플라스티크러스트plasticrust', '뉴락new rock'이라는 표현도 쓰인다.

대가 시작되었다는 것을 알게 될지도 모른다. 이 돌을 발견하고 기뻐하는 사람은 지질학자밖에 없을 것 같다.

플라스틱 쓰레기를 처리하는 방법은 도시별로, 나라별로 다르다. 비닐봉지 사용을 전면 금지하는 곳이 있는가 하면, 쓰레기 처리를 속 편하게 외국에 떠넘기는 곳도 있다. 최근에는 중국이 플라스틱 쓰레기 수입을 금지하면서 유럽연합이 식은 땀을 흘리기 시작했는데,[22] 이로써 플라스틱 제품에 찍힌 분류 기호는 더욱 중요한 역할을 하게 되었다. 이러한 재활용 코드 덕분에 쓰레기가 더욱 잘 분류되고 재활용되는 날이 언젠가는 오게 될까? 그렇게 된다면 소각되는 쓰레기도, 매립지에 버려졌다가 바다로 흘러 들어가는 쓰레기도 줄어들 것이다.

이 책에서는 설명을 단순화하기 위해 플라스틱 쓰레기를 기술적으로 분류하기보다 용도에 따라 분류했다. 플라스틱 쓰레기의 종류는 수없이 많지만, 컵, 비닐봉지, 장난감, 포장재와 같은 소단원이나 스티로폼, 위생용품, 의료용품, 어구, 담배꽁초(필터가 대부분 플라스틱이다!)와 같은 장은 여러분의 직관적인 이해를 도와줄 것이다. 이렇게 함으로써 쓰레기 감축과 재활용에 도움이 되는 팁들도 더 많이 얻을 수 있길 기대한다. 물론 해변에서 발견되는 플라스틱 쓰레기 중에는 금속이나 유리 등 다른 소재를 포함하는 것들도 있다. 다른 소재가 더 많은 비중을 차지한다면 그 소재를 다루는 장에서 찾아볼 수 있을 것이다.

4. 플라스틱

페트병 등

　해수욕에는 충분한 수분 보충이 필요하기 때문일까? 해변에서는 페트병이 나뒹구는 모습을 너무나도 쉽게 볼 수 있다. 그런데 사람들은 해변에 올 때 분명히 음료수병을 아이스박스에 담아 오면서 왜 갈 때는 다시 담아 가지 않는 것일까? 이는 아마도 음료수병이 탄산음료로 끈적거리거나, 선크림으로 미끌거리거나, 해변에 꽂아둬서 모래가 묻었거나, 재떨이로 쓰였기 때문일 것이다(뜨뜻해진 탄산음료 안에 담배꽁초가 빙글빙글 돌고 있는 모습을 상상해보라). 어찌 됐든 둘러댈 수 있는 핑곗거리는 많다. 다 마신 음료수병을 함부로 바닥에 버리면 안 된다는 의식이 보편화 되지 않은 나라들도 많아 보인다(적어도 분리수거와 재활용 개념이 아직 모든 세대의 양심에 자리 잡지 못했다는 사실만은 분명하다). 한편, 알코올이 들어 있는 음료를 마시면 취기로 판단력이 흐려져서 빈 병을 양심적으로 쓰레기통에 버리지 못하기도 한다.

해변에서 여러분은 음료수병을 비롯하여 종이팩이나 테이크아웃 컵, 식스팩 링 six-pack ring, 빨대와 같이 음료수와 관련된 각종 쓰레기를 마주치게 될 것이다. 이것들은 파도를 따라 넘실대고, 백사장에 나뒹굴고, 모래 안에 파묻히고, 바람에 떠밀려 해변 뒤편까지 진출하며 곳곳에 퍼져 있다. 아마 해변 쓰레기가 덩그러니 혼자 있는 경우는 보기 힘들 것이다. 사람들은 해변에서 하루를 보내는 동안 음료수를 여러 개씩 소비한다. 요즘은 음료수가 점점 작고 깜찍한 용기에 담겨 출시되고 있는 탓에 한 사람이 제대로 목을 축이고 나면 쓰레기가 여러 개 나오게 된다. 물론 음료가 특대형 용기에 담긴다고 해서 쓰레기가 줄어드는 것은 아니다. 더 큰 사이즈의 음료수 병은 더 튼튼하고 오래 썩지 않으며, 온 가족이나 파티 참가자들에게 음료를 따라주려면 별도의 컵도 필요해진다.

자, 그러면 이제 매일같이 사람들로 빽빽한 해변을 상상해 보자. 바람이 시원하게 분다. 해질녘이 되면, 하루 종일 햇볕에 그을리고 피곤에 젖은 사람들이 자리를 털고 일어나 하나둘씩 해변을 떠나기 시작한다. 출구 쪽에 쓰레기통이 보인다. 하지만 이런 쓰레기통은 하나같이 너무 작고 엉성하게 만들어진 데다 언제 비워지는지도 알 턱이 없다. 상황이 이러한데도 해변에 버려진 페트병이 더 많지 않다는 것은 기적일지도 모르겠다. 하지만 눈에 보이는 페트병만 줍는 것으로는 충분하지 않다는 사실을 명심하자. 모든 음료수병에는 라벨과 병뚜껑이 있고, 모든 병뚜껑은 개봉될 때 뚜껑 고리를 남긴다. 테이크아웃용 플라스틱 컵도 뚜껑과 짝을 이룬다. 그리고 뚜껑이 있으면 플라스틱 빨대나 십스틱sip stick도 있다. 음료수 캔을 주웠는가? 그렇다면 이제는 식스팩 링을 찾을 차례다.

▎페트병

페트병은 가벼운 데다 깨지지도 않아서 유리병을 꾸준히 대체해왔다. 페트병에 담기는 내용물의 종류는 셀 수 없이 많은데, 쓰레기가 된 페트병 중에 가장 많은 수를 차지하는 것은 단연 생수병이다. 전 세계적으로 깨끗한 식수를 쉽게 구하기 어려운 지역이 많기 때문일까? 단지 수돗물을 담은 것에 불과한 경우에도 플라스틱 병에 담긴 물은 믿고 마셔도 된다는 듯한 인상을 주는 듯하다.

전 세계 사람들이 하루에 사용하는 페트병의 개수는 10억 개에 달한다고 한다. 이렇게 사용된 페트병은 모두 한 번만 쓰고 버려지며, 이 중에서 단지 1/5만이 재활용된다. 매년 날을 잡고 하루 종일 열리는 국제 연안 정화의 날에도 페트병은 무리 없이 '가장 많은 쓰레기 10위' 안에 든다. 2016년에는 150

만 개의 페트병이 수거되어 전체 10위 중 2위를 차지하기도 했다(부동의 1위는 담배꽁초이다).[23]

페트병은 양도 많지만, 좀처럼 분해되지 않는다는 문제점을 안고 있다. 한 추정에 따르면, 페트병은 분해되는 데에는 약 450년이 필요하지만, 모래나 쓰레기 더미 속에 파묻힐 경우 적외선이 차단되어 사실상 거의 분해되지 않는다고 한다. 그렇다면 우리는 무엇을 해야 할까? 우선 페트병에 담긴 상품은 사지 말자. 그 대신 재활용할 수 있고 보증금도 돌려받을 수 있는 유리병을 사용하자. 그리고 해변에 갈 때 음료는 개인 용기에 담아서 가고 플라스틱 용기는 집에 두고 나오자. 페트병을 버릴 때는 납작하게 밟아서 뚜껑을 닫은 다음 꼭 재활용 쓰레기통에 버리자. 이렇게 하면 공기를 빼서 부피를 줄일 수 있고, 뚜껑이 따로 돌아다니며 바다 쓰레기가 되는 것을 방지할 수 있다. 아마 페트병을 업사이클 해서 만들 수 있는 제품의 수는 여러분이 상상하는 것보다 훨씬 많을 것이다. 그러니 이참에 한번 검색엔진에 '페트병 업사이클링 제품'을 검색해보길!

라벨

음료수병이 제품 정보를 소비자에게 전달하는 방법은 두 가지다. 병 표면에 글씨를 양각으로 새겨 놓거나, 라벨에 프린트해 놓거나. 이 중 라벨은 내구성 있는 플라스틱 필름으로 만들어져 수축 포장 방식으로 병에 밀착된다. 라벨에는 병의 내용물에 관한 정보뿐만 아니라 그 병이 어떤 재료로 만들어졌는지에 관한 정보도 적혀 있다. 아울러 라벨에는 그 병을 재활용하는 방법도 적혀 있는데, 아쉽게도 사람들은 라벨에 깨알 같이 적힌 글씨를 잘 읽지 않아서 재활용 코드를 놓치는 경우가 많다. 라벨에는 음료수 회사의 주소도 적혀 있다. 운이 좋다면 여러분은 회사의 이메일 주소나 트위터 아이디를 찾아낼 수도 있을 것이다. 과연 그 회사는 제품이 해변 쓰레기가 되는 것을 방지하기 위해 모든 조치를 취해 놓았을까? 해변에 늘어서 있는 식당에도 눈길을 돌려보자. 과연 그 식당들은 손님들이 쓴 테이크아웃 컵과 뚜껑, 빨대 등이 잘 처리되도록 조치하고 있을까? 만약 미흡한 구석이 보인다면 연락을 취해서 시정 조치를 요구해 보자. 직접 찾아가 보는 것도 좋다. 당신이 가진 힘을 과소평가하지 말라. 변화는 한 사람에게서 시작된다.

▌ 병뚜껑

음료수병을 이루는 부분 중에서 가장 두껍고 단단한 부분을 찾으라면 그 주인공은 두말할 여지없이 병뚜껑일 것이다. 병뚜껑은 꽉 조여서 닫을 수 있도록 테두리에 홈이 파여 있으며, 한 번 개봉하면 뚜껑에서 고리나 부정 조작 방지 장치가 분리되고, 반복적으로 여닫아도 형태를 유지하도록 튼튼하게 만들어진다. 그래서 병뚜껑은 분해되지 않고 가장 마지막까지 원래 모습을 유지한다.

보증금을 받을 수 있는 병이 아니라면 밟거나 찌그러뜨려서 납작하게 만들고 병뚜껑을 닫아 알맞은 재활용 쓰레기통에 버리는 것이 가장 좋다. 물론 인터넷에는 플라스틱 병뚜껑으로 만들 수 있는 온갖 아기자기한 DIY 아이템이 소개되어 있으니, 어린 자녀들의 시선을 스마트폰에서 떼어내 아날로그적인 시간을 함께 보내고 싶다면 참고해보는 것도 좋다. 어떤 곳에서는 플라스틱 병뚜껑을 산더미만큼 모아서 자선 단체에 기부하기도 한다. 간혹 사기인 것으로 밝혀지는 곳이 있기는 하지만, 이렇게 병뚜껑을 모아서 플라스틱을 재활용하고 수익의 일부로 휠체어를 구입하는 등 좋은 일을 하는 데에 쓸 수 있다. 인터넷에 '플라스틱 병뚜껑 기부'를 검색해보자.✿

▎플라스틱 컵

해변 파티에 온 손님들이 같은 물통에 입을 대고 물을 마시

✿ 플라스틱 병뚜껑을 모아서 기부하는 것보다 더 중요한 것은 병뚜껑 안쪽에 고무나 부직포, 플라스틱 패킹이 들어 있는 '이중 병뚜껑' 생산에 반대 목소리를 내는 것이다. 이중 병뚜껑은 내부 패킹을 일일이 제거하는 것이 사실상 불가능하기 때문에 재활용되지 못하고 전량 폐기되며, 다른 병뚜껑 사이에 섞이면 기계 고장을 일으키고 별도의 분류 노동이 필요해지는 등 재활용 과정 전체를 방해한다. 현재 소비자들의 강력한 요구로 이중 병뚜껑을 단일 패킹 병뚜껑으로 교체한 기업이 있는 만큼, 앞으로 더 많은 지지와 참여가 필요하다.

도록 하고 싶지 않다면 컵을 준비해야 할 것이다. 물론 사람 수보다 컵을 넉넉하게 준비할 필요가 있다. 하루 종일 자기 컵을 정해놓고 컵을 하나만 쓰는 사람은 한 명도 없기 때문이다. 주최 측에서 신경 쓰지 않는다면 이 컵들은 모두 바다 쓰레기가 되고 말 것이다. 그리고 해변의 칵테일 바나 식당, 패스트푸드 음식점, 카페 등에서 음료수를 테이크아웃 한다면 가소제가 들어 있는 플라스틱 컵이나 플라스틱 뚜껑, 플라스틱 빨대, 플라스틱 십스틱, 플라스틱 크림, 플라스틱 커피 크림 캡슐, 플라스틱 포장재에 들어 있는 프림 중에서 최소한 하나 이상의 플라스틱 제품을 사용하게 될 확률이 높다.

플라스틱 컵이 딱 한 개만 버려져 있는 경우는 드물다. "해변 쓰레기 무더기의 법칙"은 여기에도 여지없이 적용된다. 이 컵을 쓴 사람들은 참 '세심하게도' 컵에 조약돌을 채워 넣어 파도에 떠내려가지 않게 했다. (지중해, 튀르키예)

해변 쓰레기 해설가는 컵 없이 돌아다니는 플라스틱 테이크아웃 뚜껑만 보더라도 원래 어떤 음료가 담겨 있었는지 알아낼 수 있다. 어떻게 그게 가능하냐고? 많은 플라스틱 뚜껑에는 양각으로 도형이 몇 개 튀어나와 있고 그 옆에 음료의 종류가 적혀 있다. 탄산음료를 예로 들면 "COLA"(콜라), "DIET"(다이어트 콜라), "TEA"(차), 혹은 "OTHERS"(기타)가 적혀 있다. 여러분이 발견한 뚜껑에는 이 중 하나가 눌려 있을 것이다. 이는 뚜껑을 닫아도 서빙이나 배달을 하는 사람에게 안에 담긴 내용물이 무엇인지 알려주기 위한 장치이다. 뜨거운 음료를 예를 들자면, 뚜껑에 "BLACK"(아메리카노), "LATTE"(라떼), "CAPP"(카푸치노), "CHOC"(초코)가 적혀 있을 것이다. 해변에서 주운 뚜껑을 가지고 저지방 두유로 만든 뜨거운 디카페인 더블샷 카푸치노에 유기농 헤이즐넛 시럽을 추가했는지까지 유추할 수는 없겠지만, 그래도 음료의 종류를 대강 알게 되는 것은 분명 재미난 소득일 것이다.

식스팩 링

음료수 캔을 여섯 개씩 묶을 때 사용되는 비닐인 식스팩 링은 오랫동안 최악의 해양 쓰레기 중 하나로 악명을 떨쳤다. 사람들은 식스팩 링이 바닷새의 목을 조르고 있거나, 물살이를 비롯한 여러 생물의 몸에 끼어 기형 성장을 유발한 광경을 수도 없이 목격했다. 해양 환경 단체 오션 컨서번시는 '해양 생물에게 가장 위험한 열 가지 바다 쓰레기' 중 하나로 식스팩 링을 꼽았다. 오션 컨서번시에 따르면 1985년부터 2010년까지 25년 동안 수거된 식스팩 링의 개수만 하더라도 957,975개에 달한다.[25] 최근에는 생물들이 식스팩 링에 머리를 집어넣는 것을 막기 위해 새로운 디자인이 도입되기도 했다. 식스팩 링을 더 얇게 만들거나, 생물들이 직접 끊을 수 있게 하거나, 생분해 플라스틱으로 제작하는 등의 노력도 전개되고 있다. 플로리다의 한 양조장은 먹어도 되는 식스팩 링을 만들었다고 한다.

빨대

빨대는 모든 테이크아웃 음료 세트에서 절대 빠지는 법이 없다. 플라스틱 빨대는 국제 연안 정화의 날에 가장 많이 수거되는 쓰레기 10위 안에 심심찮게 포함되는데(2017년에는 7위를 차지했다)[23], 초창기 빨대는 플라스틱 대신 종이로 만들어졌었다. 오늘날 빨대는 온갖 길이와 크기, 색깔로 제작되고 있다. 일자형 빨대, 주름을 따라 꺾을 수 있는 빨대, 돼지 꼬리처럼 꼬여 있는 파티용 빨대, 리본 장식이나 아기자기한 장난감 인형을 달고 있는 빨대 등등…. 빨대는 대부분 비닐 포장지에 낱개로 들어 있는데, 이 때문에 쓰레기가 두 배로 발생하고 있다.

빨대는 심각한 바다 쓰레기 문제를 유발한다. 한 추정에 따르면 미국에서 하루에 사용되고 버려지는 빨대만 하더라도 약 50억 개에 달한다고 한다. 빨대는 최근 있었던 국제 연안 정화의 날에만 40만 개 이상 수거되었다. 바다거북의 콧구멍에서 빨대를 힘겹게 뽑아주는 영상을 본 적이 있지 않은가? 어떤 도시들은 해변에 있는 레스토랑에서 플라스틱 빨대 사용을 전면 금지하기도 했다.♻ 여러분도 음료를 주문할 때 일회용 플라스틱 빨대를 빼달라고 요청한다면 큰 도움이 될 것이다. 좀 더 과감한 행동을 취하고자 한다면 지역 음식점들을 찾아가 플라스틱 빨대를 손님이 요청할 때만 제공하거나 플라스틱이 아닌 소재로 바꾸자고 제안해 보는 것도 좋다. 또 다른 대안이 있을까? 실리콘이나 스테인리스, 유리로 만들어져 재활용할 수 있는 개인용 빨대를 가지고 다니는 것도 좋은 방법이다. 요즘은 대나무나 갈대와 같이 천연 재료로 만든 빨대도 나온다. 이러한 제품을 판매하는 회사가 많이 있으니 인터넷에 '재활용 빨대'나 '업사이클 빨대'를 검색해보자. 그리고 다 쓴 빨대로 어떤 멋진 작품을 만들 수 있는지도 확인해보자.

♻ 미국에서는 2018년에 시애틀을 시작으로 캘리포니아와 코네티컷, 델라웨어, 하와이, 메인, 뉴욕, 오리건, 버몬트주에서 일회용 빨대를 규제하기 시작하였으며, 플로리다도 마이애미 비치에서 플라스틱 빨대를 금지하였다.

1   사용한 것이건 새것이건, 컵을 쌓은 채로 두면 훨씬 더디게 풍화된다. (지중해, 튀르키예)

2, 3   풍화되고 있는 플라스틱 컵이 너덜너덜해진 모습. 테두리 부분은 조금 더 단단해서 가장 마지막까지 살아남는다. 때로는 자세히 눈여겨봐야 컵이라는 것을 알 수 있다. (지중해, 이탈리아 사르데냐)

1 플라스틱 뚜껑과 빨대는 해변에서 가장 많이 발견되는 쓰레기 중 하나이다. 이 두 항목은 최근에 있었던 '국제 연안 정화의 날'에 가장 많이 수거된 쓰레기 목록에서 6위와 7위를 기록했다. 뚜껑에 어떤 버튼이 눌러져 있는지를 살펴보면 원래 담겨 있던 음료를 유추할 수 있다. (태평양, 캘리포니아)

2 해변에는 낱개 포장된 빨대도 많다. 비닐 포장지가 더해지면 쓰레기도 두 배, 내구성도 두 배! 오른쪽 아래에 플라스틱 뚜껑과 담뱃재가 있는데, 마찬가지로 이것들도 전혀 썩지 않았다. (지중해, 그리스)

3 빨대는 종류와 색깔, 모양이 다양해서 그런지 사람들의 상상력을 자극하는 듯하다. 해변에서 파티를 즐긴 사람들이 타고 남은 불꽃놀이용 쇠꼬챙이(스파클라)에 빨대를 끼워놓았다. (지중해, 튀르키예)

4 아무리 파티용으로 화려하게 만들어졌다고 하더라도 결국 빨대는 빨대다. (지중해, 튀르키예)

5 음료수를 하마처럼 들이켜는 사람이었을까…. 특대 사이즈 물병에 달려있는 빨대는 크기도 특대 사이즈다. (태평양, 미국)

6 크고 두꺼운 빨대에 뚜껑까지 달리니 여간해서는 분해되지 않는다(캘리퍼스를 1cm만큼 벌려 놓았다). (태평양, 미국)

1 땅에 묻힌 페트병이야말로 지구의 마지막까지 살아남는 최후의 생존자가 되지 않을까. 이러한 플라스틱은 햇빛이 차단되어 거의 분해되지 않는다고 한다. (대서양, 미국)
2 누군가 마시다 말고 버린 콜라병 — 병과 뚜껑, 뚜껑 고리, 라벨이 모두 플라스틱이고 콜라까지 들어 있으니 그야말로 총체적 난국이다. (지중해, 튀르키예)
3 아침에 뜨는 해 아래에서 빈 병은 전구처럼 빛난다. 그래서 멀리서도 금방 알아보고 개수를 셀 수 있다. (지중해, 튀르키예)

4 페트병의 바닥 부분은 두께도 두껍고 힘을 잘 견디도록 설계된 구조 때문에 웬만해서는 잘 분해되지 않는다. (지중해, 튀르키예)

5 이 병도 바닥에 플라스틱이 덧대어 있다. 나머지 부분이 세월의 풍파에 항복하더라도 플라스틱 바닥은 처음의 온전한 모습을 유지한다. (지중해, 튀르키예)

6 음료수병을 감싸고 있는 라벨도 플라스틱이다. 그래서 오래도록 썩지 않는다. 라벨에 빼곡히 적힌 내용을 읽다 보면 원래 라벨이 붙어 있던 병이 어떤 플라스틱으로 만들어졌고 어떻게 재활용될 수 있었을지 알 수 있을 것이다. 라벨이 돌아다닌다면 주변에 음료수병과 병뚜껑도 뒹굴고 있을 테니 한번 찾아보자. (지중해, 튀르키예)

1 페트병만큼 "해변 쓰레기 무더기의 법칙"이 들어맞는 경우가 또 있을까. 고의로 버렸든 바람에 날려서 모였든, 한 군데에 페트병 몇 개가 모여 있으면 사람들은 거리낌 없이 그곳에 쓰레기를 얹기 시작한다. (지중해, 튀르키예)

2 플라스틱 병뚜껑에는 특히나 "해변 쓰레기 무더기의 법칙"이 잘 적용되는 듯하다. 그나저나 몸통은 어디 가고 왜 뚜껑만 잔뜩 버려져 있는 것일까? 가끔 이렇게 이해할 수 없는 쓰레기들이 있다. (지중해, 튀르키예)

3   환경을 위해 '6R' 중 하나인 '다시 쓰기(reuse)'를 실천하는 것은 분명 칭찬받을 일이다. 하지만 다 쓴 페트병에 새로운 내용물, 특히 위험물을 담는 것은 좋지 않다. 이 병에는 낚싯줄이 묶여 있는 것으로 보아 아마도 휘발유가 담겨 있는 것 같다. 이쯤에서 주의사항 한 가지! 절대로 아무 병이나 캔을 함부로 열어선 안 된다! (지중해, 튀르키예)

4   따개비가 붙어 있다는 것은 그 쓰레기가 오랜 시간 바다에 있었다는 것을 의미한다. 이러한 플라스틱 쓰레기는 무방비 상태의 생태계에 외래종을 유입시키는 뗏목이 된다. (태평양, 대한민국)

5   다 쓴 페트병을 묶어서 부표로 쓰면 돈은 절약할 수 있겠지만 바다 쓰레기 문제를 해결하는 데에는 그다지 도움이 되지 않는다. (카리브해, 쿠바)

6   페트병을 찌그러뜨리면 공간을 훨씬 절약할 수 있다. 더 많은 기업들이 쉽게 압축시킬 수 있는 병 디자인을 도입해야 한다! (지중해, 튀르키예)

1 음료수 캔을 여섯 개씩 묶어서 고정할 때 쓰이는 '식스팩 링(six-pack ring)'은 바닷새를 비롯한 해양 생물들에게 위험천만한 쓰레기이다. 해변 청소를 하는 시간이 아니더라도 식스팩 링을 발견하면 보는 족족 끊어서 쓰레기통에 버리자. 최근에는 고리가 덜 질기거나, 생분해 가능하거나, 먹어도 괜찮은 식스팩 링이 출시되고 있다.

2 때때로 식스팩 링은 노련한 해변 해설가의 눈에도 잘 띄지 않을 수 있다. 그래도 우리는 국제 연안 정화의 날을 25년 동안 진행하면서 백만 개에 달하는 식스팩 링을 수거했다. 이러한 노력이 없었다면 식스팩 링은 자연에 450년 동안 남아 있었을 것이다. (태평양, 미국)

3 작은 조각만 남은 상태이지만, 특유의 기하학적 구조가 식스팩 링이라는 것을 말해준다. (태평양, 미국)

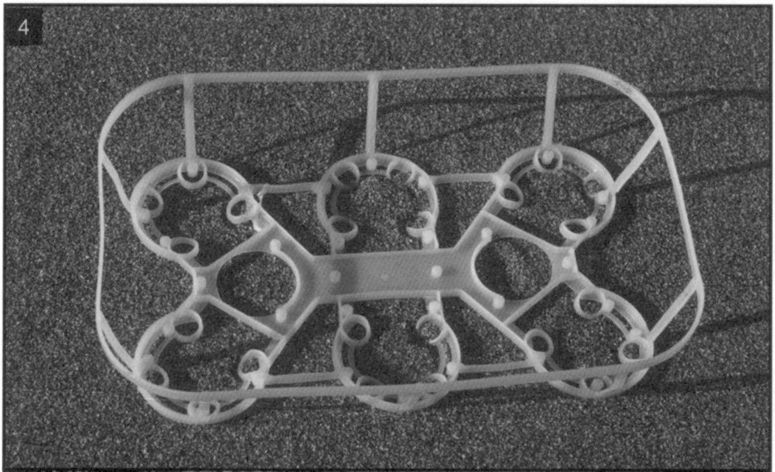

4 더 튼튼하게 만들수록 자연에는 더 오래 남게 된다. 이 식스팩 링은 병을 고정하기 위한 용도로 만들어졌다. (태평양, 멕시코)
5 해양 생물이 걸리는 것을 줄이기 위해 구멍의 개수를 줄인 디자인. (지중해, 튀르키예)

1 '테트라팩(tetrapack)'이라는 상표로 불리기도 하는 종이팩은 가볍고 공간을 적게 차지하는 데다, 유리와 달리 깨지지 않는다는 장점이 있다. 하지만 테트라팩은 종이와 플라스틱, 금속 호일로 이루어져 있는 탓에 오래도록 썩지 않고 바다 쓰레기가 되어 해변을 떠돈다. 왼쪽 위를 보면 떨어져 나간 플라스틱 부품도 눈에 들어온다. (지중해, 튀르키예)

2, 3 여러분이 해변에서 발견하는 쓰레기는 대부분 수억, 수천만 개씩 생산된 제품이다. 그래서 상당히 분해가 진행된 다음에도 어느 회사의 것인지 알아볼 수 있다. 튼튼한 입구와 뚜껑은 마지막까지 살아남는다. 자세히 보면 하얀 종이와 테트라팩의 일부분이 여전히 붙어 있는 것을 알 수 있다. (지중해, 튀르키예)

4 아이들은 일명 '쭈쭈바'를 먹고 나서 빈 플라스틱 튜브를 곧잘 바닥에 버린다. 당신이 환경을 생각하는 부모라면 아이들이 쓰레기를 잘 버릴 수 있도록 안내해주길 바란다. (태평양, 미국)

5, 6, 7 '쭈쭈바'의 몸체를 주웠다면 '꽁다리'를 찾는 것도 잊지 말자. (대서양, 미국)

1 어떤 소재로 만든 음료수병이건 가장 두껍고 단단한 부분은 플라스틱 병뚜껑이다. 이 사진에서는 유리병의 몸체가 사라졌지만, 입구 **부분**이 병뚜껑 덕분에 살아남았다. 유리 파편이 여전히 날카로워서 맨손으로 집어 들었다간 손을 다쳤을 것이다. 해변 청소를 할 때는 항상 방심하지 말아야 한다. (지중해, 튀르키예)

2 이로 부품을 밀거나 당겨서 음료를 쉽게 마실 수 있게 하는 '푸쉬 풀 캡(push-pull cap)'은 구조가 복잡한 데다 단단하기로는 둘째가라면 서러울 정도여서 음료수병의 몸체보다 훨씬 오랫동안 원래 모습을 유지한다. (지중해, 튀르키예)

3 바텐더가 독한 술을 조금씩 따르기 위해 사용하는 푸어러(pourer)도 단단한 플라스틱으로 만들어지곤 한다. (지중해, 튀르키예)

대형 플라스틱
물통

 '말통'이라고 불리기도 하는 대형 플라스틱 물통은 페트병보다 훨씬 덩치가 크고 단단한 용기이다. 대형 플라스틱 물통은 약숫물을 보관할 때 사용되기도 하는데, 주로 기름이나 화학 약품, 세정액 등을 넣어두는 경우가 많다. 그래서 어떤 내용물을 넣어도 외부의 충격과 무게를 견딜 수 있도록 설계된다. 이는 이러한 대형 물통이 부식성이나 독성, 혹은 그 밖의 위험한 내용물을 견딜 수 있도록 두껍고 튼튼하고 부식에 강하게 만들어진다는 것을 의미한다. 여기에는 운반을 돕기 위해 다양한 종류의 손잡이가 달려있는데, 이 부분은 특히 단단해서 쉽사리 풍화되지 않는다.

엔진 오일을 담을 때 자주 사용되는 대형 플라스틱 물통은 플라스틱 용기 중에서도 크기가 가장 클 뿐만 아니라 위험을 유발할 확률도 가장 높다. 덩치가 크다고 해서 "해변 쓰레기 무더기의 법칙"이 적용되지 않는 것은 아니다. 대형 플라스틱 물통도 한 개만 덩그러니 있는 모습은 찾아보기 힘들 것이다. (대서양, 스코틀랜드)

제품의 강한 내구성은 바다 쓰레기 문제와 직결된다. 첫째로 대형 플라스틱 물통은 특유의 단단함 때문에 자연에서 더디게 분해된다. 둘째로, 사람들은 초기 구입비용 때문에 이 튼튼한 통들을 다른 목적으로 다시 쓰려는 유혹에 쉽게 빠진다. 물론 다 쓴 물건을 재활용하는 것은 환경을 위한 여섯 가지 실천(6R) 중 하나에 해당하지만, 배를 타거나 낚시를 하는 사람들이 플라스틱 통을 심심찮게 부표로 재활용하는 모습을 보면 걱정이 앞선다. 다 쓴 물건에 좋은 의도로 새 생명을 주는 것처럼 보여도, 결국에는 바다 쓰레기를 추가하는 결과로 이어지기 때문이다.

해변에서 마주치는 대형 물통 중에는 풍화되고 낡은 것들도 있지만, 물통의 모양과 라벨, 물통에 각인된 로고와 주소를 보면 원래 어떤 제품이었는지 유추할 수 있다. 그리고 해변 청소를 할 때 반드시 주의해야 하는 것이 있다. 절대로 물통을 열어서 안에 무엇이 들었는지 확인하려고 해서는 안 된다. 어떤 용기도 마지막 한 방울까지 깨끗하게 비워진 경우가 없고, 예상치 못한 위험물로 리필되어 있을 수 있다. 특히 라벨이 없는 물통이 이러한 경우에 해당할 수 있는데, 라벨이 있다고 하더라도 안에 담긴 내용물은 전혀 다른 것일 수 있으니 반드시 주의가 필요하다. 다시 한번 말하지만 절대 라벨을 믿지 말라! 만약 대형 물통의 일부분이 모래에 잠겨 있고 내용물이 비어 있지 않다면 해변 청소를 감독하는 사람에게 도움을 청해서 적절한 조치를 취해야 한다. 모래에 박혀 있는 물통을 무리해서 끄집어내거나 옮기려고 하다 보면 오래된 용기가 바스러지거나 찢어지면서 내용물이 해변에 쏟아지고 몸에 튈 수 있다.

1 드럼통만큼 큰 플라스틱 용기에 정체불명의 내용물이 담겨 있다면 위험 폐기물로 처리해야 한다. 직접 끄집어내거나 옮기지 말고, 절대로 열어보지 말라! 사진의 용기는 세로 방향으로 절반이 잘려 있었다. (지중해, 튀르키예)

2 버려진 지 얼마 되지 않은 대형 플라스틱 통에는 다양한 정보가 적힌 라벨이 떨어지지 않고 붙어 있겠지만, 이뿐만 아니라 원래 내용물도 안에 남아 있을 확률이 높다. 어떤 액체도, 특히 기름의 경우라면 결코 마지막 한 방울까지 완전하게 따라낼 수 없다는 사실을 기억하자. (대서양, 스코틀랜드)

3, 4 플라스틱 용기는 자주 위장을 하고 있다. 하얗게 탈색된 플라스틱 통은 위험물이 들어 있어서 색이 변한 것일 수 있다. 손에 쥐면 용기가 바스러질 수 있으니 각별히 조심해서 다뤄야 한다. (지중해, 이탈리아)

1 이 물통에는 따개비가 붙은 밧줄이 묶여 있고 페인트가 칠해져 있다. 여러분은 이것을 보고 이 물통이 부표로 쓰였음을 짐작할 수 있을 것이다. (카리브해, 쿠바)

2 전 세계에서 밧줄과 플라스틱 물통은 값싼 부표를 만들 때 자주 애용된다. 이것을 보면 모든 재활용이 바다 쓰레기를 줄이는 데에 도움이 되지는 않는다는 사실을 알 수 있다. (지중해, 튀르키예)

3   라벨이 없더라도 양각으로 새겨진 로고나 통의 모양을 보고 정체를 파악할 수 있다. (지중해, 스페인 이비사)

4   양각으로 글씨가 새겨져 있으니 해변 탐정인 우리는 여기에서 많은 정보를 추리해 낼 수 있다. (태평양, 미국 캘리포니아)

5   어떤 플라스틱인지 알아냈다! "2"는 HDPE(고밀도 폴리에틸렌)를 의미한다(176쪽 도표 참조). 그리고 따개비가 붙어 있다는 것은 이 쓰레기가 바다에 오래 떠 있었다는 사실을 알려준다. (태평양, 미국 캘리포니아)

6   하지만 라벨도, 양각 로고도 없는 경우라면 어떨까? 그래도 많은 경우에는 이 울세제 통처럼 모양이 눈에 익을 것이다. (지중해, 그리스)

7   플라스틱 통이 세로 방향으로 깔끔하게 절단되어 있다. 이건 어디에 쓰였던 것일까? 자동차 정비소에서는 엔진 오일을 교체할 때 오일을 받아낼 그릇을 놓는데, 이건 아마 그러한 목적으로 쓰였을 것이다. 통에 묻어 있는 기름이 이를 뒷받침한다. (카리브해, 쿠바)

1, 2 주둥이와 손잡이는 특히 단단하게 만들어지기 때문에 가장 마지막까지 살아남는다. (지중해, 튀르키예)

3 플라스틱 용기가 풍화될 때는 제일 얇은 면부터 떨어져 나가기 시작한다. (태평양, 캘리포니아)

4 플라스틱 바구니(혹은 대야나 쟁반)의 가장자리 부분은 두껍게 만들어지는 탓에 단단한 바다 쓰레기가 된다. 한편, 옆면은 플라스틱 컵이 분해될 때와 비슷한 모양으로 갈라지고 있다. (지중해, 튀르키예)

5   다양한 종류의 뚜껑 고리들은 용기를 처음 개봉할 때 뚜껑에서 분리됨으로써 내용물이 조작되지 않았다는 사실을 알려준다. 사진의 뚜껑 고리는 지름이 담배꽁초보다도 훨씬 큰 것을 보니 대형 플라스틱 물통에서 떨어져 나온 것 같다. (지중해, 튀르키예)

6, 7   손잡이가 달린 플라스틱 고리는 모두 대형 플라스틱 물통에 붙어 있던 것이다. (지중해, 튀르키예) 약한 연결부나 관절이 끊어져서 고리 없이 손잡이만 돌아다니는 경우도 많다. (지중해, 튀르키예)

장난감

잠시 눈을 감고, 해변에서 즐겁게 시간을 보내고 있는 아이들을 떠올려 보자. 어떤 장면이 먼저 그려지는가? 아마도 플라스틱 장난감을 손에 쥐고 모래 놀이에 열중하는 모습이 그려질 것이다. 그렇다. 해변에서 즐겁게 노는 아이들의 곁에는 항상 플라스틱으로 만든 모래 놀이 장난감이 있다. 과연 모래사장에서 구덩이를 파고 모래성을 쌓는 것보다 더 재미있는 일이 또 있을까. 아이들을 데리고 해변에 온 젊은 부모들도 때때로 집념과 야망으로 가득 찬 모래 건축물을 남겨놓곤 하는 것을 보면, 모래 놀이를 재미있다고 생각하는 사람은 비단 어린이들만이 아닌 것 같다.

우리는 모두 놀기 위해 해변에 온다. 해변에서는 다양한 놀거리를 즐길 수 있다. 하지만 그중에서도 역시 모래성 쌓기를 빼놓으면 아쉽다. (지중해, 스페인 이비자)

모래로 성과 탑을 쌓고 각종 동물을 만들기 위해 우리는 다양한 플라스틱 모형 틀을 비롯하여 플라스틱 삽과 플라스틱 갈퀴, 플라스틱 양동이, 플라스틱 체 등을 총동원한다. 이것들 중 일부는 모래에 덮인 채 기억에서 잊히거나 바람에 날려 해변 쓰레기가 된다. 어떤 사람들은 단순히 점심을 먹거나 집에 가기 위해 서둘러 자리를 뜨느라 미처 장난감을 챙기지 못하기도 한다. 어린이용 모래 놀이 장난감은 하나같이 알록달록하고 비슷비슷하게 생겼기 때문에, 주변에 모래 놀이를 하는 가족이 또 있다면 서로 장난감이 섞여도 어떤 게 누구 것인지 알아보기 어렵다. 어쩌면 해변에 남겨진 장난감은 주인 모를 장난감을 집에 가져오는 것이 꺼림칙해서 그 자리에 두고 온 것일지도 모른다. 한편 내구성이 약한 장난감들은 바닷물에 젖어 무거워진 모래를 견디지 못하고 부러지기도 한다. 망가진 물건을 집에 가져가기 싫은 게 사람 심리이므로 결국 이것들도 해변 쓰레기가 된다. 그리고 마지막으로, 장난감은 파도에 휩쓸리기도 한다. 파도는 장난감을 멀리멀리, 아주 멀리 데리고 간다. 그렇게 떠내려간 장난감들은 희뿌연 포말 사이로 사라져 바닥에 가라앉게 될 것이다.

아이들이 해변에 가져오는 인형이나 모형 트럭 등의 장난감은 대부분 자기들이 가장 아끼는 것이다. 그런데도 이런 장난감은 왜 해변에 남겨져 쓰레기가 될까? 해변에 버려진 장난감은 아마 덤벙대는 아이들과 세심하지 못한 부모가 해변에서 파김치가 될 때까지 시간을 보냈다는 사실을 의미할 것이다. 이 가족은 집에 도착할 때 즈음에야 무언가 사라졌다는 사실을 깨달을 테지만, 그때가 되면 다시 해변에 가보기에는 너무 날이 어두워졌을 것이다. 과연 이 가족은 다음 날 동이 트면 다시 해변에 가보게 될까? 하지만 전날 해변에서 놀았던 자리를 정확하게 다시 찾기란 쉽지 않다. 그리고 해변에 두고 온 장난감은 십중팔구 다른 사람이 주워갔을 것이다. 멀쩡한 장난감이 떨어져 있는데 사람들이 그냥 지나칠 리 없다. 누군가가 수거하지 않는다면 장난감은 결국 파도에 부딪혀 부서지고, 모래바람을 맞아 마모되고, 햇볕 아래에서 바스러지거나 색이 바래고, 발에 밟혀 두 동강 나는 운명을 맞게 될 것이다. 장난감 트

력의 차축과 같은 철제 부품은 녹슬어 없어질 것이며, 플라스틱 바퀴만이 쓸쓸하게 남겨질 것이다. 그리고 이 모든 과정에서 미세플라스틱으로의 분해는 진행되고 있다.

드물긴 하지만 바다에는 새 플라스틱 장난감이 대량으로 유입되기도 한다. 가장 대표적인 예로는 1992년에 일어난 장난감 오리 대량 유출 사건을 꼽을 수 있다(스포츠 신발 수만 켤레가 바다에 흩뿌려진 악명 높은 사건에 관해선 9장을 참조하기 바란다). 홍콩을 떠나 미국으로 가던 화물선이 태평양 한가운데에서 욕조용 플라스틱 장난감 28,800개가 담긴 컨테이너를 바다에 빠뜨리면서 시작된 이 사건은 태평양을 둘러싸고 있는 모든 해변에 장난감 오리들이 떠내려 오는 결과를 불러왔다. 이 오리들은 빙하를 타고 북극해를 건너서 대서양에도 진출했고, 잉글랜드에서는 사고가 일어난 지 15년이 지난 시점에서도 빛이 조금 바랬을 뿐 여전히 형태를 알아볼 수 있는 장난감 오리들이 발견되었다. 자그마치 약 2만 7천 km를 여행한 오리들이었다. 인터넷에 "Pacific Toy Duck"을 검색하면 자세한 이야기와 지도를 확인할 수 있고, 『Moby Duck』(Donovan Hohn, 2011)이라는 책도 이 사건을 다루고 있다.[26]

1 모래성을 쌓으려면 온갖 종류의 알록달록한 도구들이 필요하다. (지중해, 스페인 이비사)
2 장난감 도구들은 파도에 휩쓸리거나 모래에 파묻히거나 바람에 떠밀려서 쉽게 시야에서 사라진다. (지중해, 튀르키예)
3 다른 플라스틱 물건들과 마찬가지로 플라스틱 장난감도 결국엔 바스러지고 부서진다. 발에 밟혔을 때는 말할 것도 없다. 쓰레기를 치울 때 큰 조각만 줍고 자잘한 조각은 내버려 두는 사람들이 많은데, 크건 작건 모두 미세플라스틱이 된다는 사실을 기억해야 한다. (지중해, 튀르키예)
4 또한, 싼값에 팔리는 장난감들은 젖은 모래의 무게를 견디지 못하고 쉽게 부러지곤 한다. 발을 헛디디는 사람의 무게를 버티지 못하는 것은 물론이다. (지중해, 튀르키예)

1 인형은 단지 조그마한 부품 하나만 사라져도 곧장 해변 쓰레기로 전락한다. (지중해, 튀르키예)
2 인형은 해변의 거친 환경에서 옷이 벗겨지거나 관절이 분리되곤 한다. (지중해, 튀르키예)
3 한 아이가 친구를 잃고 닭똥 같은 눈물을 뚝뚝 흘리지 않았을까. 가장 아끼는 인형을 해변에 가져오는 것은 역시 위험하다. (지중해, 튀르키예)

4 플라스틱 트럭은 해수욕에서 빼놓을 수 없는 장난감이지만 자주 해변에 버려진다. 아마도 어딘가에서는 한 아이가 친구를 잃은 슬픔을 가누지 못하고 있을 것이다. (지중해, 튀르키예)

5 바퀴는 금세 떨어져 나간다. 얼마 지나지 않아 차축이 녹슬면 바퀴가 한 짝씩 돌아다니며 각각 해변 쓰레기가 될 것이다. (지중해, 튀르키예)

6 이 세발자전거를 보면 알 수 있듯, 크기가 큰 장난감이라고 해서 해변을 잘 견디는 것은 아니다. 아이들에겐 해변에 자전거를 가지고 가지 못하는 것이 비극이겠지만, 해변에게는 자전거가 버려지는 것이 비극이다. (지중해, 튀르키예)

1   물총은 모든 물놀이의 필수품으로 여겨진다. 정교하게 만들어진 물총일수록 더 빨리 망가지게 된다. (지중해, 튀르키예)

2   그러면 내부 부품이 드러난다. 여기서 우리는 정교한 플라스틱 장난감에는 대부분 금속 부품이 들어 있다는 사실을 알 수 있다. (지중해, 튀르키예)

3   실제 총기와 비슷하게 생긴 장난감. 해변에서 노는 아이들이 어른들의 세계에 물들지 않길 바라는 것은 무리일까. (지중해, 튀르키예)

4 체는 모래 놀이를 할 때도 유용하게 쓰이지만, 모래 사이로 사라진 작은 귀중품을 되찾을 때도 제 역할을 다한다. (태평양, 미국 캘리포니아)

5 해변에서는 이러한 플라스틱 장난감 캡슐도 자주 발견된다. 때로는 장난감보다 포장재가 플라스틱 쓰레기를 더 많이 만드는 것 같다. (지중해, 튀르키예)

6 장난감 모형 틀에는 누구나 알아볼 수 있는 문구가 적혀 있기도 하다. (지중해, 튀르키예)

7 연이나 풍선, 폭죽, 풍등처럼 하늘로 날린 것은 결국 땅으로 떨어지기 마련이다. 하지만 해변에는 바람이 강하게 불기 때문에 하늘로 날린 것이 의도하지 않은 곳에 떨어지는 일이 비일비재하다. 드론도 예외가 아니다. (홍해, 요르단)

8 이 해골 모형은 장난감들이 바다 쓰레기가 되어 자연을 죽음으로 내몬다는 사실을 암시하는 듯하다. (지중해, 튀르키예)

# 풍선

 형형색색의 장식용 풍선이나 길쭉한 요술 풍선은 아이들이 전자기기 없이도 웃음꽃을 가득 피울 수 있게 해주는 전통적인 놀이용품이다. 물론 어른들도 풍선을 좋아한다. 사람들은 다양한 이벤트 행사에서 글귀나 기업 로고가 적힌 풍선을 대량으로 하늘에 날려 보낸다. 하지만 올라간 것은 결국 내려오기 마련…. 입으로 분 풍선은 완전히 쪼그라드는 데까지 일주일 정도 걸리지만, 헬륨 풍선은 그보다 빨리 수축한다. 그러면 그 풍선들은 대부분 해변이나 바다 위에 떨어진다. 풍선은 합성 고무나 천연 라텍스로 만드는데, 간혹 생분해 가능한 풍선이 판매되기도 한다. 하지만 경계심을 늦춰선 안 된다. 생분해 풍선도 바다에서 수개월이나 그 이상을 떠다니는데, 그동안 바다 생물들이 풍선을 먹거나 풍선에 달려있는 리본 끈에 몸이 얽힐 수 있기 때문이다.

풍선 중에는 고무에 매우 얇은 금속 필름을 코팅해 만드는 호일 풍선(은박 풍선이나 마일라Mylar 풍선이라고도 함)도 있다. 귀여운 모양 덕에 선물을 꾸밀 때도 자주 사용되는 이 풍선들은 거울처럼 반짝거리고 신축성이 없다는 특징이 있어서 다른 풍선과 확연히 구분되고, 생김새가 다른 만큼 특히 심각한 문제를 초래한다. 호일 풍선은 헬륨을 잘 가두는 데다 가볍고 억세서 먼 거리를 날아갈 수 있는데, 생분해되기는커녕 쉽게 해지지도 않는다. 게다가 이 풍선들은 땅으로 내려올 때 전선에 걸려 단전 사고를 유발하기도 한다. 해양 생물들의 목숨에 치명적인 위협이 되는 것은 말할 것도 없다. 인터넷을 검색해보면 바다 쓰레기를 잔뜩 삼켜서 여러 번 수술을 받은 어느 어린 고래의 배에서 호일 풍선이 나왔다는 기사를 찾아볼 수 있을 것이다.

수십 년간 사람들은 자선 행사나 홍보 이벤트, 페스티벌 등이 있을 때 풍선을 무더기로 하늘에 띄워 보내곤 했다. 그러나 이제는 이렇게 자연과 도시에 재앙을 안겨다 주는 이벤트를 하지 말아야 한다. 풍선을 날리는 것은 그저 쓰레기를 투기하는 것이나 다름없다. 지금 눈앞에서 쓰레기가 되느냐 나중에 보이지 않는 곳에서 쓰레기가 되느냐의 차이만 있을 뿐이다.

그렇다면 우리는 무엇을 할 수 있을까? 우선 풍선을 날리지 말자. 행사의 흥을 돋우고 싶다면 재활용 가능한 현수막이나 색 띠, 티슈로 만든 응원 도구, 종이나 천으로 만든 깃발, 바람개비 같은 것들을 사용하자. 풍선을 날리기보다 차라리 비눗방울을 불고, 회수할 수 있도록 끈이 달린 연을 날리자. 그리고 풍선 제조업체와 소비자들이 헬륨 풍선에 무게 추를 달도록 강제하는 법안 제정을 지지하여 더 이상 풍선이 멀리 날아가지 못하도록 하자. 검색엔진에 "풍선과 환경"을 검색하면 풍선 날리기의 위험성을 사람들에게 알리는 웹 사이트와 단체가 상당히 많다는 사실에 놀랄 것이다. 그들이 한결같이 하는 말에 귀를 기울이자.

"풍선을 날리지 마세요!"

1 올라간 것은 결국 내려오기 마련. 매듭진 상태로 바람이 거의 다 빠졌지만 이대로도 바다에 한참 더 머물 것이다. (태평양, 일본)

2 분 적도 없고 매듭도 짓지 않은 새 풍선이 왜 해변에 있는지는 설명하기가 조금 까다롭다. (태평양, 미국)

3 살인 해파리일까? 아니, 이건 풍선이다. 이 사진을 보면 내부의 압력으로 터져버린 풍선이 어떻게 찢어지는지 알 수 있다. (태평양, 하와이)

4 풍선의 풍화 첫 단계 — 풍선 주둥이에 몸체의 일부가 달려 있다. (대서양, 미국)

5 풍선의 풍화 마지막 단계 — 가장 두꺼운 부분인 풍선 주둥이가 최후까지 살아남는다. (태평양, 미국)

6 다른 많은 바다 쓰레기들이 그런 것처럼 풍선에도 끈이나 리본이 달려 있을 때가 많다. (태평양, 미국)

7 아니면 공기나 헬륨이 빠져나가는 것을 막기 위한 플라스틱 부품이 달려 있기도 하다.

8 풍선과 함께 발견되는 플라스틱 부품은 크기가 꽤 클 때도 있다. 사진은 풍선용 플라스틱 펌프가 남아 있는 모습인데, 중간에 주황색 풍선 주둥이가 끼어 있다. (대서양, 미국)

1 미끈하고 반짝거리는 호일 풍선에는 크리스마스트리의 모루처럼 금박이 입혀져 있다. 이 때문에 호일 풍선은 분해되지 않고 다른 풍선처럼 갈가리 찢어져 사라지지도 않는다. 그야말로 환경에 치명적인 쓰레기가 아닐 수 없다. (지중해, 튀르키예)

2, 3 풍선과 그의 스파이 사촌인 콘돔. 사이즈를 보면 차이를 알 수 있다(캘리퍼스를 1cm만큼 벌려 놓았다). (태평양, 미국)

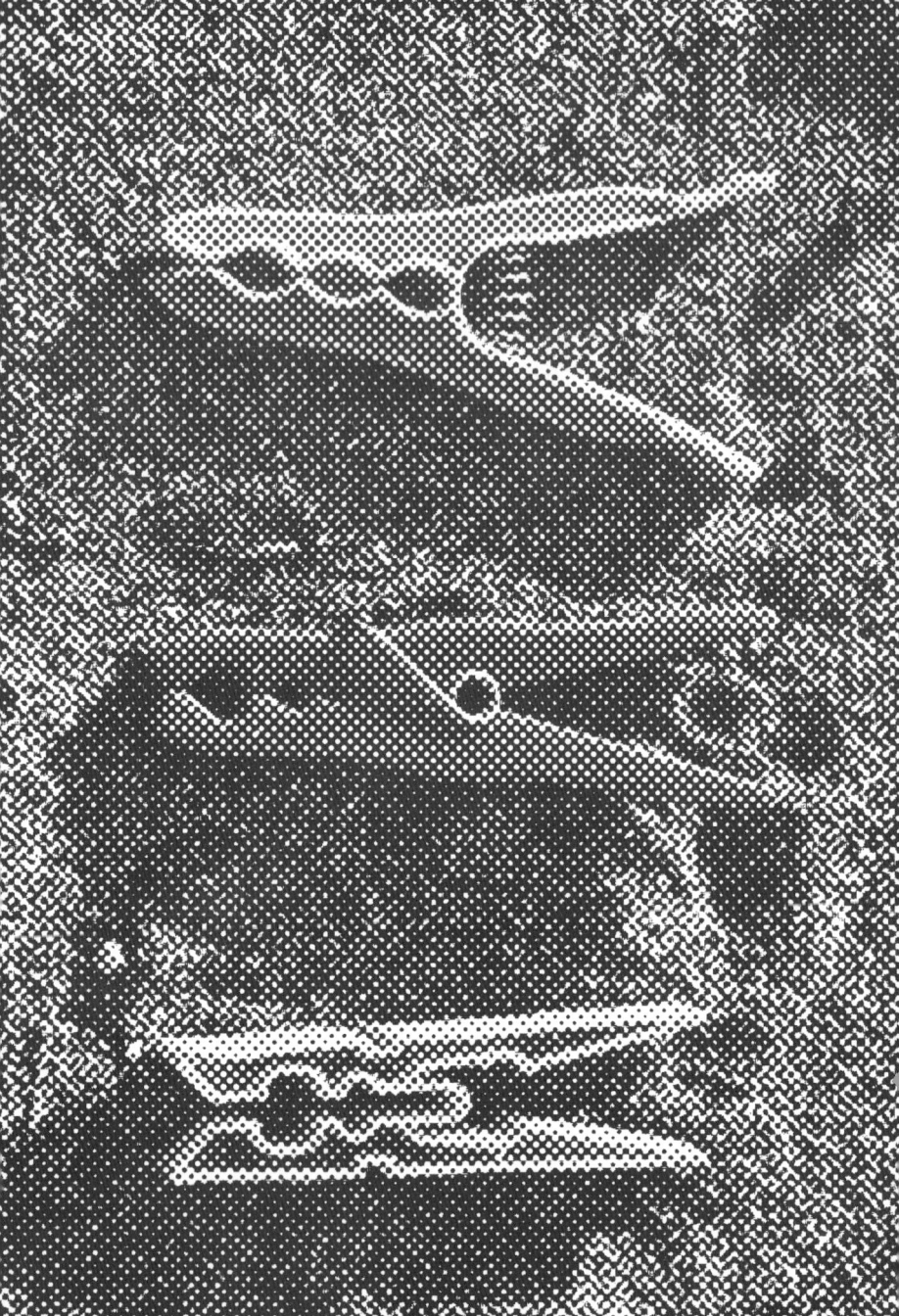

각종 가재도구

플라스틱으로 만들어진 것을 집에서 모두 치워버린다면 아마 새집처럼 텅 비어버리게 되지 않을까. 페트병이나 테이크아웃 컵, 비닐봉지, 장난감, 스포츠용품과 같이 이 책에서 별도의 장으로 다뤄지고 있는 물건뿐만 아니라 우리가 집에서 사용하는 거의 모든 것들은 전적으로, 혹은 상당 부분 플라스틱으로 이루어져 있다. 주방에서 요리할 때나 사무실에서 작업할 때, 욕실에서 머리를 매만질 때나 주차장에서 자동차를 고칠 때, 언제 어디서건 우리는 높은 확률로 플라스틱을 손에 쥐고 있다. 실내 장식장을 꾸미는 각종 소품도, 실외 테라스에 놓는 가구도, CD 플레이어와 그 안에 넣는 CD도 전부 다 플라스틱이라는 점을 생각해보면, 플라스틱은 정말 집안을 안팎으로 가득 채우고 있는 듯하다.

살림에 쓰이는 가재도구는 자주 사용되는 탓에 닳고 해지는 것을 피할 수 없다. 이 때문에 우리는 플라스틱 제품을 새로 사는 과정을 수도 없이 반복하게 된다. 제품을 부분적으로 못 쓰게 된 경우에 교체품을 따로 구입할 수 있으면 좋겠지만, 이것이 가능한 경우는 별로 없다. 더 나아가, 사용 중인 제품이 일부러 패션이나 유행에 뒤처지게 만드는 '계획된 구식화 planned obsolescence'도 플라스틱 제품의 주기적인 교체에 한몫한다. 사실상 많은 제품이 내용물을 다 쓰고 나면 용기 전체를 통째로 버릴 수밖에 없도록 디자인되는 것도 문제이다. 볼펜 카트리지도 리필되지 않는 경우가 많고, 스프레이도 리필 용액 없이 판매될 때가 많으며, 플라스틱 달걀판도 일회용으로 생산된다. 그러므로 제품이 고장 나거나, 교체품과 리필 용액을 구할 수 없거나, 혹은 사람들이 유행에 뒤떨어진 물건을 바로바로 바꿔야만 한다는 강박을 버리지 못한다면 많은 물건이 쉽게 버려지게 될 것이다. 물론 쓰레기를 제대로 버리는 것도 생각만큼 단순한 일은 아니다. 사이즈 때문에 제품을 통째로 가정용 쓰레기통에 집어넣지 못할 때도 있고, 여러 소재로 이루어진 제품은 소재별로 분리해서 따로 배출하기 까다롭다. 쓰레기에 심각한 위험을 초래할 수 있는 내용물이나 부품이 들어있지 않은지도 유의해야 한다. 이러한 사항들을 모두 고려하면서 제대로 분리 배출되는 가재도구는 얼마나 될까? 결국엔 상당량의 쓰레기가 바다로 흘러 들어가게 될 것이다.

바다 쓰레기 이야기가 나온 김에 더 적어보자면, 플라스틱 가재도구를 해변으로 유입시키는 주된 경로에는 피크닉 가방이 중심에 있다고 생각된다. 플라스틱으로 만든 일회용 접시와 컵, 포크, 숟가락, 나이프는 이제 모든 소풍의 필수품이 되었다. 하지만 도시락을 다 먹은 사람들이 일회용 식기류를 다시 집에 가져가는 모습은 찾아보기 힘들다. 그 이유를 물으면 다들 한결같은 대답을 한다. '기름기가 묻어서, 설거지하기 귀찮아서, 도로 싸 가기 찝찝해서, 새로 사면 되니까'. 그런데 2011년에 국제 연안 정화의 날을 맞아 발표된 지난 25년간의 해변 쓰레기 종류별 통계를 보면 전체 항목 중에서 일회용 식기류가 차지하는 비중이 6%(약 천만 개)나 된다고 한다.[22] 이를 어찌하면 좋을까? 우리는 해변에 굳이 최고급 은 식기류를 가져가지 않아도 된다. 그저 직접 도시락을 싸건 테이크아웃 음식을 사가건, 집에서 매일 쓰는 포크와 나이프만 가져가도 해변의 플라스틱 쓰레기를 줄일 수 있다. 여기에서 더 나아가서 조금 더 환경친화적인 대안을 선택하고 싶다면 녹말로 만든 생분해성 그릇, 이파리를 압축하거나 박음질해서 만든 접시, 나무나 수수가루를 구워 만든 포크와 나이프를 사용하는 것도 좋은 방법이다. 인터넷에는 플라스틱 일회용 식기류의 좋은 대안들이 많이 있다. 검색을 조금만 해보면 집 근처에서 생분해 물품을 판매하는 제로웨이스트 샵을 발견할 수 있을 것이다.

1   값이 싼 시계의 플라스틱 몸체와 플라스틱 밴드는 언제나 내부 금속 부품보다 훨씬 오래 살아남는다. (지중해, 튀르키예)
2   세안제나 로션은 대부분 브랜드 고유 용기에 담겨 나온다. 그래서 글씨나 로고가 지워져서 보이지 않아도 용기의 모양만으로 원래 무엇이 담겨 있었는지 알아맞힐 수 있다. 해변 청소가 끝나면 슈퍼마켓에 가서 우리의 추측이 맞았는지 확인해보자. (지중해, 튀르키예)
3   앙증맞은 휴대용 플라스틱 용기가 떨어져 있다. 아마 범인은 인근 호텔 중에서 세안용품을 디스펜서에 리필하지 않고 그때그때 새로 지급하는 곳일 것이다. 내용물이 남았다면 그냥 버리지 말고 집에 가져가서 마저 사용하자. (지중해, 튀르키예)

4   플라스틱 호스처럼 단단한 물건들도 결국엔 바다 생물들이 한입에 삼킬 수 있는 크기로 조각나게 된다. (카리브해, 프랑스령 과들루프)

5   플라스틱은 결국 색이 바래고 바스러진다. 딱 한 가지만 지켜도 가정용품이 미세플라스틱으로 변하는 것을 막을 수 있다. (지중해, 튀르키예)

6   커터 칼을 기내에 반입하지 못하는 것처럼 해변에도 반입을 금지할 수는 없을까? 누군가 밟기 전에 부디 염분이 칼날을 완전히 부식시키면 좋겠다. 몸체는 다시 쓸 수 있으니 칼날만 갈아 끼워서 재사용하자. (지중해, 튀르키예)

1 분무기는 주로 플라스틱으로 만들어지지만, 스프링과 같은 금속 부품도 포함하고 있다. 분무기는 청소 중에 광적으로 손잡이를 당겨대도 쉽게 고장나지 않도록 설계된다.

2 그런데 멀쩡한데도 버려지는 분무기가 수백만 개나 된다. 단단하고 구조가 복잡한 부분인 손잡이와 노즐은 용기가 부서져 없어진 후에도 한참을 떠돌아다닌다. (지중해, 튀르키예)

3 내용물만 따로 사서 채워 넣는다면 분무기는 그대로 다시 쓸 수 있다. (지중해, 튀르키예)

4 볼펜은 여러 소재가 복합적으로 사용된 바다 쓰레기가 어떤 것인지를 잘 보여준다. 볼펜에는 다양한 플라스틱과 금속 스프링, 그리고 잉크가 들어 있다. 호텔 로비에 꽂혀 있는 공짜 펜을 실수로 가지고 나오면 해변에 버리지 말고 도로 가져다 놓자. (지중해, 튀르키예)

5 예전엔 빨래집게를 나무로 만들었다. 하지만 모든 물건을 플라스틱 소재로 바꾸고 싶어 하는 디자이너들의 손길이 결국엔 여기에도 닿고 말았다. (지중해, 튀르키예)

6 해변은 플라스틱 제품이 풍화되는 과정을 단계별로 확인할 수 있는 박물관이기도 하다. 우리 모두 나무 빨래집게를 사용하던 시절로 돌아가면 어떨까? (지중해, 튀르키예)

7 단순해 보이는 가재도구도 여러 소재로 이루어진 경우가 많다. 대다수의 빨래집게에도 여전히 금속 스프링이 들어간다. (지중해, 튀르키예)

8 이 빨래집게처럼 낡은 쓰레기를 사람들이 미처 발견하지 못하고 밟는 것은 풍화를 촉진하는 결정적인 계기일 수 있다. 물론 여기서 말하는 분해는 미세플라스틱으로 잘게 바스러지는 것을 의미한다. (지중해, 튀르키예)

9 10분을 정해놓고 누가 더 많은 쓰레기를 줍는지 시합해보자. 아니면 각자 종류를 정해놓고 줍는 것도 좋은 방법이다. 이긴 사람이 다 가져갈 수 있다고 하면 싫어하려나? 물론 쓰레기는 집으로 가져가야 한다. (지중해, 튀르키예)

1 가재도구가 해변 쓰레기로 전락하는 가장 직접적인 원인은 바로 해변 피크닉이다. 여기서 발생하는 쓰레기들은 해변 청소 때 제일 많이 수거되는 쓰레기 10위에서 빠지는 법이 없다.

제발 다 쓴 접시와 컵은 양심적으로 집에 가져가자. 인터넷을 검색해보고 환경에 해가 되지 않는 대체품을 사용하면 더 좋다! (태평양, 멕시코)

2, 3 플라스틱 식기류는 모든 해변에서 어김없이 발견된다. 부디 나무 식기류와 같이 생분해 가능한 대체품을 사용하자. (대서양, 미국)

4 해변에서 작정하고 놀기로 한 날이라면 준비물에 플라스틱 아이스팩이 빠지지 않을 것이다. 대부분 저녁에 귀가할 때 회수되겠지만, 망가진 아이스팩 용기는 집에 돌아가지 못하는 듯하다. (지중해, 튀르키예)

5 어느 나라에서 발견되건 단번에 쓰임을 추측할 수 있다. 아이스크림과 함께 미니 플라스틱 스푼을 주는 것은 만국 공통인가? (지중해, 그리스)

6 문화가 다르면 중요하다고 생각되는 장식도 달라진다. '바란(バラン)'이라고 불리기도 하는 이 장식용 플라스틱 풀은 스시가 서로 들러붙는 것을 막기 위해 사용된다. (태평양, 일본)

1 반사판이 떨어져 나가면서 음악도 함께 잃어버린 CD. 한때는 빛났을지라도 지금은 또 하나의 플라스틱 쓰레기일 뿐이다. (지중해, 튀르키예)

2, 3, 4 이건 떠내려온 해초가 아니다! 아마 누군가의 60분짜리 슬거움…. 바로 카세트테이프 필름이다. (지중해, 이탈리아) 카세트테이프를 써본 적 없는 세대도 있겠지만, 많은 이에게 추억을 안겨준 이 물건도 테이프가이드와 패드, 릴 등 여러 가지 작은 부품으로 구성된다. 조그마한 금속 부품도 들어있다. 여기에 사용되는 자성 테이프는 길이가 축구장보다 길다. (지중해, 튀르키예) 카세트테이프가 있다면 모름지기 플라스틱 케이스도 있기 마련이다. (지중해, 튀르키예)

5 건축용 실란트는 가정에서도 쓰이지만, 항구와 부두에서도 쓰인다. 그래서 해변에서도 심심치 않게 발견된다. (지중해, 튀르키예)

6 내용물을 마지막 한 방울까지 싹싹 긁어서 비울 수 없는 것은 실란트 용기도 마찬가지다. 그런데 노즐이 굳어서 막혔다면? 아마 내용물이 절반도 넘게 남은 채 버려지게 될 것이다. 실란트 용액이 상상을 초월할 정도로 오랫동안 분해되지 않는다는 사실을 생각하면 정말 끔찍한 일이다. (지중해, 튀르키예)

7 페인트 붓은 조선소나 항구에서 광범위하게 사용되기 때문에 해변에서도 쉽게 발견된다. 하긴, 누가 페인트와 니스가 가득 묻은 붓을 씻어서 다시 쓸까. 바다에 던져 버리지 않기만을 바랄 뿐이다. (지중해, 튀르키예)

8 제일 먼저 금속 부품이 떨어져 나가고, 그다음으로 모 부분이 미세플라스틱이 되어 사라지면 튼튼한 손잡이만 남게 된다. 다닥다닥 붙어 있는 석회관갯지렁이의 집을 통해 이 쓰레기가 오랫동안 바다에 떠다녔다는 사실을 알 수 있다. (지중해, 튀르키예)

비닐봉지와
플라스틱 포장재

▌ 비닐봉지

　우리가 물건을 살 때 비닐봉지를 건네받지 않는 날이 과연 하루라도 있을까. 오늘날 일회용 비닐봉지는 전 세계에서 약 2백만 개씩 사용되고 있다. 하루도 아니고 1분마다 말이다. 이를 1년 사용량으로 환산하면 1조 개라는 어마어마한 수가 나온다. 유럽에서는 한 사람이 일 년에 평균 200여 개의 비닐봉지를 사용하고, 미국인은 평균적으로 그보다 두 배 많은 비닐봉지를 사용한다. 비닐봉지를 쓰면 편리하긴 하지만, 그래도 이건 조금 너무한 것 같다.

비닐봉지는 매년 해변에서 가장 많이 수거되는 쓰레기 순위에서 10위 안에 든다. 2011년에 국제 연안 정화의 날 25주년을 기념하며 발표된 통계에 따르면 비닐봉지는 전체 해변 쓰레기의 5%(780만 개)를 차지하는 것으로 나타났다.[22] 비닐봉지는 해양 생물들에게 가장 위험한 쓰레기 10위 안에도 포함된다.[5] 아마 여러분은 바다거북이 비닐봉지를 삼킨다는 사실을 익히 들어보았을 것이다. 지금까지는 바다거북이 나풀거리는 비닐봉지를 해파리로 오인해서 삼킨다는 설명이 주를 이뤘는데, 정말 그게 사실인지는 알 수 없다. 어쩌면 바다거북은 비닐봉지에 붙어 자란 생물을 먹으려다가 비닐봉지까지 한꺼번에 삼키는 것일 수도 있다. 안타깝게도 바다거북의 목구멍은 미끌거리는 먹잇감이 쉽게 빠져나갈 수 없는 구조로 되어 있어서 비닐봉지를 삼키면 뱉어내지 못한다. 바다거북은 플라스틱을 소화할 수 없다. 그래서 비닐봉지는 바다거북의 소화관을 틀어막고 바다거북을 서서히 굶어 죽게 한다. 물론 우리는 비닐봉지가 비단 해양 생물뿐만 아니라 인간에게도 심각한 위험을 초래한다는 사실을 잊지 말아야 한다. 비닐봉지는 선박의 냉각수 취수구에 빨려들어 가서 모터를 과열시킨다. 그렇게 되면 몇 초 안에 모터가 망가져서 배가 결국 바다 위에서 오도 가도 못하는 신세가 된다. 폭풍이 접근하고 있거나 해가 지고 있거나 마실 물이 떨어져 가는 상황에서 이러한 상황에 처한다면 얼마나 위험하겠는가.

아무리 그래도 비닐봉지 없이 장을 보는 것은 무리라고 생각할지도 모르겠다. 하지만 정말 불가능하기만 한 일일까? 이미 전 세계에는 비닐봉지 사용을 전면 금지한 도시와 나라들이 있다. 예를 들어 방글라데시는 비닐봉지로 하수도가 막혀서 큰 홍수를 겪자 2002년에 세계 최초로 비닐봉지 사용을 금지했다. 뒤이어 여러 나라가 이러한 대열에 합류했다.♻ 비닐봉지를 매매하는 사람에게 과태료를 물리고 비닐봉지에 세금을 도입하는 곳도 등장했다. 연간 10억 개의 비닐봉지가 버려지는 미국에서도 최근에 캘리포니아(2014)를 포함하여 여러 도시와 주가 일회용 비닐봉지 사용을 금지하기 시작했다.

그렇다면 우리가 개인적으로 할 수 있는 일은 없을까? 가장 쉬운 방법은 장을 볼 때 다회용 장바구니를 가지고 다니는 것이다. 장바구니는 몇 년씩 재사용할 수 있다. 만약 장바구니가 없어서 비닐봉지가 정 필요한 상황이라면 비닐봉지를 바로 버리지 말고 다음에 장볼 때를 위해 보관해두거나 쓰레기를 버릴 때 사용하자. 환경을 위한 "6R"(다시 생각해 보기, 거절하기, 적게 쓰기, 다시 쓰기, 고쳐 쓰기, 재활용하기)을 실천할 수 있는 방법이라면 무엇이든 좋다.

♻ 인도 뭄바이에서도 2005년에 일회용 비닐봉지 때문에 홍수가 발생하여 천 명 이상의 사망자가 발생하자 일회용 비닐봉지나 플라스틱 컵, 플라스틱 병 사용을 금지시키고 5000루피(약 8만 5천원)에서 최대 25000루피(약 42만 원)에 달하는 과태료를 부과하기 시작했다. 이후 르완다(2008), 말리(2012), 케냐(2017)에서도 일회용 비닐봉지 규제 조치가 도입되었다.

비닐봉지는 해변에서 가장 많이 발견되는 쓰레기 10위와 가장 위험한 해양 쓰레기 10위 모두에서 높은 순위를 기록하고 있다. (지중해, 튀르키예)

포장재

상품을 살 때 따라오는 플라스틱에는 비닐봉지만 있는 것이 아니다. 우리가 구입하는 상품 중에는 플라스틱으로 만들어진 물건이 많고, 이미 내용물이 플라스틱인데도 여기에 플라스틱 포장재를 칭칭 휘감은 경우도 많다. 이를테면 플라스틱(비닐봉지) 안에 플라스틱(포장재) 안에 플라스틱(제품)이 있는 꼴이랄까. 사실 플라스틱 포장재는 제품을 편리하게 운송할 수 있게 해주고 상품을 깨끗하게 유지해 준다. 요즘에는 변조 방지 장치를 갖춘 포장도 많아지고 있는데, 이런 포장은 칼과 같은 도구를 사용하지 않고 개봉하기 쉽지 않다(그래서 포장을 열다가 상품에 손상이 가거나 손가락을 다치곤 한다). 그러나 그렇게 신경써서 만든 포장이라고 해서 일회용품으로 버려지는 운명을 피할 수 있는 것은 아니다. 우리는 지금 사용되고 있는 모든 상품의 수만큼 어딘가에 버려진 포장재가 있다는 사실을 기억해야 한다. 사실 상품보다 포장재가 더 많은 경우도 허다하다. 이렇게 많은 포장재는 과연 어디로 가게 될까? 해수욕객이 제대로 쓰레기통에 버리지 않은 포장재는 바람에 날려 해변을 배회하게 될 것이다. 해변에서 개봉된 상품의 포장재는 해양 쓰레기가 될 확률이 높다. 사람들이 해변에서 개봉하는 상품으로는 대표적으로 새 옷이나 새로 산 스포츠용품, 그리고 음식을 꼽을 수 있다. 포장재는 비닐봉지만큼이나 바다 생물들과 선박에 심각한 위협을 초래한다. 심지어는 어린아이들도 포장재를 잘못 삼켜서 질식할 때가 있다. 여기에서 우리가 실천해야 하는 6R은 "거절하기"이다. 상품은 구매 즉시 개봉해서 포장재를 판매처에 반납해 제대로 처리될 수 있도록 하고, 가급적이면 미리 포장된 상품이나 음식은 구매하지 말자.

1 바깥에 드러나 있는 부분은 빙산의 일각에 불과할 때가 많다. (태평양, 대한민국)
2 그래서 쓰레기의 출처를 파악하기 위해서는 모래 밖으로 끄집어내야 한다. 이 비닐봉지는 신속 배달 서비스를 제공하는 식료품점에서 나왔는데, 비닐봉지를 반납하면 환급을 받을 수 있다고 한다. (태평양, 대한민국)

3 누군가 쓰레기를 비닐봉지에 담아 해변에 가지런히 놓아두고 갔다. 볼썽사납고 법에도 어긋나는데 이런 쓰레기가 어디서나 쉽게 발견되는 이유는 무엇일까? 문화적 전통인가? 환경 의식이 떨어지기 때문인가? 단순히 귀찮아서인가? 아마 전부 다 맞는 말일지도 모른다. (지중해, 튀르키예)

4 작품명 대탈출 — 쓰레기가 비닐봉지 안에 얌전히 머무르는 기간은 길지 않다. 바람과 파도, 들개, 바닷새 때문이다. 해변 쓰레기가 바다를 떠돌게 되는 것은 이처럼 한 끗 차이다. (지중해, 튀르키예)

5 비닐봉지를 비롯하여 해변에 버려진 쓰레기들은 바람에 떠다니다가 인근의 초목에 걸려서 미관을 해치곤 한다. 어떤 사람들은 이렇게 비닐봉지가 꽃처럼 열린 것을 보고 이것이야말로 온 나라에 퍼져 있는 '국화(國花)'라며 자조적인 웃음을 짓기도 한다. (홍해, 이집트)

6 해변에 설치된 펜스에는 바람에 떠밀려온 플라스틱 포장지들이 끼인 채 돛대처럼 나부끼게 된다. (홍해, 요르단)

1 플라스틱 섬유를 짜서 만든 마대 자루는 특히 끔찍한 쓰레기가 된다. (지중해, 튀르키예)
2 왜냐하면 마대 자루는 시간이 지남에 따라 플라스틱 섬유 수천 가닥으로 낱낱이 흩어지기 때문이다. (태평양, 미국)
3 마대 자루에는 소금이나 쌀, 밀, 비료와 같은 것들이 25kg 이상씩 들어 있곤 한다. 자루가 새는 것을 막기 위해 추가적으로 플라스틱 비닐이 내부에 덧대어진 경우도 많다. 사진처럼 모래로 채운 마대 자루는 해변을 치울 때 특히 우리를 곤혹스럽게 한다. (태평양, 미국)

1   부서지거나 깨지기 쉬운 제품에는 항상 영리하게 설계된 플라스틱 포장재가 따라오기 마련이다. 5장(스티로폼)을 보면 이러한 포장재에 관해 더 깊게 알 수 있을 것이다. (지중해, 튀르키예)

2   해변에서 계란 요리를 하는 사람은 거의 없을 텐데, 해변 청소를 하다가 계란판을 발견할 때가 많아서 종종 놀라곤 한다. "계란판 재활용"을 인터넷에 검색하면 다양한 공예 아이디어를 찾을 수 있다. (태평양, 대한민국)

3   해변에서 발견되는 플라스틱 포장의 크기는 작은 것부터 큰 것까지 다양하다. 이 사진의 용기에는 코티지 치즈가 담겨 있었는데 용기의 들이가 1kg이나 된다. (지중해, 튀르키예)

4   반대 극단에 있는 경우도 한번 보자. 이 사진의 요거트 컵은 하도 작아서 티스푼으로 두 번만 떠먹으면 뚝딱일 것 같다. 이런 쓰레기와 관련해선 어떤 'R'을 실천해야 할까? 답은 구매하지 않는 것(reject)이다! (지중해, 튀르키예)

5 초코바나 아이스크림과 같은 음식의 비닐 포장지는 해변을 더럽히는 쓰레기 목록에서 언제나 상위를 차지한다. 대부분 시럽이나 모래가 묻어서 끈적거리고 찝찝하겠지만, 못 본 척 지나치고 싶은 마음을 꾹 참고 반드시 쓰레기통에 넣어주자. (지중해, 튀르키예)

6 플라스틱 튜브에 담겨서 나오는 것은 치약뿐만이 아니다. 초콜릿 잼이나 머스타드와 같은 것들도 튜브에 담겨서 판매된다. 내용물이 튜브에 담기면 마지막 한 방울까지 짜낼 수가 없다. (지중해, 튀르키예)

7 사람들은 피크닉을 떠날 때 항상 소스류를 챙겨 간다. 해변의 식당이나 바에서도 손님들이 소스 통을 가져갈 수 있도록 언제나 비치해둔다. 이 때문에 해변에서는 쓰레기가 되어 굴러 다니는 소스 통을 심심찮게 볼 수 있다. 이 중 내용물이 깨끗이 비워진 경우는 절대 없다. (지중해, 튀르키예)

8 "빠르게, 싸게, 편리하게" — 이러한 패스트푸드 철학은 결국 더 많은 포장재의 사용을 뒷받침한다. 케첩이 사진처럼 일회용으로 소포장되지 않고 좀 더 큰 용기에 리필되었다면 어땠을까? (지중해, 튀르키예)

9 해변에 있는 호텔이나 레스토랑들은 조그맣게 소분된 버터나 마멀레이드 잼을 점점 더 많이 사용하고 있다. 아마 조식을 먹을 때 한 번쯤 본 적이 있을 것이다. (지중해, 튀르키예)

10 아마 일회용품의 끝판왕은 이 사진처럼 일회용으로 포장된 물티슈가 아닐까. 요즘에는 이런 일회용 물티슈를 사용하지 않는 식당을 찾기 어렵다. 사람들은 나중에 쓰려고 일회용 물티슈를 한 움큼씩 집어가곤 한다. (지중해, 튀르키예)

11 설명서와 플라스틱 포장재의 모양을 보면 초보 해변 쓰레기 해설가라도 이 플라스틱 파우치에 수영 고글이 들어 있었다는 사실을 짐작할 수 있다. 이 또한 과대포장이다! (지중해, 튀르키예)

12 스노클링 세트와 같은 스포츠용품은 해변에서 처음 개봉될 때가 많다. 포장의 길이가 길다면 다이빙용 핀이 들어 있었을 것이고, 그보다도 더 길다면 아마 해변용 텐트나 파라솔이 들어 있었을 것이다. 구매처에서 포장을 뜯어서 버려달라고 한다면 잘 받아줄 텐데! (지중해, 튀르키예)

13, 14 더 튼튼한 소재로 만들어진 지퍼백과 손잡이는 마지막까지 그 자리에 남는다. 이것들을 보면 예전에 이 자리에 비닐이 함께 있었음을 짐작할 수 있다. (지중해, 튀르키예)

산탄총 탄피

인류학자들은 인간에게 채집과 사냥 본능이 있다고 말한다. 우선 쓰레기를 발견하면 줍지 않고는 못 배기는 우리 해변 청소부들은 채집 본능에 관해서라면 이미 너무나도 잘 알고 있다. 그렇다면 사냥은 어떨까? 어쩌면 인간은 시야에 들어오는 거의 모든 동물을 사냥감으로 삼도록 진화했는지도 모르겠다. 아무리 크고 이빨이 날카로운 동물이라고 하더라도 그들이 곡식을 축내며 우리와 식량을 두고 경쟁하거나, 시끄러운 소리를 내거나, 땅을 파헤쳐 농작물을 망친다면 인간은 아랑곳하지 않고 그들을 모두 사냥해 없애버린다. 그래서 인간과 적대적인 관계에 있는 동물들은 이제 거의 멸종되다시피 하고 있다. 하지만 인간의 사냥 본능은 수그러들지 않았으며, 움직이는 것이라면 무엇이든지 쏴버리는 레저 수렵 활동으로 명맥을 유지하고 있다.

우리가 해변을 지키기 위해 애쓰는 이유 중 하나는 해변이 때묻지 않은 자연의 모습을 엿볼 수 있게 해주기 때문일 것이다. 자연적인 풍경에는 크건 작건 생태계가 존재하고, 그곳에는 많은 동식물이 살아 숨 쉰다. 우리는 사구와 해변에서 먹이 활동을 하는 동물들을 발견하더라도 그들을 최대한 먼발치에서만 봐야 한다는 것을 안다. 하지만 세상에는 해변의 수평선을 배경 삼아 사냥을 일삼아야만 직성이 풀리는 사람들이 있다. 그들은 야생 동물을 죽이기 위해 산탄총을 가장 많이 사용한다. 해변에서 산탄총 탄피가 발견되는 이유가 바로 여기에 있다.

산탄총 탄피가 해변에 나뒹구는 또 다른 이유는 바로 크루즈선에서 클레이 사격('피전pigeon'이라 불리는 점토 원반을 공중에 던져서 총으로 쏴 맞힌다)을 하기 때문이다. 이러한 해상 액티비티는 다량의 납과 금속 총알, 플라스틱 충전재 쓰레기를 발생시키고 탄피를 바다에 떨어뜨린다. 물론 이것은 오늘날의 관점에서는 너무나도 경악할만한 일이다. 그래서인지 크루즈선에서의 클레이 사격은 최근 그 수가 많이 줄어들긴 했다. 애초에 사격은 너무 시끄럽기 때문에 휴식을 즐기기 위해 크루즈선을 탄다는 목적에도 맞지 않았고, 요즘 같은 시대에 승객들에게 총을 쥐어주는 것도 불안했을 것이다.

산탄총 탄약의 부품인 '와드(wad)'와 '샷컵(shot cup)'은 총열을 보호하고 산탄이 곧게 뻗어 나가도록 해준다. 이전에는 골판지나 코르크, 펠트로 만들어졌지만, 지금은 고밀도의 열가소성 플라스틱 수지로 만들기 때문에 내구성이 무척 강하다. (지중해, 이탈리아 사르데냐)

    세계 각지의 해변에서 무수히 많은 산탄총 탄피가 발견되는 이유는 대략 이 정도이다. 총알은 소리보다 빠른 속도로 발사되며, 탄피는 총열 안에서 그러한 폭발을 겪고도 형태를 유지한다. 이 점을 생각해보면 탄피가 얼마나 강한 소재로 만들어졌을지 짐작할 수 있다. 총열의 열기를 견딘 탄피라면 해변 쓰레기가 되어서도 얼마든지 분해되지 않고 버틸 것이다.

1   샷컵을 위에서 들여다보니 내부가 탄알 알갱이 모양으로 우둘투둘하게 패여 있다. 샷컵은 사격 시에 총열을 따라 발사되어 곧장 바다 쓰레기가 된다.

2   어떤 종류의 해변 쓰레기건 발로 한 번 밟히고 나면 풍화가 가속화된다. 누군가에게는 잠깐 발을 헛디딘 것이었겠지만, 미세플라스틱의 발생 과정에서는 결정적인 사건이었을 것이다. (지중해, 튀르키예)

3   석회관갯지렁이의 집이 있다는 것은 이 쓰레기가 바다에서 오랜 시간 떠다녔다는 사실을 의미한다. 탄알이 남긴 그을음이 여전히 남아 있다. (이탈리아, 사르데냐)

4   탄약 셸의 말단부. 이러한 탄피와 와드 쓰레기는 사람들이 해안가에서 사냥을 하거나 크루즈선에서 클레이 사격을 할 때 발생한다. (지중해, 튀르키예)

5   금속(구리)으로 만든 부품에 녹이 슬었다. 탄피는 종단면을 따라 갈라지고 벌어져서 껍질처럼 벗겨지고 있다. 이번에는 어떤 생명이 죽임을 당했을까? 사람들은 움직이는 것이라면 무엇이든지 쏴댄다. (지중해, 튀르키예)

6, 7   탄피가 더 분해되고 해지면 이렇게 된다. 몸체는 갈라지고 부식된 금속 링 자국이 남아 있다. (지중해, 튀르키예)

8   10분 동안 얼마나 많이 주울 수 있을까? 어쩌면 라이터나 옷핀, 병뚜껑보다 많이 줍게 될지도 모른다. (지중해, 튀르키예)

5

스티로폼

스티로폼

　스티로폼은 정말 오묘하다. 가볍고 방수인 데다 충격을 흡수할 수 있고 수명도 길며 음식에 닿아도 무해하다. 그래서 스티로폼은 음식 포장 용기부터 오토바이 헬멧까지 무수히 많은 곳에 사용된다. 스티로폼은 단열 효과도 매우 뛰어나서 찬 음료나 따뜻한 음식을 보관하는 용기로도 많이 쓰인다. 테이크아웃 커피를 이용할 때도 우리는 손가락을 데지 않기 위해 스티로폼으로 만든 컵 홀더를 쓰곤 한다. 이러한 점에서 스티로폼은 머리와 손가락과 음식이라는 세 가지 중요한 것들(물론 헬멧은 안 써도 컵 홀더는 꼭 챙기는 사람이 있는 걸 보면 꼭 모두가 머리-손가락-음식 순으로 중요도를 매기지는 않는 것 같지만⋯.)을 지켜준다고 할 수 있겠다.

스티로폼은 폴리스티렌polystyrene이라고 하는 플라스틱의 일종이다. 제품에 환경 기호와 함께 머리글자 'PS'가 찍혀 있다면 폴리스티렌으로 만들어졌다는 뜻이다(176쪽 도표 참조). 구체적으로 따지자면 폴리스티렌은 '발포스티렌expanded polystyrene foam; EPS'과 '압출 폴리스티렌extruded polystyrene'으로 구분된다(사실 우리가 흔히 말하는 '스티로폼Styrofoam'은 상표명으로, 압출 폴리스티렌의 한 종류를 일컫는다). 마티니는 젓지 않고 흔들어서 마실 때 엄연히 맛이 다르다고 말하는 제임스 본드처럼 발포스티렌과 압출 폴리스티렌을 엄밀하게 구분하는 사람도 있을 것이다. 하지만 해변에서 쓰레기를 주울 때는 이 정도까지 구분하는 것이 큰 의미가 없으니 이 책에서는 일상 용어를 따라서 이 두 가지를 모두 스티로폼이라고 부르도록 하자.

해양 쓰레기 문제와 관련하여 중요한 스티로폼의 가장 대표적인 특징은 대부분 공기로 이루어졌다는 것이다. 우리 몸이 대부분 물인 것처럼 스티로폼의 대부분은 공기가 채우고 있다. 그 말은 곧 스티로폼이 그 어떤 소재보다도 물에 잘 뜬다는 사실을 의미한다. 그래서인지 물에 빠진 사람을 구할 때 사용되는 구명조끼나 구명부표, 구명튜브는 대부분 스티로폼으로 만들어진다. 스티로폼은 물에 잘 뜨기에 파도를 타고 전 세계 곳곳의 해변으로 뻗어나가기도 쉽다.

스티로폼은 해변 쓰레기 데이터 기록지에 플라스틱과 구분하여 별개의 항목으로 기록된다. 이는 스티로폼이 양적으로도 너무 많고, 다양한 제품에서 주재료로 사용되며, 스티로폼으로만 이루어진 물건도 많기 때문이다. 그렇다면 해변에서 발견되는 스티로폼 제품에는 어떤 것들이 있을까?

우선 택배 포장용 완충재에 주목해보자. 발포스티렌 완충재라고 불리기도 하는 이 스티로폼 완충재는 S자형이나 공, 땅콩, 뻥튀기 모양 등으로 만들어지며, 재질이 부드럽고 유연하다. 깨지거나 부서지기 쉬운 제품을 상자에 담아 운송할 때 상자 안을 이것으로 채우면 제품 손상을 줄일 수 있다. 그런데 이러한 택배 포장용 완충재는 과연 어떻게 해변까지 오는 것일까? 정답은 하수도 범람에 있다(그러니 하수도가 고장 났을 때 바다 수영을 계획하는 것은 별로 좋은 생각이 아니다). 한편, 포장에 사용되는 스티로폼 완충재 중에는 위에서 소개한 것들보다 훨씬 크고 단단한 것들도 있다. 아마 새 컴퓨터나 TV 모니터, 주방 설비와 같은 것들의 모양에 딱 맞게 제작된 스티로폼 프레임을 여러분도 자주 보았을 것이다.

다음으로 스티로폼은 부표를 만드는 데 많이 쓰인다. 구형이나 원기둥, 원판 모양으로 생긴 이 스티로폼 부표들은 험난한 환경을 잘 견디도록 만들어진다. 부표는 꽃게 통발의 위치를 표시하거나 굴 양식장을 수중에 띄우거나, 어망을 일정한 방향으로 펼칠 때 사용된다(어민들 사이에서는 "아래에는 납을 달고 위에는 스티로폼을 매다는 것"이 상식이라고 한다). 하지만 충격을 잘 견디도록 만들어지는 부표도 오랜 시간 바다에 있다 보면 바다의 힘에 굴복할 수밖에 없다. 부표에 연결된 밧줄이나 그물은 계속 마찰을 일으켜서 연결부를 끊게 되며, 그러면 부표는 망망대해나 해변으로 유유히 떠내려가게 된다.

마지막으로 해변에서는 음식이나 음료수를 담는 스티로폼 용기가 자주 발견된다. 그 종류는 각종 컵과 그릇, 접시, 쟁반, 클램셸 형태의 뚜껑을 가진 테이크아웃 용기, 계란판 등으로 매우 다양하다. 모두 테이크아웃을 편리하게 해주는 일회용품이며, 쉽게 버려지는 것들이다. 이러한 쓰레기에도 삼진아웃제를 도입해야 한다는 생각이 든다. 미국의 표준적인 컵 사이즈는 6, 8, 12, 16, 36 oz 순으로 커지는데, 미터법을 사용하는 나라에서는 0.33, 0.5, 1L 등으로 표시하기도 한다. 요즘은 사람들이 점점 더 거대한 사이즈의 음료를 찾고 있으므로, 앞으로는 이보다 더 큰 사이즈의 컵이 표준화될지도 모르겠다. 컵은 접시와 더불어 언제나 해변에서 가장 많이 수거되는 쓰레기 10위 안에 든다. 이들 대부분은 스티로폼으로 만들어진다. 어떤 브랜드건 마케팅을 빼놓을 수 없기 때문인지, 이러한 용기를 살펴보면 대체로 브랜드명이나 로고가 큼직하게 찍혀 있다. 우리는 이걸 보고 이 쓰레기가 어떤 내용물을 담고 있었고, 어떤 브랜드나 프랜차이즈에서 나왔는지, 어느 크루즈선에서 투기한 것인지 추적할 수 있다. 해변을 청소하는 우리들에겐 좋은 단서가 아닐 수 없다. 도대체 이 스티로폼 물건들은 어떻게 해변 쓰레기가 되었을까? 스티로폼은 배에 싣고 나가서 바다에 버려질 수 있고, 하수도가 범람할 때 바다에 유입될 수도 있다. 물론 대부분은 해수욕을 즐긴 사람들이 쓰레기를 그대로 해변에 버리고 가서 생긴 것들이다. 때로는 제품에 생산자의 주소와 전화번호가 구체적으로 적혀 있는 경우도 있는데, 그렇다면 그 쓰레기를 배출한 곳이 어디인지 쉽게 알아낼 수 있다. 물론 이보다 추적이 더욱 쉬운 예도 있다. 관광객으로 북적이는 해변이라면 쓰레기를 내다 버린 곳이 해변 근처의 패스트푸드 매장일 때가 많다. 사람들은 음식물을 사고 가게를 나오자마자 포장지를 버리며, 그러면 포장지가 바람에 날려 곧장 해변 쓰레기가 된다.

앞서 헬멧을 스티로폼으로 만든다고 했는데, 그렇다고 해서 스티로폼이 튼튼한 소재라고 오해하지는 않기를 바란다. 물론 건축 자재나 배관용 보온 단열재, 부표로 사용되는 스티로폼은 꽤 내구성이 강한 축에 속하지만, 대부분의 스티로폼은 매우 잘 부서지고 쉽게 손상된다. 화학적 성질을 가진 용매와 열, 그리고 햇빛은 가장 단단한 스티로폼도 순식간에 파괴하고 녹여버릴 수 있다. 스티로폼으로 예술작품을 만들 때 반드시 자극적이지 않은 접착제와 페인트를 사용해야 하는 이유가 여기에 있다. 여러분에게 가장 익숙한 스티로폼은 아마 흰색 스티로폼일 텐데, 이것들을 자세히 들여다보면 발포스티렌 알갱이 하나하나가 조밀하게 뭉쳐 있는 것을 확인할 수 있을 것이다. 구부리거나 접거나 자를 때 '끼기기긱' 하는 소리를 내는 스티로폼이 바로 이러한 종류이다. 발포스티렌 알갱이들은 평소에 타의 추종을 불허할 정도의 강한 정전기와 접착력을 보여주지만, 스티로폼이 풍화되는 과정에서는 하나둘씩 밖으로 떨어져 나온다. 해변에서 일반적으로 목격되는 스티로폼은 이러한 분해의 마지막 단계에 있다. 만약 스티로폼 덩어리 주변에 하얀 알갱이가 떨어져 있지 않다면 이미 바람에 날아간 것이라고 보면 된다. 스티로폼은 매우 가벼운 탓에 실바람에도 쉽게 날아간다. 이번에는 바다에서 내륙 방향으로도 부는 바람을 따라 해변 뒤편까지 올라가 보자. 그곳에 자리한 풀숲에는 움푹 들어간 곳마다 스티로폼 알갱이들이 쌓여 있을 것이다. 풀들이 스티로폼을 뚫고 자라고 있을 수도 있다. 한편, 육지에서 바다 방향으로 부는 바람은 해변에서 닳고 닳은 스티로폼들을 바다로 내보낸다.

문제는 바다 쓰레기가 된 스티로폼의 수명이 무척 길다는 데에 있다. 한 추정에 따르면 스티로폼 컵은 분해되는 데에 500년이 걸린다고 한다.[1] 해양 생물들은 수면에 떠 있는 작은 스티로폼 조각을 삼킴으로써 목숨에 위협을 받는다. 스티로폼 부표가 달린 어망은 유실된 후에도 오랜 기간 바다에 펼쳐진 상태로 떠다니는데, 이 때문에 해양 생물들이 어망에 계속 걸려 죽는 문제가 반복된다(이러한 어구를 '유령 어구ghost net'라고 부른다). 다른 플라스틱과 마찬가지로 스티로폼은 생산 과정에서 첨가된 화학 물질을 물속에 용출시키며, 이러한 오염 물질은 먹이 사슬 내에 축적된다.[2] 그 사슬의 끝에 누가 있는지는 아마 여러분도 잘 알고 있을 것이다. 그러니 자잘한 알갱이 하나하나까지 전부 줍는 것은 힘들더라도 해변을 청소할 때는 모든 스티로폼을 보는 족족 수거하자. 그리고 다른 쓰레기도 마찬가지겠지만 해변에서 절대 스티로폼을 태우지 말자. 모닥불에 스티로폼을 집어넣으면 수십 가지의 독성 물질과 발암 물질이 방출된다.

그렇다면 대안은 무엇일까? 아마도 가장 좋은 방법은 스티로폼을 최대한 사용하지 않는 것이다. 전 세계의 도시 중에는 스티로폼을 퇴출하기 위해 열심히 노력해 온 곳들이 있다. 예를 들어 뉴욕시는 일회용 발포스티렌의 유통과 판매, 소유를 전면 금지하는 조치를 추진해왔다. 스티로폼이 무슨 마약이라도 되느냐는 의문이 들 법도 하지만, 해양 쓰레기 문제의 심각성을 생각해보면 그리 틀린 말도 아니다. 뉴욕시의 스티로폼 금지 조치는 결국 철회되었지만, 이 일을 계기로 요식업계가 위기를 자각하고 대안을 찾기 시작했을 것이라고 생각한다.✪ 다행히 샌프란시스코에서는 스티로폼 금지 조치가 도입된다는 소식이 들려오고 있다.[3]

택배용 완충재가 필요하다면 스티로폼 땅콩 대신 다 읽은

✪ 2015년에 법원 판결로 기각되었던 뉴욕시의 발포스티렌 금지 조치는 다행히 2018년에 다시 효력을 되찾았고, 2022년에는 뉴욕주 전체로 확대되었다.

신문지나 광고용 우편물을 채워 넣자. 옥수수 전분 완충재나 쌀 녹말로 만든 열가소성 녹말류의 바이오플라스틱도 좋은 대안이다. 이것들은 모두 스티로폼 땅콩처럼 가볍고, 크기가 비슷하며, 충격 완화 효과가 있고, 저렴한 데다, 심지어 생분해도 가능하다. 부표의 경우에는 스티로폼 대신 견고한 플라스틱 구체를 띄우는 방법이 대안으로 시도되고 있다. 그렇게 하면 부표가 깨지거나 조각나더라도 둥둥 떠다니지 않고 가라앉게 된다. 한국에서는 어민을 대상으로 워크숍을 열어 스티로폼 부표에 관한 문제의식을 공유하고 어민과 함께 정부 정책을 함께 개발하기도 했다.[4] 패스트푸드 업계에서도 스티로폼 용기를 쓰지 말고 종이로 만든 클램셸 용기에 치즈버거를 담아준다면 매우 좋을 것이다. 이때 재활용 종이를 사용하는 센스도 기대해본다.

1, 2, 3 스티로폼은 파도가 치는 곳에서 낱알이나 덩어리로 부서지며, 결국엔 셀 수 없이 많은 미세플라스틱이 된다. 어느 외딴 해변에 간 누군가는 이렇게 한탄했다고 한다.

"파도의 물거품인 줄 알았는데 하얀 스티로폼이 해안선을 가득 채운 것이었다." (대서양, 미국; 지중해, 튀르키예)

1 사람들이 뜨거운 음료를 원하는 만큼 해양 쓰레기 문제에도 뜨거운 열정을 보여준다면 얼마나 좋을까? (태평양, 하와이)

2 조각난 쓰레기라고 하더라도 로고가 보이면 정체를 쉽게 파악할 수 있다. 스티로폼 컵은 자연에 무려 50년 동안이나 남아 있게 된다.

3 시대의 상징("The sign of the times")이라…. 맞는 말이다. 플라스틱 오염은 이 시대의 상징이 되었다. 해변 쓰레기에 적혀 있는 슬로건이나 글귀, 혹은 독특한 디자인 요소를 힌트 삼아 쓰레기의 출처를 파악해보자. (태평양, 미국)

4, 5 해변 쓰레기 무더기의 법칙 — 쓰레기가 발견되는 곳에는 같은 쓰레기가 여러 개 모여 있을 확률이 높다. 테이크아웃 컵 두 개가 겹쳐 있다면 너무 뜨겁거나 차가운 음료에 손가락을 다치지 말라고 컵을 이중으로 끼워 놓은 것이다. 사용했건, 사용하지 않았건, 컵을 겹쳐 놓으면 풍화 속도가 느려진다. (지중해, 튀르키예) 그런데 컵을 겹쳐 놓고 비닐 포장까지 씌워 놓는다면? 완전히 풍화되는 데에 더 긴 세월이 필요하게 된다. (지중해, 튀르키예)

6 열을 잘 차단하는 소재는 음식물 포장재로 쓰기에 딱 좋다. 사진은 요즘 이곳저곳에서 많이 사용되고 있는 '클램셸(clamshell)' 용기이다. 그런데 왜 다들 테이크아웃 용기를 고이 쓰레기통에 버리지 않는 걸까? 환경을 생각한다면 스티로폼 클램셸 용기를 모두 종이로 바꿔야 한다. (태평양, 미국)

7 일회용 스티로폼 컵의 조각에 석회관갯지렁이의 집이 붙어 있는 것을 보니 바다에 오랫동안 떠다녔던 것 같다. (태평양, 미국)

1 이렇게 빈백(beanbag)이 강한 압력을 받아 옆구리가 터지면 순식간에 해변의 흉물이 된다. (지중해, 튀르키예)

2 그런데 사실 빈백에는 콩(bean)이 들어있지 않다. 그 안에 도사리고 있는 것은 수백만 개의 스티로폼 알갱이다. 이 녀석들이 백을 탈출한다면 미세플라스틱이 되어 온 지구를 떠돌게 될 것이다. 스티로폼 알갱이는 플라스틱 레진 펠렛(183, 184쪽의 사진 참조)처럼 크기가 작아서 해변의 오목한 곳에 고이는 경향이 있다. 빈백에 아주 작은 구멍이 나기만 해도 해변에는 스티로폼의 홍수가 일어난다. (지중해, 튀르키예)

3 때로는 빈백의 충전재로 각종 스티로폼 찌꺼기가 사용되기도 한다. (지중해, 튀르키예)

4 택배 상자를 채울 때 쓰이는 완충재는 포장용 땅콩이나 뻥튀기, S팩 등 다양한 이름으로 불리지만, 어떤 이름을 붙이건 그것들이 스티로폼이라는 사실, 그리고 해변을 오염시키고 있다는 사실에는 변함이 없다. 플라스틱 완충재는 손상되기 쉬운 물건을 배송하기 위해 수백만 개씩 생산되는데, 집이나 사무실에서 재활용하는 데에는 한계가 있다. (대서양, 미국)

5 포장용 스티로폼 완충재는 S자형, W자형, 8자형, 감자칩형 등등 모양과 종류가 다양하다. 보통은 흰색이지만, 일부 재활용된 것은 초록색이고, 정전기 방지제가 첨가된 것은 분홍색으로 생산된다.

하지만 완충재로 꼭 스티로폼만 사용하란 법이 있을까? 이미 시중에는 다양한 생분해성 완충재들이 나와 있다. 우리는 "하이테크(high-tech)에서 로우테크(low-tech)로!"라는 모토를 따라 옥수수 전분 완충재를 써볼 수도 있고, 녹말로 만든 바이오플라스틱 제품을 이용할 수도 있다. (태평양, 미국)

1 박스의 밑면 양쪽에 배수 구멍이 뚫려 있는 것으로 보아 수산업 현장에서 사용하던 어상자였다는 것을 알 수 있다. (지중해, 튀르키예)

2 뽀얗기만 하던 스티로폼도 결국엔 흉하게 변하고 만다. 큰 스티로폼은 조각조각 부서지고, 폴리스티렌 알갱이들은 누렇게 변한 채 쭈글쭈글해진다. 테두리 부분은 두껍기 때문에 가장 마지막까지 남는다. (지중해, 튀르키예)

1   스티로폼은 쉽게 물에 뜨기 때문에 구명튜브나 "1인용 부양 장치"의 소재로 흔히 사용된다. (지중해, 튀르키예)

2   스티로폼으로 만들어진 찌나 부표에는 페인트를 칠해 '안정화'하는 경우가 많다. 하지만 이러한 노력에도 불구하고 밧줄과 낚싯줄은 지속적인 마찰 때문에 찌와 부표를 찢고 제자리에서 벗어나게 된다. 결국에는 모두 해양 쓰레기가 될 뿐이다. (카리브해, 쿠바)

3   스티로폼은 지극히 가볍고 놀라울 정도로 물에 쉽게 뜨기 때문에 어업과 스포츠 업계에서 사랑받는 소재가 되었다. 크기가 클수록 해양 쓰레기로 더 오랜 삶을 살게 된다. (태평양, 대한민국)

6

위생용품

개인 위생용품
화장실 설비와 청소용품

개인 위생용품

 사실을 받아들이자. 우리는 모두 동물이다. 인체도 이 지구에 사는 다른 동물과 마찬가지로 '그것'을 만들어낸다. 음식을 먹으면 몸속에서는 신진대사가 일어나고, 그러면 우리가 그토록 코를 막고 멀리하려 애쓰는 액체와 고형물이 뱃속에서 한가득 생성된다. 우리는 털과 피부, 손톱과 발톱처럼 우리가 척추동물이자 포유동물로서 갖는 특징적인 신체 부위도 매일 손질하고 관리한다. 피부만 하더라도 관리를 위해 로션과 크림과 앰플 등등 머리가 아플 정도로 다양한 제품을 동시에 사용하지 않는가.
 안타까운 점은 우리가 더 깔끔하고 청결해질수록, 그래서 사회생활에 더 알맞은 모습이 될수록 자연환경은 더 오염되고 지저분해진다는 것이다. 우리가 위생과 청결을 위해 사용하는 깨끗한 물건들도 결국엔 찝찝하고 더러운 것이 되는 운명을 피하지 못한다. 면봉이나 화장솜처럼 한 번만 쓰고 더러워지느냐, 아니면 칫솔처럼 여러 번 쓰고 수명을 다하느냐의 차이가 있을 뿐이다. 위생용품 산업은 더러워진 제품을 다시 깨끗하게 닦아서 쓸 필요 없이 그저 속 편하게 쓰레기통에 버리면 되도록 하는 방향으로 발전해왔다. 예를 들어 면도기는 날이나 헤드만 새것으로 갈아 끼우면 된다. 이 산업은 통째로 일회용품에 중독되어 있다. 그래서 이 순간에도 보이지 않는 곳에는 어마어마하게 많은 쓰레기가 쌓이고 있다. 위생용품은 다른 용도로 사용되는 물건들과 쉽게 구별되고 대부분 플라스틱 외에도 다양한 소재로 구성되기 때문에 이 책에서는 이렇게 별도의 장을 마련해 정리했다.

해변에서는 위생용품을 쉽게 발견할 수 있다. 그런데 과연 해변에 위생용품이 남겨지는 이유는 무엇일까? 내 생각은 이렇다. 해변에 자리를 잡고 시간을 보내는 동안 사람들은 손이 심심할 때가 많다. 그렇게 소일거리를 찾다 보면 바쁜 일상에서는 미처 알아채지 못했던 것들이 눈에 들어오게 된다. 이를테면 손끝에 거스러미가 일어났다거나 머리에 새치가 자랐다거나 하는 것들 말이다. 따사로운 햇살 아래에서 사람들은 자기 몸을 이곳저곳 관찰하고 만지작거리기 시작한다. 바로 이 시점에서 다양한 위생용품이 등장한다. 그런데 해변에서 위생용품들을 사용하다 보면 용액이 흘러 끈적거리거나, 모래가 묻거나, 내용물을 다 써서 빈 통만 남게 되는 경우가 부지기수이다. 사람들은 그것들을 집에 도로 가져가고 싶어 하지 않는다. 그래서 위생용품은 결국 해변에 버려진다. 한편, 해변에서 불가피하게 일어나는 생리현상이 쓰레기 투기로 이어질 때도 있다. 제 소임을 무사히 완수한 기저귀에 관해 생각해 보자. 푹푹 찌는 차 안에서 따끈따끈한 기저귀의 '향기'를 느끼며 집에 돌아가길 원하는 사람은 아마 없을 것이다. 해변의 쓰레기통이 포화 상태일 때가 많다는 점을 생각해보면 쓰레기를 함부로 버렸다고 누군가를 탓하기도 어려운 노릇이다(기저귀 안에 담겨 있을 무언가에 관한 내용은 14장 "유기성 쓰레기"를 참조). 마지막으로 외딴 해변은, 혹은 밤 해변이라면 어느 곳이든, '비밀 회동'을 하기에 적합한 곳이 될 수 있다. 해변에서는 사랑이 꽃핀다. 그렇다면 여기에 어떤 종류의 쓰레기가 남겨지게 될까? 그렇다. '하얀 길쭉이 해파리', 즉 콘돔이다. 관광객이 많은 해변의 나무 데크 아래에서는 유독 많은 콘돔이 발견된다.

우리는 넓은 의미에서 위생용품에 속하는 것들을 해변에서 무수히 많이 발견할 수 있다. 내가 '넓은 의미에서 위생용품에 속하는 것들'이라고 표현하는 이유는 한 편으로 위생용품의 종류가 슈퍼마켓의 매대를 몇 개씩 가득 채울 정도로 다양하기 때문이기도 하지만, 어떤 위생용품은 전문 의료용품과의 경계선에 있기 때문이다(의료용품은 이 책의 7장에 정리되어 있다). 해변을 청소하다 보면 어떤 종류의 위생용품을 맞닥뜨리게 될지 모르고, 그중에는 위험한 물건이 있을지도 모르기 때문에 반드시 보호 장갑을 착용해야 한다. 아마 위생용품은 자기 자신이 버린 것이라고 하더라도 맨손으로 집기 꺼림칙할 것이다. 그러니 다른 사람이 버린 위생용품을 주워야 할 때는 꼭 장갑을 끼자. 물론 당신이 칫솔을 다른 사람과 공유하는 데에 거리낌이 없는 사람이라면 맨손으로 줍겠다고 해도 굳이 말리지는 않겠다!

마지막으로 위생용품과 미세플라스틱은 매우 긴밀하게 연결되어 있다. 우리가 피부에 바르는 로션과 화장품 중에는 아주 작은 플라스틱 알갱이가 들어있는 것들이 많다. 이는 치약도 마찬가지다. 치약에는 전체 중량에서 1.8%까지 차지할 정도로 많은 폴리에틸렌PE 마이크로비즈가 들어있다. 치약의 경우에는 대부분 입 밖으로 뱉어진다고 하더라도(물론 우리가 양치 중에 삼키는 치약도 적지 않다), 화장품에 포함된 미세플라스틱은 물에 씻겨 하수도로 들어가게 된다. 그러면 하수처리장을 거쳐 강으로 흘러 들어갈 것이다. 이중 바다에 도달하는 미세플라스틱의 양은 얼마나 될까? 한 추정에 따르면 미국의 하수처리장 한 곳에서만 약 4백만 개에 달하는 미세플라스틱 알갱이가 배출된다고 한다. 그렇다면 단 하루 동안 미국 전역의 하수처리장에서 수중 생태계로 배출하는 미세플라스틱 알갱이는 8조 개에 달한다는 계산이 나온다.[1]

우리가 바다 쓰레기 문제를 해결하기 위해 일상에서 해야 하는 일에는 어떤 것들이 있을까? 일회용 면도기를 조금 더 고품질의 면도기나 전기면도기로 교체하는 것은 어떨까? 칫솔 중에도 칫솔모가 닳으면 칫솔 전체를 버릴 필요 없이 헤드만 교체할 수 있도록 하는 제품들이 있고, 시중에는 이미 생분해 가능한 칫솔이 나와 있다. 데오드란트 스프레이도 꼭 딱딱한 일회용 용기로 만들어진 것만 구매하라는 법은 없다. 물론, 기저귀의 경우에는 에너지 소비량을 고려했을 때, 빨아서 다시 쓸 수 있는 천 기저귀와 일회용 기저귀 중에 어떤 것이 더 나은 선택인지 판단하기 쉽지 않다.[2] 하지만 해양 쓰레기 문제와 관련해서라면 천 기저귀가 분명히 자연을 덜 오염시킨다. 그러니 해변에 놀러 갈 때는 천 기저귀를 가져가자.

1, 2   머리카락이 바람과 파도를 만난다. 헝클어진다. 머리를 푼다. 앗, 손이 미끄러졌다. 이렇게 머리끈은 오늘도 해변에서 사람들이 가장 많이 잃어버리는 위생용품 1위의 자리를 지킨다. (지중해, 이탈리아 사르데냐) 해변에서 보내는 시간은 언제나 머리카락과의 싸움을 의미한다. (지중해, 이탈리아)

3   로마인들도 이렇게 생긴 머리빗을 사용하곤 했다. 빗살의 간격이 매우 촘촘하다면 머릿니를 잡기 위해 썼던 것일 수 있다. (지중해, 튀르키예)

4   우리가 털을 가지고 하는 일은 두 가지다. 빗거나, 아니면 깎거나. 그런데 사람들은 털을 깎을 때 일회용품을 너무 많이 사용한다. 해변에 버려진 일회용 면도기에 녹이 잔뜩 슬어 있는 모습을 보니 기분이 언짢다. (지중해, 튀르키예)

5   면도할 때는 면도 크림을 꼼꼼히 펴 바르기 위해 이와 같은 브러시를 사용하기도 한다. 멋을 아는 사람을 상징하는 물건이랄까. 하지만 이것이 바다 쓰레기가 되어 돌고래나 바다거북이 삼키게 되면 이야기가 달라진다. (홍해, 요르단)

1 이 플라스틱 막대는 위생과 무슨 관련이 있을까? 힌트는 막대 끝에 올록볼록하게 나 있는 작은 홈에서 얻을 수 있다. (태평양, 미국)

2 정답은 바로 면봉이다. 끝부분의 홈은 면 뭉치가 더 잘 고정되어 있도록 해준다. (지중해, 이탈리아 사르데냐)

3 면 뭉치는 풀을 사용해 자루에 고정되며, 모양 유지와 착색 및 곰팡이 오염 방지를 위해 다양한 약품 처리를 거친다. 그러니 면봉의 머리 부분은 여러분이 기대하는 것만큼 친환경적이지 않다. 막대 부분도 예전처럼 종이 재질로 돌아가야 할 것이다.

4 어떤 제품이던 간에 플라스틱 포장지 안에 들은 채로 버려진다면 쉽게 분해되지 못할 것이다. (지중해, 튀르키예)

5 물론 면봉과 관련해서도 "해변 쓰레기 무더기의 법칙"은 빠지지 않고 적용된다. 해변에서 면봉을 딱 한 개만 발견하는 일은 매우 드물 것이다. 면봉과 산탄총 탄피, 옷핀, 라이터, 그리고 기타 흔한 해변 쓰레기 중 한 가지를 정해서 어떤 게 더 많이 발견되는지 친구와 내기해보자. (지중해, 튀르키예)

1 아무리 잘 만든 칫솔이라고 하더라도 매일 두 번씩 양치하다 보면 결국 수명이 다하게 된다. 최근에 있었던 국제 연안 정화의 날에는 칫솔이 435개나 수거되었다. (지중해, 튀르키예)

2 데오드란트는 누군가에게는 필수품일 수 있지만, 가급적이면 알루미늄 쓰레기가 적게 나오고 환경에도 해를 덜 끼치는 대안을 찾아볼 필요가 있다. 네오드란트 회사는 제품을 화기에 집어넣지 말라고 이야기하는데, 해변에 버리지 말라는 말은 하지 않는 듯하다. (지중해, 이탈리아)

3 대부분의 해변 쓰레기가 그렇듯, 가장 두꺼운 부분은 가장 마지막까지 살아남는다. 이 고무 고리도 사실은 버려진 콘돔의 마지막 잔해이다.

4 해변에 콘돔이 떨어져 있다면 분명히 어딘가에는 콘돔 포장지도 있을 것이다. 이 녀석들은 콘돔보다도 더 오래 자연을 괴롭힐 수 있다. 하지만 정신없이 사랑을 나누다 보면 쓰레기 문제는 언제나 뒷전으로 밀려나게 된다. (지중해, 튀르키예)

1   이 기저귀는 굳이 집어 들지 않아도 묵직하다는 것을 알 수 있다. 일회용품이라고 이렇게 막 버리고 가도 되는 걸까? (지중해, 튀르키예)

2   다 쓴 기저귀는 내용물이 새지 않도록 단단하게 싸맬 수 있지만, 그렇다고 해서 영원히 내용물을 가둬두지는 못한다. 해변에는 언제나 바람이 불고 파도가 치며, 호기심 많은 바닷새나 들개가 기저귀를 뒤적일 수도 있다. (지중해, 튀르키예)

3   도대체 이게 무슨 일인가! 아무리 "해변 쓰레기 무더기의 법칙"이 종류를 가리지 않고 적용될 수 있다지만, 이토록 광기 어린 기저귀들이라니! 해변에서 열린 돌잔치에 부모들이 아기들을 데리고 왔다 떠난 현장인가? 해변 청소하면서 못 볼 꼴 많이 봤다고 자부하는 베테랑이라도 때로는 말문이 막힐 때가 있다. (지중해, 튀르키예)

화장실 설비와
청소용품

 이 행성에는 수십억 명의 사람들이 살고 있다. 그 말은 곧, 이 세상에 존재하는 화장실도 수백, 수천만 개는 된다는 뜻이다. 그러니 해변에서 화장실과 관련된 쓰레기를 발견하게 되더라도 놀랄 일은 아니다. 화장실은 각종 생활 쓰레기가 바다로 유입되는 통로 역할을 하기도 한다. 아무도 모를 것이라고 생각하며 변기에 이상한 것들을 버리는 사람들이 있기 때문이다. 그 사람들은 자신이 무엇을 버렸는지 화장실 밖에서는 알 수 없다고 생각하는 모양인데, 꼭 그렇지만은 않다는 사실을 유념할 필요가 있다. 예를 들어 '하수 기반 유행병학wastewater-based epidemiology'의 연구자들은 하천수를 분석해서 상류 지역 도시

에 사는 사람들이 마약을 얼마나 하고 있는지 알아낼 수 있다.[3]

화장실과 관련된 쓰레기 중에서 해변에서 가장 눈에 띄는 것은 무엇일까? 그것은 다름 아닌 변기다(306쪽 사진 참조). 전 세계적으로 변기는 쪼그리고 앉아서 볼일을 보는 화변기부터 의자처럼 앉아서 볼일을 보는 양변기까지 종류가 다양하다. 요즘은 시트 온도를 조절해주고, 용변을 볼 때 나는 소리와 냄새를 없애주고, 볼일을 다 본 뒤에는 물을 뿌려 뒤를 닦아주기까지 하는 최첨단 비데도 널리 쓰인다. 대부분의 독자는 의자처럼 앉아서 볼일을 보는 수세식 양변기에 익숙할 것이다. 이러한 변기는 물탱크와 물탱크 뚜껑, 시트와 시트 덮개를 비롯하여, 레버와 파이프, 부유체와 같은 각종 부품으로 구성된다. 한편, 변기가 있는 곳에는 언제나 화장실 솔과 솔을 꽂아두는 거치대, 변기에 뿌리거나 안에 넣어두는 세정제, 그리고 방향제와 같은 각종 부속품이 비치되어 있다. 비상시에 필요한 '뚫어뻥'도 빠질 수 없다. 신기하게도 해변에서는 이러한 물건들이 모두 쓰레기가 되어 나뒹구는 모습을 볼 수 있다. 심지어 변기 그 자체도 심심찮게 발견된다. 농담인 것 같겠지만, 2017년에 열린 국제 연안 정화의 날에는 변기가 56개나 수거되었다.[4]

그렇다면 변기와 기타 화장실 부속품은 도대체 어떻게 바다나 해변에 도달하는 것일까? 우선 변기는 바다에서 떠내려 오기보다는 육지에서 버려진다. 그 말은 누군가 변기를 차에 싣고 와서 해변에 버린다는 뜻이다. 다른 화장실 부속품은 폐수나 하수처리를 제대로 하지 않을 때 바다에 흘러 들어가는 것으로 추정된다. 물론 어선이나 여객선, 레저 보트가 연안에서 화장실 관련 쓰레기를 배 밖으로 던져버리는 경우도 있다. 해변에 공중화장실이 있다면, 이것도 화장실 쓰레기를 해변에 유입시키는 원인이 될 것이다. 실제로 해변 화장실 중에는 모든 해수욕객의 생리현상을 100% 책임져 줄 수 있을 만큼 잘 설비된 곳이 많지 않다. 그래서 화장실의 열악한 관리 상태에 충격을 받은 사람들은 한 손에 휴지를 쥐고 다른 손으론 배를 감싸 쥔 채 수풀 속으로 들어가는 편을 택한다. 과연 이때 사용한 휴지를 잘 챙겨서 쓰레기통에 제대로 버리는 사람이 얼마나 될까?

어찌 됐건 해변의 수호자인 우리는 화장실과 관련된 쓰레기들을 해변에서 전부 치워야만 한다. 태양열과 바닷물의 염분이 쓰레기를 소독해주는 것은 사실이지만, 그래도 안심할 수 없으니 항상 장갑을 착용하고 집게를 사용하자. 그리고 화장실 쓰레기를 주울 때마다 전 세계에 화장실을 이용하지 못할 정도로 열악한 환경에 사는 사람이 20억 명이나 된다는 사실도 상기해 보자. UN에서는 이들을 위해 세계 화장실의 날(11월 19일)을 제정했다.

1   변기가 왜 해변에 덩그러니 놓여 있냐고? 나도 그게 궁금하다! 해변 캠핑장 근처 쓰레기 무더기 옆에 있었는데 사진을 찍기 위해 자리를 조금 옮겼다. (지중해, 튀르키예)

2   바다에서는 변기 물을 내리지 않아도 우렁찬 물소리를 들을 수 있다. 나무로 만든 변기 시트는 페인트칠을 했건 사진처럼 래미네이트 코팅을 했건 물에 매우 잘 뜬다. (지중해, 이탈리아)

3   이처럼 작고 조악한 플라스틱 변기 시트는 주로 보트에서 사용된다. 화살표로 표시된 부착 생물은 이 쓰레기가 바다에서 오랫동안 떠다녔다는 사실을 이야기해준다. (지중해, 튀르키예)

1 어딘가에 배관이 없는 변기가 있을 생각을 하니 정신이 아찔하다. (지중해, 튀르키예)

2, 3 화장실이 있다면 화장실 솔도 있기 마련이다. (지중해, 튀르키예) 솔 부분이 닳아서 없어진 것은 너무 지저분한 변기를 벅벅 닦았기 때문일까? 윽…. 차라리 거센 파도를 맞아서 이렇게 된 것이라고 믿고 싶다. 플라스틱 쓰레기를 줄이고 싶다면 막대를 더 오래 쓸 수 있게 솔만 갈아 끼우는 제품을 이용해보자. (지중해, 튀르키예)

4 화장실 솔이 있다면 거치대도 있기 마련이다. (지중해, 튀르키예)

5 꽉 막혀서 내려가지 않는다면 '뚫어뻥'이 나설 차례다. 이 녀석은 결국 자연의 힘 앞에 부서지고 말았다. (지중해, 튀르키예)

6 변기 세정제 중에는 변기 안에 거치해둘 수 있는 것들이 있는데, 이때 사용되는 플라스틱 홀더도 쓰레기가 되어 해변에 버려지곤 한다. 이 녀석들은 주기적으로 몰아치는 변기의 물살을 견디도록 설계되기 때문에 거센 파도를 오랫동안 맞아도 견고한 상태를 유지한다. (지중해, 튀르키예)

7 플라스틱 홀더를 '똑딱' 하고 열 수 있어서 세정제를 쉽게 교체할 수 있다. 하지만 두 조각으로 나뉘는 만큼 쓰레기가 두 배가 된다는 점은 문제이다. (지중해, 튀르키예)

8 누군가 한 손에 두루마리 휴지를 들고 해변에 나타난다면 화장실의 도움 없이 혼자 해결하려는 것인지도 모른다. 이때 사용된 휴지는 쓰레기통에 잘 버려질 수 있을까? 참고로 시중에는 심 없는 두루마리 휴지도 나오고 있으니 이참에 한번 사용해보자! (태평양, 일본)

9 이렇게 백조 모양으로 목이 꺾여 있는 플라스틱 용기는 변기 세정액 용기였을 것이다. 모양이 이렇게 생긴 덕분에 손을 넣기 어려운 변기 안쪽 깊은 곳까지 청소할 수 있다. (지중해, 튀르키예)

1   샤워 헤드가 떨어져 있다. 해변에서 찾은 각종 화장실 설비들을 한데 모으면 간이 목욕탕을 만들 수 있을지도 모르겠다. (지중해, 튀르키예)

2   웬만한 쓰레기들은 다 본 것 같다는 생각이 드는가? 하지만 세면대를 빼놓고 해변 쓰레기를 이야기한다면 섭섭하다(부엌 싱크대는 132쪽을 참조). (프랑스 과들루프, 카리브해)

3   때때로 세면대는 일부분만 발견되기도 한다. 사진은 비누 받침대의 모양이 남아 있어서 세면대였다는 것을 알 수 있다. (카리브해, 그레나다)

7
의료 폐기물

의료 폐기물

　해변에는 상당히 찝찝한 쓰레기가 많다. 하지만 그중에서도 전적으로 다른 차원의 불결함을 안겨주는 쓰레기가 있으니, 그 주인공은 바로 의료 폐기물이다. 위생적인 문제라면 이전 장에서 다룬 쓰레기들도 만만치 않지만, 의료 폐기물은 그와는 비교할 수 없을 정도로 위험하고, 감염을 유발할 확률도 더 높다. 의료 폐기물은 종류를 막론하고 나쁜 결과를 초래할 수 있으며, 그러한 사실을 경고해주는 위험물 표식이 따로 적혀 있지도 않다. 그런데 해변에서 의료 폐기물이 발견되는 이유는 무엇일까? 아픈 사람들이 해변에서 자가 치료라도 하는 것일까? 아니면 해변이 마약 중독자들의 집합 장소로 사용되기라도 한 것일까? 지자체의 쓰레기 처리 시스템이 고장 났거나, 의료 폐기물 처리 업체가 폐기물을 몰래 바다에 버린 것일까? 해변에 뒹구는 의료 폐기물을 발견하면 자연스럽게 오만 가지 생각이 떠오른다.

의료 폐기물의 양은 미국에서만 320만 톤에 이른다. 이는 하수를 제외한 생활 폐기물 전체의 2%를 차지하는 분량이다.[1] 인간이 겪을 수 있는 질병과 부상이 수천 가지나 되는 만큼 의료 폐기물의 종류도 약물, 연고, 반창고, 주사기, 수액용품, 수술 도구, 소독용품 등으로 다양하고, 각종 약품 용기와 어댑터, 커넥터, 밸브, 튜브도 의료용품의 일종이다. 이것들은 모두 감염을 유발할 수 있는 폐기물이며, 낮은 수준의 방사능을 비롯하여 다양한 위험 물질을 함유한 경우가 많다. 의료 폐기물은 보건소와 개인 의료원, 대학 병원, 요양 병원, 치과, 동물 병원, 의약 연구소 등에서 배출된다. 모든 의료용품의 이름을 정확히 알지는 못하더라도, 여러분은 어떤 해양 쓰레기를 보고 그것이 의료 폐기물이라는 것을 쉽게 알 수 있을 것이다.

해변에서는 여러 의료 폐기물 중에 주사기가 가장 많이 발견된다. 매년 국제 연안 정화의 날에 집계된 바에 따르면, 하루 동안 수거되는 주사기의 개수만 수천 개에 달한다고 한다.[3] 주사기는 가장 위험한 해양 쓰레기 중 하나이다. 피하 주사기는 다양한 모양과 크기로 만들어지는데, 해변 청소를 할 때는 종류에 상관없이 모두 조심해야만 한다. 유리나 금속으로 만들어져 재사용할 수 있는 주사기이건, 플라스틱으로 만들어져 일회용으로 쓰고 버리는 것이건, 모든 주사기는 하나같이 위험하다. 주사기에 찔리지 않기 위해선 반드시 단단한 신발을 신고 장갑을 껴야 한다.

주사기는 당뇨병 환자를 위한 인슐린 주사부터 곤충의 독침에 쏘였을 때를 위한 코르티손 주사, 병원과 연구소에서 방사성 물질을 주입할 때 쓰는 주사까지 다양한 용도로 사용된다. 그래서 주사기는 특정한 의학적·과학적 용도에 따라 맞춤형으로 디자인된다. 일반적으로는 용량이 2.5㎖에서 60㎖ 사이인 주사기가 사용되지만, 마이크로리터㎕ 단위로 투약할 수 있는 주사기나 250㎖짜리 대용량 주사기가 쓰일 때도 있다. 주사기는 길이와 지름, 용량을 보고 종류를 구분할 수 있으며, 주삿바늘의 유형도 용도를 추측하는 데에 도움이 된다.

그렇다면 주사기는 어떻게 해변에 이르게 되는 것일까? 안타깝게도 그 대표적인 이유 중 하나는 마약 중독 때문이다. 해안 사구 쪽이나 나무 데크 보행로 아래, 혹은 해수욕장 출입구 주변에서 비교적 새것처럼 보이는 주사기가 발견된다면 마약 투약용 주사기였을 가능성이 크다. 크랙 코카인이 담겼던 자그마한 지퍼백이나 이 밖의 마약과 관련된 물품마저 근처에서 발견된다면 더욱 의심의 여지가 없다. 한편, 주사기가 부식되고 마모되었다면 하수도나 하천을 통해 바다로 흘러들어온 것일 확률이 높다. 그리고 아주 드물기는 하지만, 병원이나 연구소의 폐기물 처리를 위탁받은 업체가 바다에 의료 폐기물을 불법 투기할 때도 있다. 이러한 사례를 목격한다면 즉시 관계 당국에 신고해서 해변을 폐쇄하도록 해야 한다. 실제로 1987년 여름에는 뉴욕의 여러 병원에서 배출된 것으로 보이는 의료 폐기물이 약 110km에 달하는 해안선을 덮쳐서 뉴저지주의 해변이 두 번이나 폐쇄된 적이 있었다. 이에 따라 뉴저지주가 잃은 관광 수익은 해변 정화 비용을 제외하더라도 약 10조 달러에 달했다고 한다.[4] 이후 뉴저지주는 더욱 강도 높은 규제를 도입했다.[5] 하지만 안타깝게도 이러한 사고는 이듬해인 1988년에도 뉴저지주의 롱아일랜드와 로드아일랜드주에서 다시 일어나고 말았다.[1] 당시에 의료 폐기물은 육상 매립지, 폐기물 운반선, 폐기물 가공 시설, 합류식 하수도✿, 미처리 하수, 빗물 배수구, 그리고 불법 투기와 같이 다양한 경로에서 유출되어 바다로 들어간 것으로 밝혀졌다. 두 번째 유출 사건 때도 거의 15조 달러에 달하는 비용이 발생했다.

다시 주사기 이야기로 돌아가 보자. 주사기는 외통과 밀대, 바늘, 마개 등 다양한 부품으로 구성된다. 해변에서는 이것들

✿ 하수도는 오수관과 빗물관을 분리하는 '분류식 하수도'와 오수와 빗물을 하나의 관으로 처리하는 '합류식 하수도'로 구분된다. 합류식 하수도는 적은 예산으로 오수처리와 침수방지를 동시에 할 수 있다는 장점이 있지만, 빗물과 함께 오수의 일부가 하천으로 방류되고, 우천시 하수처리장 수질이 불규칙해진다는 문제가 있다. 최근에는 신도시를 중심으로 분류식 하수도가 설치되는 추세이다.

이 따로따로 돌아다니는 광경을 자주 목격할 수 있다. 혹시라도 있을지 모를 찔림 사고를 예방하려면 주사기를 잘 발견해야 한다. 주사기의 몸체는 햇빛을 받고 모래에 마모되면 색이 탁해지고 눈금이 지워지기 때문에 평범한 플라스틱 쓰레기처럼 보이곤 한다는 사실을 유념하자. 스테인리스 스틸로 만들어진 주삿바늘은 특히 조심해서 다뤄야 하며, 여기에 찔리면 정말 끔찍한 상처를 입을 수 있다. 주삿바늘은 속이 비어 있으므로 안에 유독한 물질이 남아 있을 수 있고, 환자의 혈관에 흐르던 여러 병원균이 묻어 있을 가능성도 있다. 만약 투여를 위해 여러 사람이 돌려쓰던 주사기라면 HIV/AIDS 바이러스에 오염되었을 확률도 배제할 수 없다. 만약 주사기에 찔리는 불운이 닥친다면 당장은 상처가 심하지 않은 것 같아 보이더라도 곧장 응급실로 달려가자. 혹시 모르니 검사를 위해 주삿바늘을 같이 가져갈 필요도 있다.

우리 자신과 다른 해수욕객의 안전을 위해서 주사기와 각종 의료 폐기물은 모두 해변에서 치워져야 한다. 해변 청소를 할 때는 항상 단단한 신발과 장갑을 착용하자. 해변 청소 캠페인을 주최한 담당자나 감독관은 이러한 위험물을 발견할 경우의 행동 요령을 숙지하고 있어야 하며, 바늘이 달린 쓰레기를 안전하게 운반하기 위해 밀폐용기를 준비해야 한다.

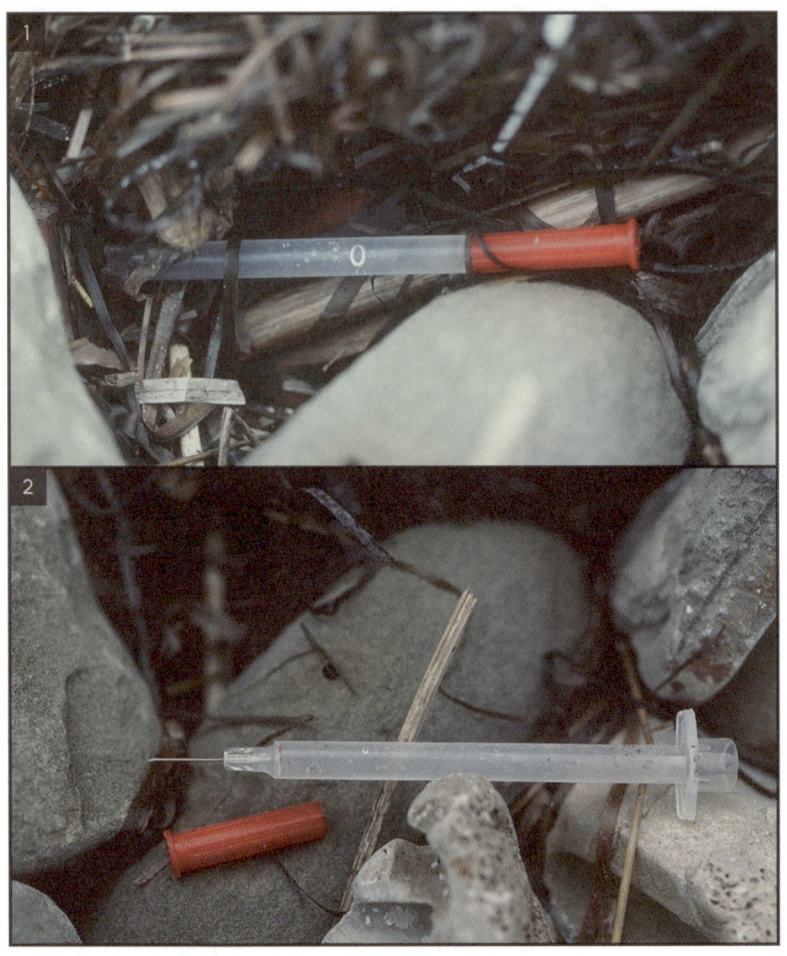

1 위험하지 않아 보일 수도 있지만, 주사기는 해양 쓰레기계의 저승사자이다. 주사기는 해변에서 가장 자주 발견되는 의료 폐기물이며, 아주 많은 사실을 함축한다. 그중 좋은 의미는 하나도 없다. (아드리아해, 슬로베니아)

2 빨간색 니들캡을 열자 금속 바늘이 모습을 드러낸다. 이 주사기의 밀대는 어디론가 사라졌다. 이런 쓰레기를 밟는 것은 상상만 해도 끔찍하다. (아드리아해, 슬로베니아)

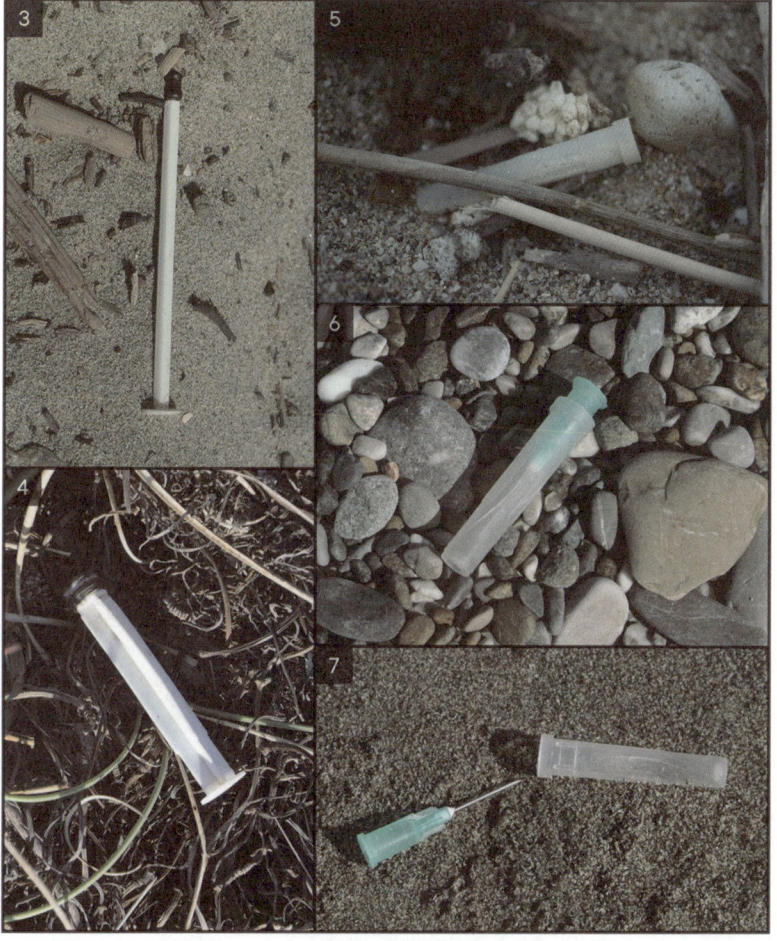

3, 4 주사기의 각 부분이 어떻게 생겼는지 기억해두자. 밀대에는 고무 패킹이 달려 있을 때도 있고 없을 때도 있다. "해변 쓰레기 무더기의 법칙"을 항상 기억하자. 주사기를 하나 발견한다면 가까운 곳에 몇 개가 더 도사리고 있을 수 있다. (지중해, 튀르키예)

5, 6, 7 플라스틱 니들캡을 발견한다면 신경을 곤두세워야 한다. 주변에 반드시 바늘이 있다. (지중해, 튀르키예) 몸통 없이 바늘과 니들캡만 돌아다니는 경우도 있다. (지중해, 튀르키예)

7. 의료 폐기물 319

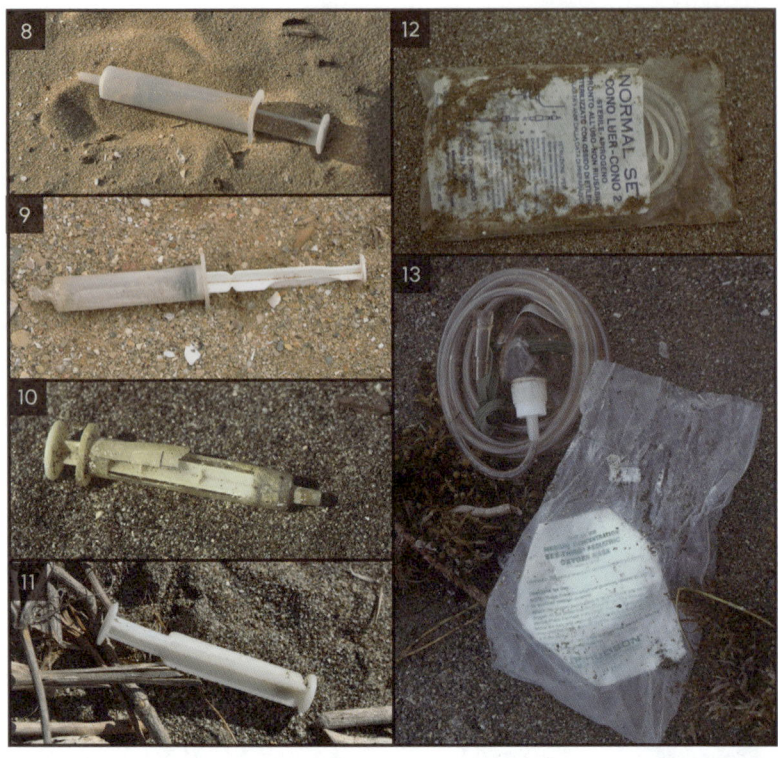

8, 9 온전한 주사기는 플라스틱이나 유리, 금속, 고무가 정교하게 결합한 구조를 띠고 있다. 감사하게도 그중에서 바늘이 가장 먼저 풍화되어 사라진다. 사진의 주사기는 외통 안쪽에 고무 패킹이 비쳐 보인다. (홍해, 이집트)

10, 11 어떤 주사기는 외통과 딱 맞물리는 밀대의 끝부분이 고무 패킹을 대신하기도 한다. (지중해, 튀르키예)

12 의료용 호스는 다양한 용도로 쓰인다. 그중에는 위생상 불결한 것도 있고, 범죄 행위와 연루된 것도 있다. 사진처럼 주입구가 달린 호스가 포장된 채로 버려져 있다면 어딘가에서 의료용품이 대량으로 불법 투기됐다는 사실을 알 수 있다. (지중해, 이탈리아)

13 산소 호흡기와 같은 의료용품을 해변에서 발견한다면 주변을 한번 살펴보라. "해변 쓰레기 무더기의 법칙"에 따라 가까운 곳에 분명히 비슷한 의료용품이 더 있을 것이다. 해변 안전 요원이나 경찰관에게 의료 폐기물을 발견했다고 신고하자. (대서양, 미국)

1 해변에서 상비약을 복용한 뒤에 쓰레기를 그대로 해변에 버리고 가는 사람들도 있다. 눌러서 개봉하는 알약 포장재를 'PTP(press through package)'라고 하는데, 포장캡의 모양이 길쭉하면 캡슐 제형의 알약이 담겨 있었다는 뜻이다. (지중해, 튀르키예)

2 이 알약 포장캡은 개봉되지 않았다. 알약은 환경을 오염시키고 야생 동물에게 부작용을 초래하므로 절대 자연에 버려져선 안 된다. (태평양, 대한민국)

3 알약 포장재는 플라스틱과 금속, 접착제로 구성되어 있고 위조 방지 설계가 적용되어 있어서 풍화되는 데에 오랜 시간이 걸린다. 동그란 포장캡은 정제(tablet)가 들어있었음을 의미한다. (지중해, 튀르키예)

4 뚜껑이 닫힌 약품 용기는 열어보지 않는 것이 좋다. 꼭 장갑을 끼고, 모든 의료 폐기물은 위험물로 취급하자. (지중해, 튀르키예)

5 약통 뚜껑 중에는 사진과 같이 하단부에 나선형 돌출 구조가 달려 있는 것도 있다. 회사명과 로고가 각인되어 있어서 출처를 쉽게 추측할 수 있다. (지중해, 튀르키예)

1 이번 챕터의 마지막은 우리를 조금은 덜 불안하게 하는 것들로 마무리하는 게 좋겠다. 의료 폐기물 중에는 반창고도 있다. 해변에서 여름휴가를 보내다 보면 상처도 생기고 멍도 들기 때문에 사람들은 구급상자에 반창고를 가지고 다닌다. 사진의 반창고는 새것이니 안심하고 주워도 괜찮겠다. (태평양, 미국)

2 해변에서는 이러한 스포츠 테이프가 자주 발견된다. 스포츠 테이프는 접착력이 좋지 않아서 파도를 맞다 보면 금방 떨어진다. 피나 기타 체액이 묻어 있다면 감염의 위험이 있으니 주의해야 한다. 우리는 몸에 붙인 테이프가 떨어질 것 같으면 미리 떼어내서 해변 쓰레기통에 버리는 사람이 되자. (대서양, 잉글랜드)

8
가구와 설비

해변 설치물
가전제품

해변 설치물

　사람들은 모래 해변을 좋아한다. 하지만 모래 위에 아무것도 깔지 않고 그냥 뒹굴고 싶어 하는 사람은 많지 않다. 그런 점에서 보면 모래 해변이 사랑받는 이유는 사람들이 모래 그 자체를 좋아하기 때문은 아닌 것 같다. 오히려 사람들은 모래에 직접 닿지 않기 위해 애쓴다. 비치타월이나 돗자리는 해수욕의 필수품으로 여겨지며, 피크닉 체어나 선베드를 차지하려는 경쟁은 언제나 치열하다. 에어 매트리스나 빈백bean bag도 모두 절절 끓는 모래를 피해서 해수욕을 즐길 수 있게 해 주는 물건들이다.

　그런데 역설적이게도, 사람들은 해변에 내리쬐는 햇볕도

그다지 좋아하는 것 같지 않다. 사람들은 해변에 양산이나 텐트처럼 그늘을 드리울 수 있는 물건을 가져온다. 그리고 그늘에 돗자리나 비치타월, 접이식 캠핑 테이블 등을 펼쳐놓고 도시락을 먹는다. 만약 해변에 주인 없는 파라솔과 선베드가 있다면 누군가에 의해 하루 종일 독차지되는 신세를 면치 못할 것이다. 이런 광경을 보고 있으면 해변 설치물 대여 사업을 해보고 싶다는 생각이 들기도 한다. '파라솔 하나에 10달러, 선베드 하나에 7달러' 하는 식으로 말이다. 회전율을 조금만 신경 쓴다면 한 시즌에 수백 명을 고객으로 만들 수 있고, 반대로 사람들은 내 덕에 해변에서 편안하게 쉴 수 있으니, 그야말로 누이 좋고 매부 좋은 사업이 아닐까? 기왕 사업을 하는 김에 선베드와 파라솔의 개수를 늘린다면 수입을 더욱 불릴 수 있을 것이다. 그래서인지 많은 해변에는 선베드가 해안선 코앞부터 주차장까지 빽빽하게 늘어서 있곤 한다.

해양 쓰레기 문제가 심각한 오늘날에는 해변을 가득 채운 가구들이 언젠가 쓰레기가 된다는 사실을 걱정하지 않을 수 없다. 최근에 열린 국제 연안 정화의 날에는 오피스텔 하나를 온전히 꾸미는 데에 필요한 모든 가구가 해변에서 종류별로 수거되기도 했다. 에어컨, 싱크대, 냉장고, 식기세척기, 오븐, 전자레인지, 세탁기, 소파, 테이블, 의자, TV, 커피 테이블, 양탄자, 커튼, 변기, 옷장, 책상, 그리고 매트리스와 베개를 비롯한 침구 세트까지![1] 물론 가구는 자연에 버려지면 바닷물의 소금기와 햇빛과 바람 때문에 금세 망가져 버리므로 다시 쓸 수 없다. 사람들은 수많은 사람을 거치며 땀과 선크림으로 범벅된 선베드와 매트리스를 쓰고 싶어 하지 않기에 개인용 선베드를 해변에 가지고 오기도 한다. 개인용 선베드는 가벼운 무게와 휴대성이 핵심인 물건인데, 여기에 가격까지 싼 것을 구매한다면 허술한 내구성을 가지고 있을 수밖에 없다. 결국, 선베드는 구매한 지 얼마 지나지 않아 망가지고 여지없이 해변에 버려진다. 누가 망가진 플라스틱 가구를 집에 도로 가져가고 싶겠는가? 선베드는 해변에 있는 코딱지만 한 쓰레기통에는 들어가지도 않는다.

해변에서 가구가 발견되는 이유는 선베드 대여업자나 해수욕객에게만 있지 않다. 가구는 바다에서 떠내려오기도 한다. 예를 들어, 크루즈선의 갑판이나 해안가 테라스에 놓인 하얀 플라스틱 의자(어디서나 볼 수 있고 쉽게 포개어 쌓을 수 있는 바로 그 의자 말이다.)는 약한 바람이나 점잖은 파도에도 쉽게 바닥에서 미끄러져 바다에 빠진다. 물론 해안에서 몰래 이루어지는 불법 투기가 해양 쓰레기 중에서 가구의 양을 늘리는 데에 일조하는 것도 사실이다. 마지막으로, 해변에 개인용 선베드를 가지고 올 정도로 해수욕에 정성을 쏟는 사람이라면 다른 캠핑 장비와 식량을 한가득 싸 들고 올 게 분명하다. 이들이 왔다 간 자리에는 결국 각양각색의 쓰레기가 종류별로 버려질 때가 많다.

해변용 가구는 종류가 다양하고 복합적인 소재로 구성되어 있어서 이 책에서는 이렇게 별도의 장을 마련해 내용을 정리했다. 해변에 가구가 덩그러니 놓여 있으면 사람들은 '왠지 여기에는 쓰레기를 버려도 괜찮을 것 같다'라고 생각하며 양심의 가책을 덜 느끼고 하나둘씩 쓰레기를 얹어놓고 간다. 그러므로 해변 쓰레기가 된 가구에는 특별한 관심이 필요하다. 자, 그러면 이제 쓰레기가 된 가구가 해변과 바다를 어떻게 더럽히고 있는지, 바다는 가구와 어떤 전투를 벌이고 있는지 알아보자.

1 선베드는 펼쳐 놓기만 하면 금방 점령된다. 사람들은 선베드에 자리를 잡고 누워서 온종일 먹고, 마시고, 담배를 피운다. 그렇게 선베드는 쓰레기 생산 공장이 된다. (지중해, 튀르키예)
2 바다에 바짝 붙여서 설치된 선베드와 파라솔이 파도에 잡아먹혀 해양 쓰레기가 되는 것은 그야말로 한순간이다. (지중해, 튀르키예)

3, 4 선베드는 해변의 험악한 환경을 오래 버틸 만큼 강하지 않다. 조금 부러지고 손상되었을 뿐이지만 누군가 여기에 눕는다면 엉덩이를 움켜쥔 채 벌떡 일어나게 될 것이다. (지중해, 튀르키예)

5 비치 체어는 다리나 팔걸이가 부러지면 한순간에 가치를 잃고 쓰레기가 되고 만다. (카리브해, 프랑스령 과들루프)

6 가구로서의 수명을 다한 이 비치 체어는 이제 해양 쓰레기로서의 새 삶을 시작했다. (지중해, 튀르키예)

7 플라스틱 가구의 마지막 모습 — 홀로 남겨진 선베드의 다리 (지중해, 튀르키예)

8 때로는 다듬어진 테두리와 하중을 잘 버티도록 설계된 구조를 자세히 살펴보고 나서야 이것이 가구였다는 사실을 깨달을 때도 있다. (지중해, 튀르키예)

1 파라솔 아래에서도 쓰레기 공장은 가동된다. 이 다채로운 쓰레기들을 보라. (지중해, 튀르키예)
2 강한 바람이 한번 불면 바다에는 쓰레기가 우후죽순 늘어난다. (지중해, 튀르키예)

3, 4 험악한 해변 환경을 조금이라도 더 안락하게 만들어 보고자 누군가 애썼던 흔적이 엿보인다. 구부러지고 찌그러지고 녹슨 철봉은 흔히 파라솔을 세우는 데에 쓰이던 것이다. 주로 플라스틱 조절 장치나 클램프가 달려 있다. (지중해, 스페인 이비사)

5 바다거북이 알을 낳는 모래 해변에 파라솔을 꽂으면 알과 새끼 거북을 다치게 할 수 있다. (지중해, 튀르키예)

6 해변에 파라솔을 세우기 위해서는 받침대가 필요할 때도 있다. 사진처럼 물을 채워 넣는 모델은 생각보다 가벼워서 언제든지 바다로 쓸려 내려갈 수 있다. 시멘트로 만든 받침대도 끈질긴 바다 쓰레기가 되기는 매한가지다. 물론 모래사장에 곧바로 파라솔 봉을 박지 않고 받침대를 사용하면 바다거북의 산란기에 새끼 거북을 다치게 할 위험을 줄일 수 있다. (지중해, 튀르키예)

1 좀 더 정교하게 각도를 조절할 수 있는 철제 선베드는 플라스틱으로 만들어진 사촌들보다 더 허약하다. (대서양, 미국)

2 소금기 가득한 바닷바람은 손쉽게 해변 가구를 볼품없는 쓰레기로 전락시킨다. (지중해, 튀르키예)

3 금속이 많을수록 더욱더 보기 흉하게 변한다. (지중해, 슬로베니아)

1   테이블이 많을수록 수익도 늘어나고 미래의 해양 쓰레기도 늘어난다. (대서양, 잉글랜드)
2   아무리 튼튼한 가구라고 하더라도 시간의 흐름을 겪고 파도에 노출되면 쓰레기가 될 수밖에 없다. (지중해, 튀르키예)

1 시간의 시험을 견딜 수 있는 해변용 매트리스는 존재하지 않는다. (지중해, 튀르키예)
2 물을 흠뻑 머금어 무거워질 대로 무거워진 매트리스는 해변 청소 작업 때 우리를 기다리는 복병 중 하나이다. 반드시 허리를 조심할 것! (지중해, 튀르키예)
3 박스 스프링 매트리스는 세계적인 히트 상품이다. 그래서 그런지 해변에서도 종종 발견된다. (지중해, 튀르키예)

1 해변 설치물이 남용된 극단적인 사례가 여기에 있다. 물놀이용품이 긁히지 않도록 전부 매트를 깔아 놓았다. 바다거북이 알을 낳는 해변을 이렇게 덮어두다니! (지중해, 튀르키예 칼리스/시프트릭 해변)

2 분명히 모래사장이 맞는 것 같은데 모래가 드러난 부분이 한 뼘밖에 되지 않는다. (지중해, 튀르키예)

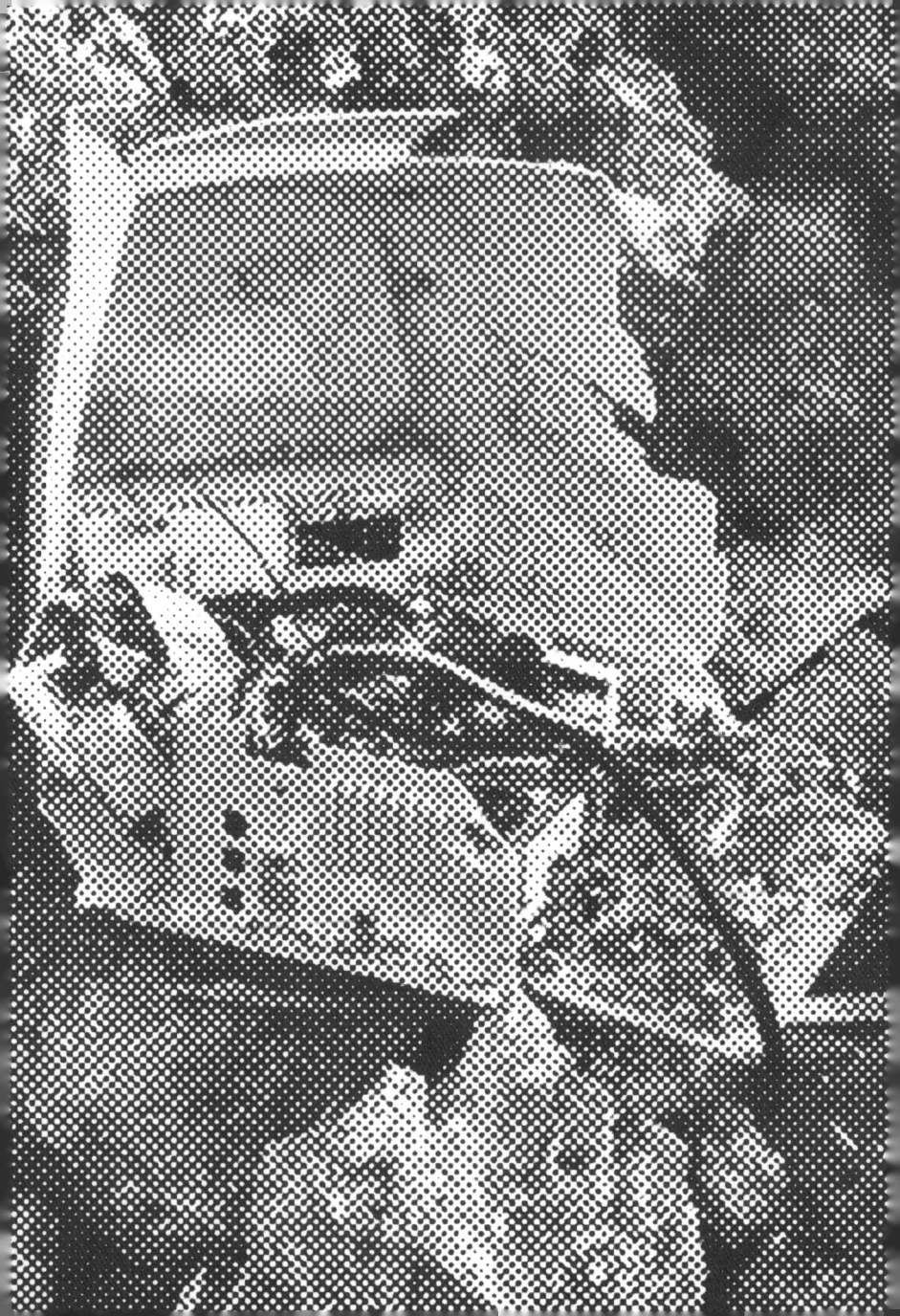

가전제품

 오늘날 우리는 집에 있는 동안 TV와 컴퓨터, 다리미, 냉장고에 이르기까지 수많은 종류의 전자기기에 둘러싸여 있다. 그래서일까? 세계적으로 한 사람이 만들어내는 전자 폐기물 e-waste의 양이 1년에 7.3kg이나 된다고 한다. 그런데 이는 평균적인 수치일 뿐이고, 미국인과 유럽인은 각각 21kg과 16.2kg이나 되는 전자 폐기물을 배출하고 있다.[2] 최근 전 세계에서는 매년 4,200만 톤이나 되는 전자기기가 쓰레기로 버려졌고, 이들 중 대부분은 부엌과 화장실, 세탁실에서 사용되던 것들이

♻ 유엔 훈련연구기구UNITAR의 보고서에 따르면 한국의 1인당 평균 전자폐기물 배출량은 2019년을 기준으로 15.8kg이다.

었다.³ 이러한 수치가 믿기지 않는다면 여러분이 컴퓨터나 핸드폰을 지금까지 몇 번이나 바꿨는지 떠올려보라. 과연 그렇게 자주 전자기기를 바꿔야만 했을까? 버려진 전자기기들은 모두 어디로 갔을까? 그것들은 왜 오늘날 바다에서 발견될까?

여러분은 "계획된 구식화"라는 개념을 들어보았을 것이다. 기업들은 점점 더 짧은 간격으로 신제품을 출시하면서 기존 제품을 일부러 한물간 것처럼 보이게 하려고 애쓴다. 이전 모델의 기능을 대폭 개선해서 새 모델이 출시된다면 정말 다행이겠지만, 안타깝게도 별다른 발전 없이 그저 겉모습만 바꿔서 시장에 나오는 경우가 많다. 때때로 악덕 기업들은 제품에 교체할 수 없거나 품질이 나쁜 부품을 끼워 넣어 일부러 일찍 고장이 나도록 만들기도 한다. 이 밖에도 제품을 열 수 없게 만들어 부품을 수리하지 못하게 하거나, 일회용 카메라처럼 재사용이 불가능하게 설계하거나, 배터리를 교체할 수 없게 막아놓는 경우도 많다.

유행이 지나거나 일찍 고장 나 버린 제품들은 어디로 가게 될까? 이 중에는 재활용 처리장으로 보내지는 것들도 있지만, 대부분은 저개발 국가에 불법으로 수출되어 매립된다. 예를 들어, 중국은 2012년에 전자 폐기물의 70%만 국내에서 처리했고, 나머지는 인도나 동남아, 그리고 나이지리아를 비롯한 아프리카로 보내버렸다.⁴ EU와 북미는 전자 폐기물 처리에 관한 구체적인 법령과 시행령을 가지고 있지만, 그런데도 각각 40%와 12%의 전자 폐기물만 자체적으로 처리할 뿐이다.⁵

전자 폐기물이라고 해서 바다와 해변으로 흘러 들어가는 운명에서 벗어나는 것은 아니다. 2016년에 열린 국제 연안 정화의 날에는 TV 97개와 냉장고 28개가 수거되었다.[6] 아마 전자 폐기물은 해안 절벽 근처 도로에서 합법적으로나 불법적으로 버려지거나, 하천이나 운하가 범람할 때 바다로 쓸려 내려가는 등 다른 해양 쓰레기와 비슷한 경로로 바다에 도달했을 것이다. 전자기기 중에는 내부에 공기층이 형성될 수 있는 구조를 가지거나 가벼운 단열재를 포함하고 있는 것도 많아서 물에 뜬 채로 충분히 바다까지 떠내려갈 수 있다. 물론, 저렴한 바비

"우리 TV가 있는 쓰레기 더미 근처에서 만나자!"
전자기기가 버려진 쓰레기 더미는 흔치 않기 때문에, 드넓은 해변에서 만남의 장소가 되곤 한다. 물론 이것이 근처에서 휴식을 취하기에도 좋은 장소인지는 잘 모르겠다. (지중해, 그리스)

큐 그릴과 같이 해변에서 사용되고 나서 그대로 그곳에 방치되는 것들도 있다. 냉장고와 같이 크기가 큰 부엌 설비도 자주 해변에 버려지는데, 이 경우는 3장(금속)을 참고하기 바란다.

바다에 버려진 전자 폐기물은 단순히 미관상의 문제만 일으키는 것이 아니다. 전자기기에는 귀금속도 들어 있지만 중금속이나 유독한 화학 물질도 포함되어 있다. 예를 들어 컴퓨터에는 수은과 비소, 크롬이 들어 있다.[3] 최근에는 난연제로 사용되는 폴리브롬화디페닐에테르류PBDEs의 위험성도 점점 알려지고 있다. 그리고 전자기기의 녹슬고 날카로운 테두리는 해수욕객을 다치게 할 수도 있다. 냉장고처럼 모래에 파묻힌 대형 전자 폐기물은 수거 과정에서 허리 부상을 일으키기도 한다.

전자 폐기물 문제에 대한 해결책은 다양하다. 먼저 공식적인 국제 규약이 수립되어야 한다. 대표적으로 UN의 '전자 폐기물 문제 해결 계획E-waste Problem Initiative'이 더 강력한 역할을 할 필요가 있다. 전자 폐기물 수입국을 지원하기 위한 특별 기금도 조성되어야 한다. 앞으로 신설될 규제에 소비자의 책임을 함께 명시하는 것도 중요하다.[3] 아직 갈 길이 멀다. 아쉽게도 전화기와 TV를 비롯한 각종 전자 폐기물의 양은 2009년과 2014년 사이에 두 배로 뛰었다.[2] 이러한 추세는 짧은 시일 내에 바뀌지 않을 것으로 보인다. 우리는 앞으로 해변에서 전자 폐기물을 더 많이 맞닥뜨리게 될 것이다.

1　현대인은 해변에서도 컴퓨터를 벗어날 수 없는 것일까. 평면 모니터의 발명은 덩치 큰 브라운관 모니터의 대량 폐기를 의미했는데, 이들 중에는 완전히 멀쩡한 것들도 많았다. (카리브해, 프랑스령 과들루프)

2　최근에 있었던 국제 연안 정화의 날에는 TV가 97개나 수거되었다. 해변에서 TV를 발견하면 어떻게 처리해야 할까? (지중해, 그리스)

3, 4 프레임을 해변에서 치우기 전에 아날로그 감성이 물씬 나는 사진을 남겨 보았다. 운이 좋다면 여러분은 상태가 썩 괜찮은 리모컨을 주울 수 있지도 모른다. (지중해, 튀르키예)

5 한번 해양 쓰레기가 되고 나면 최고의 컴퓨터 수리공이라도 손을 쓸 수 없게 된다. 내다 버리기 전에 멋진 화면보호기를 설치해서 인테리어용품으로 사용하면 어떨까? (카리브해, 프랑스령 과들루프)

1 해변 쓰레기 문제를 해결하고 싶은가? 그렇다면 지금 당장 항의 전화를 걸어보자. 대부분의 쓰레기에는 기업 로고와 주소, 그리고 연락처가 적혀 있다! (지중해, 튀르키예)

2, 3 자, 여기 수화기도 있다. 이제 아무것도 당신을 막지 못한다. (지중해, 튀르키예)

4 한때 인류는 부싯돌로 힘겹게 불을 붙이는 시대에 살았지만, 이제는 원터치 라이터마저도 함부로 버리게 되었다. (지중해, 튀르키예)

5 해변 쓰레기 중에는 설명하기 어려운 것들도 있다. "익스트림 다림질 대회(각종 극한 상황에서 다림질하는 대회인데, 믿기 어렵겠지만 이런 대회가 정말로 있다)"가 해변에서 열렸던 것일까? 아니면 치열한 부부싸움의 잔해인가? (지중해, 튀르키예)

6 '셀카' 세대도 전 세계 해변 곳곳에 자신의 흔적을 남기고 있다.

여러분은 셀카 찍기가 굉장히 위험한 행동이라는 사실을 알고 있는가? 매년 상어의 공격을 받아 목숨을 잃는 사람보다 셀카를 찍다가 유명을 달리하는 사람이 더 많다고 한다. 함부로 야생 동물에게 가까이 다가가 셀카를 찍지 말자.

최근에 열린 국제 연안 정화의 날에도 5개의 셀카봉이 발견되었다. (지중해, 튀르키예)

9
의류

옷
신발류
슬리퍼
장갑
모자

옷

 우리는 해변에 도착하면 물놀이나 태닝을 하기 위해 외투부터 상의, 하의, 양말, 그리고 속옷까지 모두 벗어 던진다. 그러면 해수욕장에는 사람들의 수보다 몇 배는 많은 옷이 널브러지게 된다. 과연 이 옷들은 모두 주인의 몸에서 제자리를 찾아 집으로 돌아갈 수 있을까? 글쎄…. 어떤 옷은 잠시 한눈판 사이에 바람에 날려 사라지기도 하고, 어떤 옷은 거센 파도에 휩쓸려 멀리 떠내려가기도 한다. '몬테수마의 복수'✿와 같은 소화기관의 기습을 당한 옷이나, 녹은 아이스크림과 모래가 묻어 매우 찝찝한 상태가 되어 버린 옷도 그대로 해변에 버려질 것

✿ 특정 세균에 대한 면역이 없는 외국인에게 급성 설사를 일으키는 멕시코의 풍토병

이다. 모래사장에 떨어진 물건들이 대체로 그렇듯, 해변에 벗어놓은 옷은 차츰 모래 속으로 파묻히다가 주인의 기억에서 잊혀 집에 돌아가지 못하기도 한다.

하지만 의류는 대부분 유기물로 만들어지니까 해양 쓰레기가 되더라도 큰 문제가 없지 않을까? 아니, 아쉽게도 그렇지 않다. 오늘날 대부분의 의류는 합성 섬유로 제작되며, 순면으로 만든 의류라고 하더라도 허리띠의 탄력 밴드나 반짝이는 장신구처럼 다양한 인공 소재를 포함하고 있다. 때로는 안감이 면이어도 겉감이 합성 섬유이거나, 그 반대인 경우도 많다. 그리고 세탁 시 주의사항이나 회사 로고 등이 적혀 있는 빳빳한 세탁 태그는 대부분 합성 섬유로 만들어진다. 수상 스포츠나 기타 아웃도어 활동을 위한 고기능성 의류라면 순면으로 만든 것을 더욱 찾아보기 힘들 것이다. 더군다나 많은 의류는 까다로운 소비자들의 요구에 따라 곰팡이 발생을 막고 방수나 쾌속 건조 기능을 더하기 위해 각종 화학 처리를 거친다.

의류 쓰레기의 규모는 얼마나 될까? 쓰레기 매립지에 버려지는 양을 추산해보면 우리는 매년 거의 9,200만 톤에 달하는 의류를 버리고 있다. 여러분은 아마 청바지 한 벌을 만드는 데에 대략 3,000~10,000리터의 물이 사용된다는 이야기를 들어보았을 것이다(인터넷에 "물 발자국"을 검색해보라).[1] 이렇게 의류 산업이 일으키는 환경 문제를 해결하려면 어떻게 해야 할까? 몇몇 기업들은 '지속가능의류연합Sustainable Apparel Coalition'

을 결성하고 '히그 지수the Higg Index'라고 하는 지속가능성 지표를 만들었다.[2] 오가닉 코튼(유기면)이나 생분해 의류, 친환경 가죽, 재활용 고무로 만든 신발 밑창, 업사이클링 의류(예: 폐어구로 만든 양말)[3] 같은 것들도 속속 개발되고 있다. 오늘날 가장 중요한 이슈가 되고 있는 것은 미세플라스틱인데, 의류는 폐수와 공기 중에 합성 미세 섬유를 가장 많이 배출하는 요인이다.[4] 매번 옷을 입고 벗을 때마다, 그리고 옷을 세탁기에 돌릴 때마다 셀 수 없이 많은 양의 미세플라스틱 입자들이 떨어져 나와 자연환경에 유입된다.♻ 이것들은 우리가 잘 아는 바와 같이 해양생물의 먹이 사슬을 거쳐 우리에게 돌아오고 있다.

그런데 화학 섬유가 아닌 유기 섬유로 만들어진 옷이라고 하더라도 환경에 무해한 것은 아니다. 대부분의 의류는 끊임없는 마모를 견딜 수 있도록 튼튼하게 만들어진다. 이는 곧 의류가 물속과 해변에서도 분해되지 않고 상당한 시간을 버틸 수 있다는 사실을 의미한다. 그러므로 해변 청소를 할 때 이러한 쓰레기를 제거하지 않는다면 오랫동안 그 자리에 머무르며 자연을 괴롭힐 것이다.

♻ 홍콩시립대와 캐나다 서스캐처원대 공동 연구진의 실험에 따르면 건조기에서는 세탁기보다 최대 40배 많은 미세 섬유가 발생할 수 있다고 한다.

1   거의 모든 요트나 어선에서는 작업복으로 비옷을 구비해놓는다. 이 옷은 갑판 위와 같이 험한 환경에서 일할 때 사용되기 때문에 내구성이 매우 강하며, 해양 쓰레기가 되어서도 쉽게 분해되지 않는다. (캘리포니아만, 멕시코)

2   열대 해변에서 방한 의류가 발견된다면 먼 곳에서 떠내려온 것임을 짐작할 수 있다. 당신이 모험심 가득한 해변 쓰레기 탐정이라면(그리고 장갑을 끼고 있다면), 주머니를 뒤져서 출처를 구체적으로 짐작할만한 단서를 확인해볼 수 있다. (지중해, 크로아티아)

3   플라스틱 지퍼는 반복적인 마찰을 견디도록 튼튼하게 만들어진다. 그래서 해변에서도 온전한 상태로 한없이 긴 시간을 버틸 수 있다. (지중해, 튀르키예)

4 어디서든지 바지를 잃어버린다면 무척 창피할 것이다. 이 바지는 주머니에 달린 금속 징이 녹슨 것으로 보아 바닷물에 오래 노출된 것 같다. (지중해, 튀르키예)

5 해변에서는 버려진 티셔츠가 곧잘 발견된다. 티셔츠에 적혀 있는 문구는 오늘날 개성을 표현하는 중요한 수단이 되었다. 누군가 아끼는 티셔츠를 잃어버렸다면 운명의 장난에 좌절하겠지만, 배우자의 패션 센스에 지친 사람은 남몰래 쾌재를 부를지도 모른다. (태평양, 멕시코)

6 해변에 도착한 사람들이 곧장 신발을 벗고 물에 들어간다는 사실을 생각해보면, 해변에서 양말이 발견되는 것은 당연한 일이다. (태평양, 미국 캘리포니아)

7 해수욕객들은 해변에서 옷을 여러 번 갈아입곤 한다. 물에 젖은 속옷을 다시 입는 것이 찝찝해서 그런지 옷을 그냥 버리고 가는 사람들이 많다. 해변에서 속옷을 발견하는 것은 그리 대단한 일이 아니다. (태평양, 미국)

8 해변에서 속옷이 많이 발견되는 다른 이유 중 하나는 바로 소화 장애 때문이다. 이국적인 해외에서 휴가를 즐기다 보면 현지 음식을 잘못 먹고 탈이 날 수 있는데, 끝까지 참다가 결국 본인도 모르게 백기를 들게 된다면 사고의 흔적을 절대 집에 가져가고 싶지 않을 것이다. (대서양, 미국)

9 친구나 연인과 함께 해변에서 물놀이를 즐기는 사람이 많기 때문일까? 속옷에도 여지없이 "해변 쓰레기 무더기의 법칙"은 적용된다. (지중해, 튀르키예)

신발

　모래사장을 맨발로 거니는 것은 무척이나 즐거운 일이다 (적어도 여러분이 이 책을 읽기 전까지는 그랬을 것이다). 맨발 걷기는 발 건강에도 좋다. 하지만 적어도 해변에 갈 때까지는 신발을 신어야 한다. 많은 나라에서는 맨발 운전을 법으로 금지하고 있으며, 주차장에서 해변까지 가는 길 위에는 발바닥에 악몽이 될 만한 것이 너무나도 많다. 물론 해변에 도착하더라도 신발은 벗지 않는 편이 더 좋다. 해변에는 날카롭거나 불결한 쓰레기들이 곳곳에 도사리고 있기 때문이다. 나는 맨발로 밟아도 괜찮을 것 같은 해변 쓰레기를 본 적이 없는데, 이런 점에서 "해변에서 결코 맨발로 밟고 싶지 않은 물체"라는 말이야말로 교과서적인 정의보다 해양 쓰레기의 핵심을 잘 짚어주는 것 같다. 한편, 해변에서 신발을 벗지 않기를 권장하는 또 다른 이유는 화상의 위험 때문이다. 모래사장의 표면 온도는 70℃까지 올라갈 수 있다. 신발이 없다면 여러분은 깡충거리며 춤을 추게 될 것이다. 그리고 바위나 자갈이 많은 해변에서는 날카로운 돌멩이에 다칠 수 있기에, 물에 뛰어들기 전에는 반드시 밑창이 단단한 신발이나 샌들을 신어야 한다. 신발을 신으면 성게의 가시나 독 민달팽이, 모래 바닥에 숨어 있는 저서생물들의 바늘로부터 발을 보호할 수 있다.

그런데 과연 신발도 해양 오염에 책임이 있을까? 물론이다. 전 세계 80억 인구가 신발을 몇 켤레만 가지고 있다고 하더라도 이 지구에는 최소한 수백억 켤레의 신발이 존재할 것이다. 그중 일부만 해변에 버려진다고 하더라도 결코 무시할 수 없는 양이 된다. 신발은 소모품인 데다 새 제품이 출시되는 주기도 짧다. 그래서 정신을 차리고 보면 신발장에 안 신는 신발이 열 켤레도 넘게 쌓여 있는 경우가 적지 않다(물론 신발 마니아들은 백 켤레도 적다고 생각할 것이다). 그런데 여기서 우리가 잊지 말아야 할 것은 오늘날 대부분의 신발이 내구성이 매우 강한 플라스틱이나 합성 소재로 만들어진다는 사실이다. 합성 소재는 자연환경을 철저하게 오염시키는 주원인이다. 물론 천연 가죽으로 만들어진 구두라면 환경에 악영향을 끼치지 않을지도 모르겠다. 하지만 일반적으로는 가죽 신발에도 환경에 해로운 화학 물질이 첨가되어 있고, 뒤창이 고무로 되어 있거나 바느질에 합성 섬유 원사가 사용되는 경우가 많다.

그렇다면 신발은 어떻게 해변에 도달하는 것일까? 원인은 다양하다. 생활 폐기물이 지역에서 제대로 처리되지 않았을 수 있고, 누군가 해안가에 신발을 불법 투기했을 수도 있다. 해양 오염 따위는 내가 알 바 아니라는 식의 태도를 가진 일부 뱃사람들이 바다에서 신발을 버렸을 가능성도 있다. 물론 해수욕장에 찾아온 관광객들도 매일같이 신발을 잃어버리거나 버리고 간다. 그런데 신발에 사용되는 합성 소재는 무지막지한 내구성을 가지는 탓에 분해되는 데에 굉장히 오랜 시간이 필요하다. 서퍼들이 착용하는 네오프렌 부츠나 다이버를 위한 다이빙 핀과 같은 특수 제작 신발들이 자연에서 거의 분해되지 않는 것은 말할 것도 없다. 대량으로 투기된 신발은 몇 년씩 바다 위를 떠다니며 수 제곱킬로미터 면적의 바다를 뒤덮기도 한다. 이는 다음의 사건을 보아도 잘 알 수 있다. 1990년의 어느 날, 유명 브랜드의 신발 8만 켤레가 들어있던 40피트 컨테이너 21개가 화물선에서 떨어져 북태평양 바다에 빠진 적이 있었다.[5] 바다를 떠돌던 신발들은 6개월에서 1년이 지나자 캐나다 퀸 샬럿 제도Queen Charlotte Islands✿부터 미국 오리건주 남부까지 떠내려와 기나긴 해변을 뒤덮었다. 하나같이 멀쩡한 신발들이었기

✿ 섬 원주민들과의 협정에 따라 2010년에 '하이다 과이(Haida Gawii)'로 공식 명칭이 바뀌었다.

에 사람들은 신발의 짝을 찾아주기 위해 오리건주에서 물물 교환 행사를 열었다. 이 신발들은 1992년에는 하와이에서도 발견되었는데, 어찌나 바다를 떠돌아 다녔으면 이 신발들을 가지고 해양학 연구자들이 해류를 더 연구할 수 있었을 정도라고 한다.

이렇게 오랫동안 바다에서 표류하는 신발들은 결국 어떻게 될까? 신발의 플라스틱 소재에는 연화제와 같이 환경에 해로운 첨가제가 들어 있는데, 시간이 지나면서 그러한 첨가제가 바닷물에 배어 나오게 된다. 첨가제가 다 빠지면 그다음에는 조류나 따개비, 갑각류, 이끼벌레류, 멍게, 그리고 비전문가는 존재하는지도 잘 몰랐을 각종 해양 생물들이 신발에 달라붙는다. 물에 뜨는 다른 물체들이 그렇듯, 신발은 해양 생물을 다른 서식지에 퍼뜨리는 매개체가 될 수 있다. 그래서 바다에 버려진 신발은 완전히 동떨어진 해역이나 외딴섬에 외래종을 유입시켜 현지 생태계를 쑥대밭으로 만들기도 한다. 바다를 표류하는 신발의 일대기를 연구한 논문에 따르면 해양 생물이 너무 많이 달라붙은 신발은 결국 무게를 이기지 못하고 가라앉지만, 신발이 수심 몇 킬로미터 지점까지 내려가면 너무 춥고(지구에서 가장 큰 생태계인 심해는 평균 수온이 3℃밖에 되지 않는다) 어둡기 때문에 신발에 달라붙었던 생물들이 죽어서 떨어져 나간다고 한다. 그러면 신발은 다시 수면으로 떠올라 같은 과정을 반복하게 된다.

우리는 해변 쓰레기가 된 신발에서 여러 가지 흥미로운 정보를 얻을 수 있다. 전 세계인을 대상으로 하는 수조 원 규모의 산업이 대부분 그러하듯, 피 튀기는 경쟁은 신발 산업에서도 일상이나 다름없다. 그래서 신발 브랜드들은 다른 브랜드는 물론이거니와 자사의 이전 모델과도 차별화된 제품을 출시하기 위해 심혈을 기울인다. 전 세계 어느 지역에서나 소비자들이 단번에 자신들의 제품을 알아보는 것은 모든 브랜드의 이상이기에, 기업들은 신제품에 다양한 신소재와 독특한 디자인을 적용하고, 브랜드명과 로고를 가장 눈에 띄는 위치에 배치한다. 이 덕분에 우리는 세계적으로 유명한 브랜드의 신발을 한

발포 소재나 플라스틱이 조금이라도 들어 있는 신발은 거뜬히 조개삿갓과 진주담치의 무게를 이겨내고 망망대해를 떠다닐 수 있다.

눈에 알아맞힐 수 있다. 신발의 밑창과 태그에도 사이즈를 비롯한 각종 정보가 적혀 있는데, 여기에 쓰인 글씨는 신발이 바다에서 한참동안 혹사당한 후에도 여전히 또렷하다. 아마 신발 수집가라면 이 정보를 가지고 모델과 생산년도를 알려줄 수 있을지도 모른다. 마지막으로, 생물학을 좋아하는 독자라면 신발에 달라붙어 있는 부착 생물의 수와 크기를 보고 그 신발이 바다에서 얼마나 오래 떠다녔는지 추측해 볼 수 있을 것이다. 석회관갯지렁이의 하얀 집이나 홍합과 따개비의 빈껍데기 등은 좋은 실마리를 제공한다. 다음 기회에 해변에서 신발을 발견하면 꼭 한번 살펴보자!

1 슬리퍼와 운동화는 해변에서 가장 많이 발견되는 해양 쓰레기 중 하나이다. 신발끈을 넣는 금속 아일릿이 가장 먼저 부식되었다. (지중해, 튀르키예)
2 안창과 겉창이 분리되고 나니 '에어 쿠션'이 자리했던 공간이 드러났다. (지중해, 튀르키예)
3 검은색 겉창이 중창에서 분리되려 하고 있다. 따개비로 뒤덮였다는 것은 그만큼 바다에 오래 떠다녔다는 사실을 의미한다. (태평양, 대한민국)

4, 5 플라스틱 밑창과 앞코는 천으로 만들어진 갑피 부분보다 훨씬 나중에 분해된다. (지중해, 튀르키예)

6, 7 때로는 거의 해진 신발이라고 하더라도 로고나 디자인을 보고 브랜드를 추측할 수 있다. 밑창에서 떨어져 나온 갑피는 여러 겹의 천을 단단하게 바느질해서 만들기 때문에 해양 쓰레기가 되어서도 그 나름대로 오래 바다를 떠돌 수 있다. (지중해, 튀르키예)

8 튼튼한 밑창은 바다에 버려진 뒤에도 쉽게 분해되지 않는다. 가운데에 브랜드 로고가 또렷하게 드러나 있다. (지중해, 튀르키예)

9 이것은 쿠션 기능을 강화한 스포츠 신발의 밑창인 것 같다. (카리브해, 쿠바)

1 가죽으로 만든 신발이라고 하더라도 고무 밑창과 구두못, 합성 섬유를 사용한 바느질, 염료, 그리고 화학 첨가제가 들어 있어서 순수한 유기물이라고 할 수 없다. (태평양, 멕시코)

2 녹슨 부분이 있는 것을 보면 구두 밑창이 바느질뿐만 아니라 못으로도 고정된다는 사실을 알 수 있다. (지중해, 튀르키예)

3 마지막 풍화 단계에 다다른 신발은 주로 밑창만 남게 된다. 사진에는 바느질 자국과 구식 '에어포켓' 디자인이 드러나 있다. (지중해, 튀르키예)

4 뒷굽도 독립적으로 해양 쓰레기가 되어 해변을 돌아다닐 수 있다. (지중해, 튀르키예)

5 나무로 만든 구두 골은 해양 쓰레기 중에서도 상당히 희귀한 편에 속한다. (홍해, 요르단)

1 어린아이들이 해변에서 신발을 잃어버리는 것은 당연한 일일지도 모른다. (대서양, 미국)
2 이야, 이 발레 슈즈는 이제 피루엣(pirouette, 한쪽 발로 서서 팽이처럼 도는 발레 동작 – 옮긴이)을 할 수 없게 되었다. (아드리아해, 이탈리아)
3 바다에서 일하는 사람들에게 고무장화는 필수 장비이다. (지중해, 튀르키예)
4 석회관갯지렁이의 집과 굴 껍데기가 붙은 이 고무장화는 아직도 멀쩡하다. 맨손으로 만져보기는 왠지 꺼림칙하다. (태평양, 일본)
5 수상 스포츠 신발 시장은 점점 커지고 있으며, 이 때문에 영원히 분해되지 않을 것만 같은 해양 쓰레기가 바다에 늘어나고 있다. (태평양, 멕시코)

슬리퍼

 슬리퍼는 해수욕에서 빼놓을 수 없는 물건이기도 하고 어느 해변에서나 쉽게 발견되기 때문에 별도의 장을 마련해 소개할 필요가 있다. 슬리퍼를 의미하는 영어 단어인 'flip-flops'는 걸을 때 밑창이 발바닥을 찰싹찰싹 때리는 소리에서 유래했다. 의성어가 그대로 이름으로 정착된 경우랄까? 슬리퍼는 통풍을 원활하게 해준다는 장점이 있지만, 근본적으로 부실한 내구성을 가질 수밖에 없다. 아마도 끈 떨어진 슬리퍼가 해변에서 그렇게 많이 발견되는 이유도 바로 이 때문일 것이다. 모래가 잡아당기는 힘은 일반적인 슬리퍼가 감당할 수 있는 것보다 강하다. 그래서 해변에서 슬리퍼를 신고 돌아다니다 보면 얼마 지나지 않아 슬리퍼의 가장 약한 부분이 찢어지기 시작한다. 과연 사람들이 뜯어진 슬리퍼를 집에 가져가서 고쳐 신을까? 글쎄…. 망가지지 않은 다른 한 짝도 같이 버리지나 않으면 다행이다.

해양 쓰레기 문제와 관련해서 슬리퍼에 주목해야 하는 이유는 무엇일까? 해변에 버려진 슬리퍼는 기본적으로 그 양도 매우 많지만, 물에 매우 잘 뜨기 때문에 외래종 문제를 쉽게 일으킬 수 있다. 게다가 유화제와 같은 화학 첨가제를 포함하고 있는 경우가 많아 환경을 오염시키기도 한다. 물론 낡은 슬리퍼도 업사이클링이 가능하다는 사실을 생각해보면 아직 낙담하기는 이르다. 인터넷에 '슬리퍼로 만든 매트'를 검색해보자. 케냐의 업사이클링 업체 '오션솔Ocean Sole'은 매년 슬리퍼 40만 개를 가지고 장난감과 예술품 및 각종 기능품을 생산하고 있으며, 이 사업으로 예술가 50명과 수백 명의 사람들에게 일자리를 제공하고 있다.[6]

해변 청소를 하러 갈 때는 어떤 신발을 신는 게 좋을까? 최소한 슬리퍼만큼은 피하는 게 좋다. 슬리퍼는 쉽게 닳고 밑창이 얇은 데다 발가락을 노출하기 때문에 주사기는 말할 것도 없고 유리 조각이나 성게 등으로부터 여러분의 발을 보호해주지 못한다.

1   엄지발가락과 검지 발가락 사이에 끈을 끼워서 신는 슬리퍼인 '쪼리'는 끈이 떨어지는 순간 그 자리에 매정하게 버려지곤 한다. (지중해, 튀르키예)

2   해변에 '쪼리'를 신고 가면 십중팔구 끈이 떨어진다고 해야 할지도 모르겠다. 사진의 슬리퍼 주변에는 해양 쓰레기 동료가 보인다. (태평양, 멕시코)

3   모래가 잡아당기는 힘은 일반적인 슬리퍼 끈이 버틸 수 있는 힘보다 강력하다. (태평양, 멕시코)

4 저렴한 발포 소재로 이루어진 밑창은 쉽게 해지고 구멍이 난다. 사진에는 밑창에 여전히 끈의 끝부분이 박혀 있다. 앞부분의 구멍에서는 끈이 쏙 빠진 듯하다. (카리브해, 쿠바)

5 싸구려 슬리퍼에서 가장 마지막까지 멀쩡한 부품은 플라스틱 쐐기인 것 같다. (카리브해, 쿠바)

6, 7 일부분밖에 남지 않았지만, 스티로폼 패드에 끈을 끼워 넣는 구멍이 나 있는 것을 보면 이것이 분해되다 남은 슬리퍼의 밑창이라는 것을 알 수 있다. (지중해, 튀르키예; 카리브해, 쿠바)

1 석회관갯지렁이에 점령당한 슬리퍼 — 오랜 시간 바다에 떠다녔을 이 슬리퍼는 멀리 떨어진 서식지에 외래종을 유입시켰을지도 모른다. (지중해, 튀르키예)

2 조개삿갓(화살표)이 붙어 있다는 사실과 다른 부착 생물의 크기를 보고 이 슬리퍼가 바다에 버려진 지 얼마나 되었는지 짐작할 수 있다. (태평양, 하와이)

1 "으악, 모래 괴물이다!"
  다른 부분은 쉽게 풍화되는 데에 반해 슬리퍼의 쐐기 부분은 눈에 띄게 강한 내구성을 보여 준다. (지중해, 튀르키예)
2 때로는 자세히 관찰해보고 나서야 슬리퍼 밑창이라는 사실을 알 수 있는 경우도 있다(윗부분에 남아 있는 쐐기 부품을 보라). (지중해, 튀르키예)

1 잠깐! 이번만큼은 "해변 쓰레기 무더기의 법칙"이 아니다. 멀쩡한 슬리퍼들이 물가에 옹기종기 모여 있다면 사람들이 근처에서 물놀이를 하고 있다는 뜻이다. 아마도 지금쯤 의심의 눈초리로 어디선가 당신을 지켜보고 있을 테니 조용히 지나가자. (지중해, 튀르키예)

2 슬리퍼들이 집단 가출이라도 한 것일까? 아무리 노련한 해양 쓰레기 해설가라고 하더라도 때로는 영문을 알 수 없는 광경을 목격하곤 한다. (태평양, 대한민국 제주도)

1 온갖 사이즈와 색깔, 다양한 스타일의 슬리퍼와 플라스틱 샌들이 판매되고 있다. 전 세계 어느 해수욕장을 가보아도 이러한 신발 가게들이 늘어서 있는 모습을 발견할 수 있다. (지중해, 튀르키예)

2   슬리퍼 한 쌍이 나란히 놓여 있다면 대체로 주변에 주인이 있는 것이다. 하지만 우리의 배트맨은 슬리퍼 중 한 짝의 끈이 떨어져서(화살표) 다른 짝도 같이 버린 듯하다. 해변을 조금만 더 걸어보면 쓸 만한 슬리퍼 한 짝을 쉽게 찾을 수 있었을 텐데…. 믹스매치 패션으로 개성을 뽐내 보는 것은 어떨까? (지중해, 튀르키예)

3   망가진 슬리퍼라도 계속 기워서 쓸 수 있다! (멕시코, 태평양)

4   낡은 슬리퍼로도 업사이클링을 할 수 있다. 이 알록달록한 도어매트를 보라! (태평양, 미국 캘리포니아)

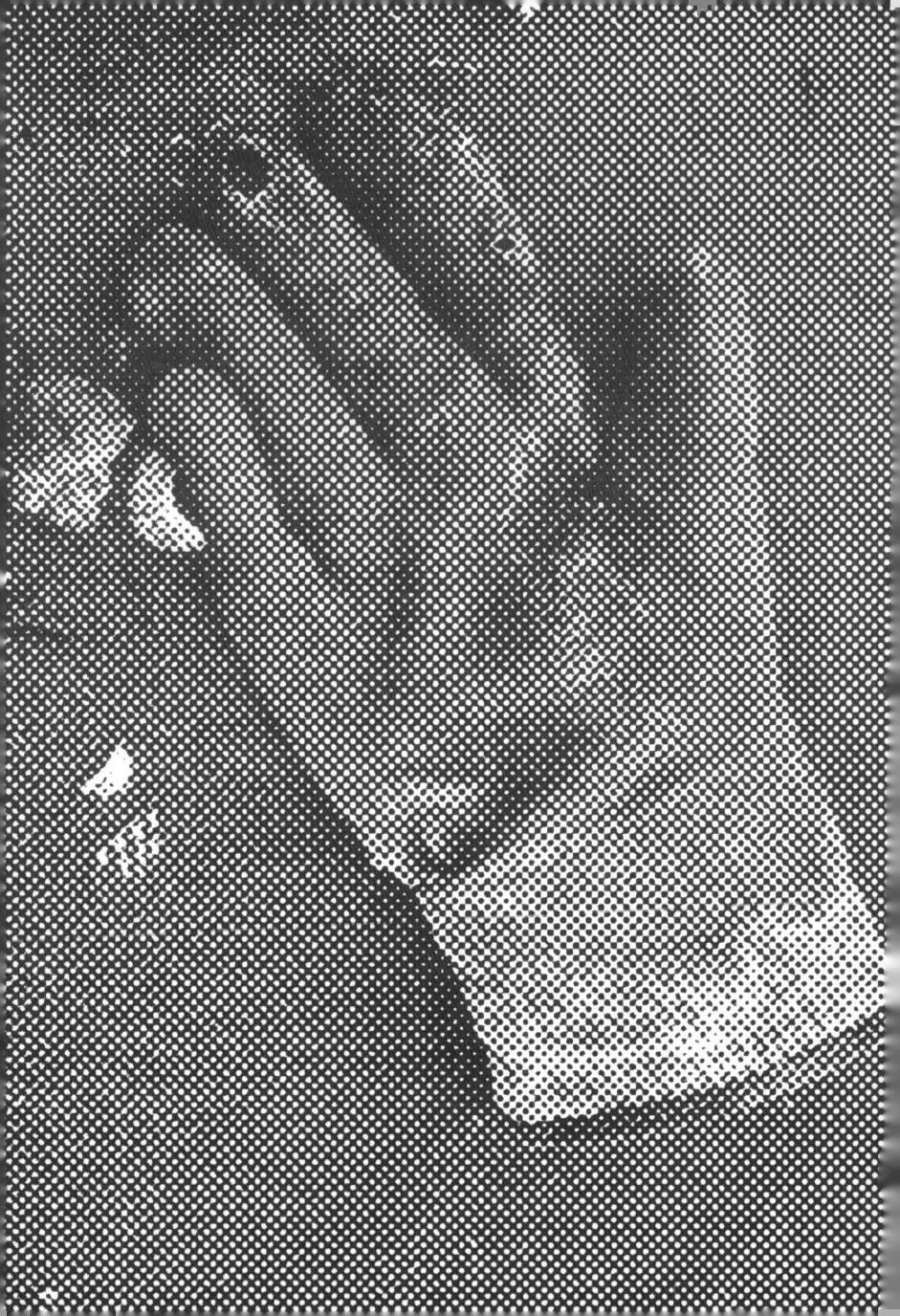

장갑

우리는 맨손으로 만지기 싫은 무언가를 만져야만 할 때 장갑을 낀다. 장갑은 설거지하다가 손끝이 쪼글쪼글해지는 것을 피할 수 있게 해주지만, 유독한 화학물이나 오염물질, 고약한 폐기물, 날카로운 물건, 그리고 기타 불쾌한 액체 등을 다룰 때도 손을 보호해준다. 세상에는 손에 닿으면 위험한 물질이 많은 만큼 장갑의 종류도 다양하다. 그래서 산업 현장에서는 놀라울 정도로 다양한 종류의 안전 장갑이 사용된다. 안전 장갑은 마찰, 화학 약품, 진동, 열, 충격 등으로부터 손을 보호해준다. 그중에는 감전을 막아주는 절연 장갑처럼 보호 강도에 따라 등급과 색상이 나뉘는 것들도 있다. 장갑에는 천이나 가죽,

라텍스, 고무, 니트릴Nitrile, PVC, PVA, 네오프렌Neoprene, 케블라Kevlar, 바이톤 부틸Viton-Butyl을 비롯한 수많은 소재가 용도에 따라 다양하게 조합되어 사용된다. 해변을 청소하다가 장갑을 발견하면 손가락이 나뉘어 있는지, 손목이나 팔뚝도 보호해주는지, 일회용인지, 아니면 재사용할 수 있는지 눈여겨보자. 장갑의 종류는 정말 무궁무진하다. 나에게는 개인적으로 "불심검문 등의 법 집행을 위한 베임 방지 프리미엄 염소 가죽 장갑"[7]과 "정전기 방지 처리된 스마트폰 터치 가능 무균실용 초경량 나일론 장갑"이 가장 흥미롭다.

산업용으로 사용되는 장갑의 라벨에는 국제 표준에 따른 코드와 정보가 적혀 있을 때도 있다. 예를 들어, 1종 장갑은 최소한의 보호를 제공하는 단순한 디자인의 장갑이며, 2종은 중간 정도의 위험을, 3종은 돌이킬 수 없는 부상이나 생명의 위협으로부터 사용자를 보호하는 복잡한 디자인의 장갑을 의미한다. 장갑 중에는 화학 약품용 장갑처럼 여러 겹으로 구성되거나 손바닥 등에 다른 소재를 코팅하여 보호 기능을 더한 것들도 있다. 장갑은 약품에 따라 적절한 것을 착용해야 하는데, 이를 위해 EU에서는 산업용 장갑에 화학물의 종류를 나타내는 세 자리 숫자 코드와 픽토그램을 적고 있다. 장갑의 품질은 10분 동안 손을 안전하게 보호해주는 것("class 1")부터 8시간까지 성능이 지속되는 것("class 6")까지 다양하다. 이 말은 곧 장갑들이 상당한 내구성을 가지면서도 언젠가는 소모품으로서 버려지고 교체될 수밖에 없다는 것을 의미한다. 인터넷에 검색해보면 장갑에 관한 전문 정보와 분류 코드, 픽토그램, 그리고 화학물마다 어떤 소재의 장갑이 적절한지 알 수 있다.[8] 만약에 해변에 떠내려온 장갑에 미생물 방지(생물학적 위험bio-hazard, 77쪽 사진 참조)를 의미하는 픽토그램이 그려져 있다면 바이러스가 묻어 있을 수 있으므로 매우 조심해야 한다.

우리가 해양 쓰레기를 주울 때 필요한 것보다 너무 많은 정보를 내가 나열한 것인지도 모르겠다. 이것 하나만큼은 기억하자. 더 크고 튼튼한 장갑일수록 산업 현장에서 더 위험한 일에 쓰인 것이다. 이런 장갑을 다룰 때는 더 많은 주의가 필요하다.
해수욕객들은 일반적으로 해변에 장갑을 버리고 가지 않는다. 그렇기에 해변에 버려진 장갑의 종류와 수는 원근해나 연안, 하천 주변에 어떤 산업체가 운영되고 있는지를 알려준다. 과연 이 장갑은 실수로 버려진 것일까, 아니면 일부러 투기된 것일까? 장갑에 기업의 로고나 주소, 혹은 마케팅 문구가 인쇄되어 있다면, 그 기업에 친절한 '안부 인사'를 전하거나 관계 당국에 민원을 넣어보자.

1 손바닥에 코팅이 더해진 강인한 장갑이지만 찢어지고 구멍이 뚫린 것을 보니 설거지보다 훨씬 고된 일에 쓰인 것 같다. (지중해, 이탈리아)

2 멋진 배색을 가진 이 장갑처럼 플라스틱 코팅이 더해진 장갑은 고약한 액체에 손을 담그고 작업할 때 자주 쓰인다. (태평양, 대한민국)

3   쌍각류 조개와 석회관갯지렁이가 붙은 이 단순한 장갑도 바다에서 떠내려왔다. (지중해, 이탈리아)

4   "병원이나 실험실에서 주로 사용되는 일회용 장갑"

   해변에서 장갑을 주울 때도 장갑이 필요하다. 이러한 의료 폐기물을 발견하면 주변에 또 다른 것이 있는지 살펴보자. 의료 폐기물이 발견된다는 것은 근처에서 불법 투기가 있었을지도 모른다는 사실을 의미한다. (지중해, 튀르키예)

5   작은 쓰레기이긴 하지만 미끄럼 방지 패턴이 있는 것으로 보아 장갑의 손가락 부분이라는 사실을 알 수 있다. (지중해, 이탈리아)

모자

사람들은 해수욕의 필수품 세 가지인 선크림, 물, 모자 중에서 모자의 중요성을 가장 많이 간과한다. 모자는 여름에 직사광선을 너무 많이 받아 머리가 뜨거워지거나 콧잔등이 타는 것을 막아주고, 겨울에는 머리에서 체온이 빼앗기지 않도록 해준다. 그런데 선크림이나 물은 다른 사람에게 조금씩 얻어 쓸 수 있지만 모자를 빌려 쓰기란 쉽지 않다. 모자는 해변 패션을 완성시켜주는 요소 중 하나이기 때문에 아마도 타인에게 선뜻 빌려주기 어려울 것이다.

해변에서 사용하기에 가장 적합한 모자는 어떤 것일까? 일단 크기가 클수록 더 좋다. 머리띠나 두건, 썬캡 등은 아쉽지만 탈락이다. 최고의 후보는 햇빛을 확실하게 가려줄 수 있는 솜브레로◌ 같은 것이겠지만, 이런 모자는 바람이 많이 부는 날에는 오히려 골칫거리가 되고 만다. 그렇다면 사파리 모자 같은 것은 어떨까? 하얀색이면 직사광선을 반사할 수 있고, 360° 둘린 챙은 눈부심을 줄여주면서 코와 귓등, 목뒤를 그늘로 가려줄 수 있다. 모자에 뚫려 있는 구멍이나 메시 소재는 통풍을 원활하게 해주며, 바람이 세게 불 때는 턱끈을 조일 수 있고, 금속 단추나 지퍼가 없는 것을 선택한다면 바닷물 때문에 녹이 생기지도 않을 것이다.

하지만 사람들이 해변에서 주로 착용하는 모자는 따로 있다. 바로 야구모자다. 모자 챙이 앞쪽에만 있기는 하지만, 차선책으로는 나쁘지 않다. 그래서인지 야구 모자는 야구가 그다지 인기가 없는 나라의 해변에서도 많이 발견된다. 하지만 휴가를 어느 해변에서 보내느냐에 따라 이 밖의 다양한 모자를 발견하는 것도 얼마든지 가능하다. 이를테면 안전모 같은 것 말이다. 안전모가 발견되는 지역은 대체로 석유 시추 플랫폼이 인근 연안에 있는 경우가 많다. 안전모는 날카로운 물체나 강한 충격으로부터 머리를 보호하는 역할을 하므로 매우 단단하고, 그래서 해양 쓰레기가 되고 나서도 좀처럼 분해되지 않는다. 안전모는 충격을 흡수하기 위해 셸을 정수리에서 살짝 띄워주는 장

◌ 멕시코와 페루에서 전통적으로 착용되는 챙이 넓은 모자

유명 브랜드의 이름이 큼직하게 적힌 디자인을 좋아하는 사람에게 이 모자는 좋은 수확이다. 해변에 모자가 많이 떨어져 있다는 것은 바람이 많이 불었다는 뜻이다. 상태가 좋은 모자는 그대로 집어서 머리에 써도 전혀 위화감이 없다. (지중해, 튀르키예)

치가 내장되어 있다. 만약 파도에 심하게 휩쓸리지 않은 안전모라면 턱끈과 땀 밴드와 같은 부속품도 남아 있을 것이다. 때때로 최신형 안전모에는 고글이나 헤드셋, 헤드 랜턴 등이 달려 있기도 하다. 안전모는 산업 현장에서 유니폼의 일부로 사용되는 경우가 많아서 주로 기업의 로고와 이름이 적혀 있다. 이 점을 확인할 수 있다면 알맞은 대상에게 쓰레기 문제를 해결하라는 민원을 넣을 수 있을 것이다.

1 야구 모자가 마지막 풍화 단계에 이르자 모자 챙 안에 들어 있는 플라스틱 구조물이 드러났다. 특유의 모양과 바느질 구멍, 그리고 실밥이 보인다. (지중해, 튀르키예)

2 이 모자는 풍화되어가는 와중에도 열심히 광고의 끈을 늦추지 않고 있다. 모자챙이 떨어지고 있지만 왠지 모자챙이 없어도 꽤 멋진 패션 아이템이 될 것 같다. (지중해, 튀르키예)

3 아직 모든 부분이 붙어 있기는 하지만 모자챙이 곧 떨어질 것 같고, 플라스틱 조절 끈이 이미 고장나 버렸다. (지중해, 튀르키예)

1 이 모자는 무게도 가볍고 통풍도 잘 되는 데다 대부분 유기물로 이루어져 있다. 어떤 상태이건 멋스러움을 잃지 않는다. (지중해, 튀르키예)

2 샤워할 때 머리를 적시고 싶어 하지 않는 투숙객들을 위해 일회용 샤워캡을 제공하는 호텔이 많다. (지중해, 슬로베니아)

1 해변에서 발견된 안전모는 당신이 서 있는 해변 근처에서 누군가 위험하고 고된 노동을 하고 있다는 것을 의미한다. 산업 현장에서는 또 어떤 쓰레기가 바다에 버려질까? 부착 생물이 붙어 있는 모습을 보면 이 쓰레기가 바다에서 얼마나 오래 떠다녔는지 짐작할 수 있다. 최대한 튼튼하게 만들어진 탓에 쓰레기가 되어서도 한참 동안 흠집이 나지 않는다. (태평양, 대한민국)

2 이번에는 버려진 지 꽤 오래 된 안전모이다. 셸이 사라졌지만, 견고한 머리 밴드와 조임끈은 오랫동안 분해되지 않는다. (태평양, 대한민국)

10
수상 스포츠용품

수상 스포츠용품

우리는 왜 해변에 갈까? 해변에 가서 우리는 무엇을 할까? 피부과 전문의들은 하루 종일 햇볕 아래에 누워있다간 끔찍한 부상을 입게 된다고 경고한다. 책을 읽거나 간식을 먹거나 음료를 마시는 것도 좋지만, 이것들을 하루 종일, 혹은 며칠간의 휴가 기간 내내 하기에는 무리가 있다. 정적인 활동은 금방 지루해질 수 있고, 우리에겐 역동적인 활동이 필요하다. 그래서인지 사람들은 해변에서도 축구나 비치발리볼, 배드민턴, 원반 던지기와 같이 여러 스포츠를 즐기며 땀을 흘리기도 한다. 하지만 무엇보다도 우리가 해변에 가는 가장 큰 이유는 물에 들어가기 위함이다. 사람들은 해변에서 휴가를 즐기는 동안 물놀이를 하면서 가장 많은 시간을 보낸다.

　이것이 해변 쓰레기 문제에 관해 시사하는 바는 무엇일까? 기술이 고도로 발달한 오늘날, 우리는 물놀이를 할 때 단순히 수영복만 입고 물에 들어가지는 않는다. 수조 원 규모로 성장한 수상 스포츠용품 시장은 우리가 더 빠르게 수영하고 더 깊게 잠수할 수 있도록 해주는 수없이 많은 종류의 장비를 개발했다. 그런데 해변 쓰레기와 관련된 맥락에서 우리에게 중요한 사실은 대부분의 사람들이 물에 뛰어들 때 가지고 들어가는 물품의 개수보다 물에서 나올 때 손에 들고 나오는 개수가 더 적다는 것이다. 때로는 수영복 한 장만 걸치고 들어가도 거센 파도를 맞고 맨몸이 될 때가 있을 정도이지 않은가. 끈을 단단히 조이고, 거센 파도를 등지고 서 있지 말아야 하는데, 정신없이 놀다보면 모든 것을 신경쓰기 어려워진다. 스노클러나 다이버들은 물속에 오래 있으면 금세 체온이 낮아지고 판단력이 떨어진다고 이야기한다. 마찬가지로 물놀이도 오래 하다 보면 감각이 무뎌져서 물건을 잃어버릴 확률이 높아진다.

　수상 스포츠용품은 반복적인 충격과 소금물, 강한 직사광선, 수압, 그리고 파도의 힘을 모두 견뎌낼 수 있도록 만들어진다. 그렇기 때문에, 어구를 제외하면 수상 스포츠용품은 가장 오랫동안 바다에서 처음 그 상태를 유지하는 쓰레기라고 할 수 있다. 자연 생물들은 바다의 거친 힘을 견디기 위해 따개비나 삿갓조개처럼 딱딱해지거나 다시마나 조류처럼 유연해졌다.

사람들은 대부분 입수할 때 가지고 들어간 것보다 적은 것을 가지고 물 밖으로 나온다. 다이버나 스노클러도 물속에서 찾은 것보다 더 많은 것을 잃어버리는 경향이 있다. 때로는 필수 장비가 사라지기도 한다. (지중해, 튀르키예)

수상 스포츠용품도 이러한 전략을 차용한다. 서핑보드와 같이 사용자의 무게와 격렬한 움직임을 견디고 물 위에 떠 있을 수 있도록 해주는 장비는 일반적으로 매우 단단하다. 한편 다이빙 핀과 같은 도구는 매우 유연하다. 각각의 장비는 물의 특성을 최대한으로 활용해서 우리가 얼마든지 물속에서 즐거운 시간을 보낼 수 있도록 해준다.

대부분의 수상 스포츠용품은 물에 굉장히 잘 뜬다. 스노클링 장비가 물속에서 벗겨진다면 금세 수면 위로 떠오르므로 큰 어려움 없이 되찾을 수 있을 것이다. 하지만 바로 회수하지 못한다면 파도와 해류에 떠밀려 기약 없이 바다를 떠돌게 될 것이다. 물속에서 중성부력을 가지는 장비(수중 카메라를 생각해 보라)도 쉽게 제자리에서 벗어나 사라질 수 있다. 만약 물보다 무거운 장비라면 되찾는 것을 포기해야 할지도 모른다. 바다는 깊은 곳으로 내려갈수록 시야가 제한되며, 스노클링이나 다이빙으로 내려갈 수 있는 수심은 대략 30m 정도밖에 되지 않기 때문이다(바다의 평균 수심은 4,000m나 된다). 바닷속 깊이 가라앉은 것들은 매우 느리게 분해된다. 온도가 낮고 물의 흐름도 적은 데다 박테리아도 많지 않고 햇빛도 거의 들어오지 않기 때문에 소재를 막론하고 분해 속도가 늦춰질 수밖에 없다.

만약 해변에서 쓰레기를 찾아 서성이던 중에 멀쩡한 수상 스포츠용품을 발견하게 된다면 기분이 좋을 것이다. 실제로 수상 스포츠용품은 강한 내구성을 가지기 때문에 오랜 시간이 지나도 좋은 상태를 유지한다. 만약 손상되지도 않고 부착 생물에 뒤덮이지도 않아 거의 새것이나 다름없는 스포츠용품을 줍게 된다면 그것을 가지고 즐거운 시간을 보내 보자. 해변도 청소하고 공짜 장비도 얻고, 좋지 않은가!

1 구매한 스포츠용품을 해변에서 개봉하고 포장지를 해변에 버리는 사람들이 많다. 제품을 구매하자마자 바로 포장지를 반납해서 쓰레기가 올바르게 처리되도록 하면 어떨까? 사진의 "안전한 자연(Safe Nature)"이라는 문구는 아마 "자연을 지키자(save nature)"라는 말을 하고 싶었던 것 같은데, 이를 통해 이 상품이 비영어권 국가에서 생산되었다는 사실을 짐작할 수 있다. (지중해, 튀르키예)

2 다이빙 핀의 아킬레스건은 부드러운 고무 부분이다. 한 짝이 망가지면 다른 짝도 쉽게 같이 버려지게 된다. (지중해, 튀르키예)

3 '발집(foot pocket)'은 다이빙 핀에서 가장 튼튼한 부분으로, 마지막까지 쉽게 분해되지 않는다. (홍해, 요르단)

1, 2 깨진 고글을 계속 쓰다가 얼굴을 다치기보다는 바다를 더럽히는 편이 더 낫다고 생각해서 해변에 버린 것일까? (지중해, 튀르키예) 다이빙 고글에서 실리콘 스커트와 코 포켓 부분은 매우 유연하다. 렌즈는 플라스틱 프레임에서 분리되기 쉽고, 머리끈도 잘 떨어져 나간다. (지중해, 그리스)

3, 4 운이 좋다면 새것처럼 멀쩡한 스노클링 세트를 발견할 수도 있다. (지중해, 튀르키예) 하지만 대부분의 경우에는 고글과 숨대롱을 따로따로 발견하게 될 것이다. 이 숨대롱은 상태가 좋지만, 그래도 왠지 입에 넣기 꺼림직하다. (지중해, 이탈리아)

5, 6 스노클링 마스크와 숨대롱을 고정시켜주는 클립도 해변에서 많이 발견된다. 모양도 다양하다. (지중해, 튀르키예; 태평양, 하와이)

7, 8 스노클 마우스피스는 많은 충격과 마모를 견딜 수 있도록 제작되기에 오래도록 멀쩡한 상태로 자연을 떠돌게 된다. 마우스피스는 종류에 따라 다양한 유연도와 모양을 가지지만, 가장 단단한 종류라고 하더라도 결국에는 부서지게 되어 있다. (지중해, 그리스)

9 해변 청소 경험이 많은 사람이라고 하더라도 때로는 해변 쓰레기의 정체를 한눈에 알아보기 어려울 때가 있다. 딱딱한 조임 스트랩은 다이빙 핀에서 주로 사용되며, 부드러운 것은 다이빙 마스크에서 많이 발견된다. (지중해, 그리스)

10 반쪽만 남은 물안경과 코 밴드 — 해변 쓰레기를 누군가 밟고 지나가면 미세플라스틱으로의 분해 과정이 가속화된다. 자갈 해변이라면 더욱 그렇다. 사진의 쓰레기는 물안경의 프레임이라고 알아보기 어려웠지만, 일부라도 남아 있는 스트랩을 보고 겨우 정체를 파악할 수 있었다. (지중해, 튀르키예)

1 한 가족의 즐거운 휴가를 책임져 주는 비치볼은 한번 잘못 걷어차거나 거센 바람이 불기만 해도 금세 해변 쓰레기가 될 수 있다. (지중해, 튀르키예)

2 싸구려 비치볼은 얇고 조잡하다. 유용하게 쓰이는 시간은 한순간에 지나지 않지만, 쓰레기로서는 아주 긴 시간을 보낼 수 있다. (지중해, 튀르키예)

3 즐거운 시간을 제공하면서 틈틈이 광고도 하려는 제품디자이너들의 집념이 돋보인다. (지중해, 튀르키예)

4 튼튼한 축구공도 해변 환경 앞에서는 결국 무릎을 꿇게 된다. (지중해, 튀르키예)

5 해수욕장에서 공 놀이를 할 때 쓰이는 라켓은 대체로 무게가 가볍고 잘 부러지는 지점이 정해져 있다. (카리브해, 프랑스령 과들루프)

1 물가에서 보내는 휴가에는 에어 매트리스가 빠지지 않는다. 하지만 아무리 비싼 프리미엄 제품이라고 하더라도 조그마한 구멍이 뚫리거나 거센 바람이 불면 금세 쓰레기가 되고 만다. (지중해, 튀르키예)

2 시중에는 값싸고 수명이 짧은 온갖 종류의 튜브가 '개인용 수상안전장비'라는 거창한 이름을 걸고 판매되고 있다. 안전성이 보장되지 않았지만 어린아이들도 많이 사용한다. (지중해, 튀르키예)

3 부모들은 사고, 아이들은 잃어버린다. 제품에 적혀 있는 주의사항을 아무리 꼼꼼히 읽어보아도 바다에 버려지지 않도록 주의하라는 말은 찾아볼 수 없다. (지중해, 튀르키예)

1 '아쿠아 봉'이나 '수영 누들'이라고 불리는 이 물건은 오늘날 어린이나 노인을 위한 수영 보조 장비로 널리 쓰이고 있다. 가장 겉 부분이 직사광선 때문에 하얗게 표백되었다. (지중해, 튀르키예)

2 아쿠아 봉은 플라스틱(폴리에틸렌 폼)으로 만들어지기 때문에 결국 찢어지고 변색 되면서 작은 조각으로 분해된다. 아쿠아 봉은 특유의 원기둥 모양과 색깔로 정체를 알아볼 수 있으며, "해변 쓰레기 무더기의 법칙"에 따라 근처에 비슷한 조각이 한 곳에 모여 있는 경우가 많다. (지중해, 튀르키예)

1 종류가 무엇이건, 온전한 서핑 보드를 줍게 된다면 매우 기쁠 것이다. 서핑 보드는 해변 청소를 하면서 구할 수 있는 가장 쓸모 있는 물건 중 하나이다. 그 덕분에 이러한 쓰레기는 해변에서 누군가 금방 주워가곤 한다. (지중해, 튀르키예)

2 서핑 보드가 부러질 정도라면 굉장히 큰 힘이 가해졌을 텐데, 보드의 주인이 크게 다치지는 않았을까? 보드를 해변에서 수거하지 못할 정도로 위급한 상황이 아니었길 바란다. (태평양, 미국 캘리포니아)

3 결국 쓰레기로 버려진 점이 아쉽지만, 이 서핑 보드의 수명을 늘리기 위해 애쓴 사람에게 엄지를 들어 보이고 싶다("고쳐 쓰기"는 6R 중 하나이다). (지중해, 튀르키예)

4 '노즈 가드'는 서퍼와 서핑 보드를 보호하기 위해 보드의 끝부분에 끼우는 부품으로, 아마도 해변에서 발견되는 물놀이 관련 용품 중에는 가장 크기가 작을 것이다. (태평양, 하와이)

5 저렴한 스티로폼 보드나 바디보드는 매우 쉽게 부러지며, 유리섬유나 에폭시로 만든 보드보다 훨씬 쉽게 해변에 버려진다. (지중해, 튀르키예)

1, 2　래프팅을 하거나 카약을 탈 때 가장 많이 발생하는 쓰레기는 무엇일까? 바로 부러진 노 (패들)이다. (지중해, 튀르키예)

3　축하한다. 당신은 가장 쓸모 있는 해변 쓰레기 중 하나를 찾았다. 주변을 둘러봐도 아무도 보이지 않고, 배가 묶여 있거나 뒤집힌 채로 정박되어 있는 것이 아니라면 주인을 찾아주고 사례금을 받을 수 있을 것이다. 만약 배가 부서졌거나 물이 차있거나, 뱃놀이를 하기에 좋은 상태가 아니라면 그냥 버려진 것이니 해변에서 치우면 되겠다(대형 선박은 3장의 "금속"과 12장의 "배와 목재 설비"를 참조할 것). (지중해, 튀르키예)

11
어구

어구

어업은 인간이 바다에서 하는 일 중에서 가장 큰 비중을 차지해왔다. 인간은 바다를 '물고기'의 저장고라고 생각했으며, 바다가 가진 그 이상의 가치에 대해서는 큰 관심이 없었다. 해산물은 건강에 좋다고 여겨졌다. 하지만 반드시 해산물을 먹어야 한다는 강박과 거대한 규모의 어업은 생태계와 우리 사회에 엄청난 희생을 요구하고 있다. 무분별한 남획으로 상업 어종 대부분의 개체수가 심각하게 줄어들었고, 이제는 거의 씨가 마른 어종의 수가 70%에 달한다. 그런데도 전 세계의 1인당 어류 소비량은 앞으로도 계속 늘어날 것으로 보인다.[1] 물론 급한 불을 끄기 위해 강력하고 단호한 조치들이 시행되기도 했다. 어획을 금지하거나 조업 시기를 단축하고 어획 가능한 개체의 크기에 제한을 두는 시도들이 이루어졌고, 남은 어류의 개체수가 통계적으로 다시 파악되었으며, 더 엄격한 조업 허가 기준과 더 강력한 처벌이 도입되었다. 언제나 한 발자국씩 늦었던 터라 '선제적'이라는 말이 무색하기는 했지만, 해양 보호 구역도 조금씩 신설되었다.[2,3] 하지만 사람들이 먹지 않거나 원래 잡을 의도가 없었던 종이 어획 목표종과 함께 '우연히' 잡히는 '혼획bycatch'은 이러한 조치에도 아랑곳하지 않고 여전히 심각한 문제로 남아 있다. 혼획되어 버려지는 물살이는 매년 평균 2,700만 톤으로, 이는 전체 어획량의 1/4에 달하는 수치이다. 혼획된 개체들은 결국 죽은 채 바다에 버려진다.[4] 그런데도 여전히 각국 정부는 점점 더 멀리 있는 어장까지 어선을 보내기 위해 엄청난 양의 유류비 보조금을 지급하고 있다. 아드리아해와 대서양, 그리고 남중국해에서 일어나는 갈등들을 보면 알 수 있듯, 어업은 각국이 더 넓은 어장과 영해를 갈구하게 만들어 평화를 위협하기도 한다.

이쯤에서 우리는 어업이 해양 쓰레기 문제에 어떠한 영향을 끼치는지 주목할 필요가 있다. 지금껏 모든 인간 활동과 산업이 바다를 거대한 쓰레기장으로 만들어 왔는데, 어업도 여기에 일조해왔다. 아니, 사실 어업은 해양 쓰레기 문제에서 그 어떤 산업보다도 더 큰 책임이 있다. 어업은 거친 바다에서 작업을 하는 특성상 잃어버리는 장비의 양이 많다. 더군다나 여전히 많은 어민들은 바다에 쓰레기를 버리는 것에 대해 큰 문제 의식을 느끼지 않고 있다. 문제는 이렇게 바다에서 유실되거나 버려진 어구의 양이 어마어마하다는 것이다. 어구는 내구성이 견고하고 생물을 잘 죽이도록 설계된 탓에 해양 생태계에 다른 쓰레기와는 질적으로 차원이 다른 악영향을 끼친다.

수천 년 동안 인류는 어류, 오징어, 게, 가재, 조개를 비롯하여 고래와 돌고래, 바다거북과 같은 각종 해양 생물을 더욱 효과적으로 잡기 위해 다양한 장비와 기술을 개발해 왔다. 단순한 낚싯바늘부터 축구장만한 크기의 저인망(트롤망), 길이가 100km에 달하는 연승 어구와 "죽음의 벽"이라는 별칭을 가진 유자망까지, 어업에 사용되는 어구는 종류도 수없이 많다(EU에서는 모든 종류의 어구를 총망라하는 두꺼운 사전을 발간할 정도이다[7]). 바닷속에는 이러한 어구가 종류를 가리지 않고 수백, 수천만 톤씩 버려져 있다.

앞서 많이 이야기한 바와 같이, 물속에 들어간 물건들이 항상 멀쩡하게 회수되는 것은 아니다. 낚싯바늘은 어딘가에 걸리고, 낚싯줄은 끊어지며, 어망은 찢어지고, 부표는 떨어져나가고, 통발과 어상자는 파도에 휩쓸려 사라지며, 바다에는 온갖 어구를 적재한 어선이 통째로 침몰하기도 한다. 매년 전 세계 바다에 유입되는 어구의 양은 약 65만 톤에 달하는 것으로 추정된다. 북동대서양에서만 매년 25,000개의 어망이 바다에서 유실되거나 투기되고 있으며, 이 어망들을 모두 이어 붙이

낚시는 오늘날까지 남아 있는 수렵 채집 생활의 일부이다. 해변에서는 다량의 낚싯바늘과 낚싯줄, 낚싯줄을 이어주는 장치인 도래(swivel)를 발견할 수 있다. (태평양, 하와이)

면 1,250km 상당의 길이를 뒤덮을 수 있다. 물론 연승 어구나 낚시꾼들 사용하는 낚싯줄까지 고려한다면, 어업에 의해 매년 바다에 버려지는 어구의 길이는 수백만 킬로미터를 넘어선다. 그렇기에 어업은 해양 쓰레기의 제1발생원인으로 꼽힌다. 해변 쓰레기 기록지에서도 낚싯줄과 루어, 어망 등은 별도의 항목으로 기재된다.[9] 몇몇 외딴섬에서는 멀리서 떠내려온 폐어구로 해안가가 가득 차서 배들이 제대로 정박을 못하기도 한다. 해변을 청소하다 보면 무게가 몇 톤에 달하는 어망도 쉽게 발견할 수 있다. 이러한 대형 폐어망을 수거하는 것은 우리처럼 자원봉사로 해변 청소를 하는 사람들의 능력을 벗어난다.

바다는 혹독한 곳이다. 그렇기에 바다에서 사용되는 장비는 잔혹한 바람과 몰아치는 파도, 작열하는 태양 빛과 얼음장 같은 수온, 부식성의 바닷물, 무자비하게 휘감기는 도르래, 그리고 부착 생물의 무게를 견디도록 만들어진다. 이러한 면에서 어구는 단연 압도적이다. 어구는 쉴새 없이 도르래에 부딪힐 때의 충격과 몇 톤에 달하는 물살이 떼를 물 밖으로 퍼 올릴 때의 무게를 견디도록 제작된다. 그래서 어구에는 스테인리스 스틸이나 충격 완충용 플라스틱, 고성능 합성 로프와 낚싯줄, 그리고 기타 수많은 견고한 소재가 함께 사용된다. 이는 두 가지 사실을 의미한다. 하나는 어구를 생산하는 데에 돈이 많이 든다는 것이고, 그보다 더 큰 문제는 어구가 바다에 버려지고 나서도 좀처럼 쉽게 분해되지 않는다는 것이다.

이것은 과연 어떤 문제로 이어질까? 유실된 어구는 단순히 흉물스러워 보이는 것을 넘어, 해양 생물에게 심각한 위협을 끼친다. 폐어구의 폐해는 크게 네 가지로 정리될 수 있다.

- 사람의 손을 떠난 상태에서도 계속 어획을 지속한다.
- 해양 생물의 몸을 옭아매 죽음에 이르게 한다.
- 어구 조각을 먹이로 착각한 생물의 위장을 틀어막는다.
- 바닥에 가라앉아 해저 생태계를 질식시킨다.

"유령 어업ghost fishing"은 어망과 통발 등이 부표나 로프,

GPS 좌표계로부터 이탈하여 인간의 통제를 벗어난 후에도 계속 해양 생물을 포획하는 형상을 일컫는다. 이러한 어구는 "유령 어구ghost net"라고 불린다. 폐어구는 종류를 가리지 않고 모든 야생 동물의 몸을 옭아맬 수 있다. 폐어구는 바닷새의 날개를 휘감고, 바다거북을 질식시키거나 지느러미를 절단시키고, 바다사자의 몸통에 끼어 계속 살갗을 파고들거나, 고래류의 신체를 찢어놓는다. 오늘날 혹등고래와 긴수염고래의 상당수는 폐어구에 의한 상처를 가지고 있다. 어구에 목이 졸린 고래는 천천히 고통스럽게 죽어가기 때문에, 국제포경위원회IWC에서는 고래의 몸에 얽힌 폐어구를 제거하는 특별 프로그램을 도입하기도 했다.[10] 해양 생물들은 폐어구를 먹어 죽음에 이르기도 하는데, 이 밖에도 유실된 어구는 해저면에 가라앉아 저서생물들을 질식시키며, 폭풍이 몰아칠 때 산호초를 이리저리 찢어놓는다.

어업에서 발생한 해양 쓰레기는 인간의 안전과 건강에도 영향을 끼친다. 어망이나 낚싯줄이 선박의 프로펠러에 휘감긴다면 망망대해에서 배가 고장 난 채로 둥둥 떠다니게 될 것이다. 만약 해질녘이나 태풍이 접근하고 있을 때 이러한 상황에 처한다면 공포스러울 것이다. 또한, 대부분의 낚싯줄은 물속에서 투명해지는데, 이 때문에 스노클러나 다이버의 익사 사고가 발생하기도 한다. 다이버들이 잠수할 때 날카로운 칼을 지참하는 가장 큰 이유는 호기심 많은 상어를 쫓아내기 위해서가 아니라 폐어구를 끊어내기 위함이다. 낚싯바늘은 물살이의 입을 꿰는 것처럼 해변을 걷는 사람들의 맨발을 파고들 수도 있다. 마지막으로, 모래에 파묻힌 무거운 어망이나 로프를 해변에서 제거하는 데에는 상당한 노동력이 들어간다. 폐어구를 옮길 때는 항상 허리를 조심해야 하고 장갑을 꼭 착용해야 한다. 대부분의 폐어구는 해안가에 떠내려오기 전에 바다에서 상당한 시간을 보낸 상태라서 따개비나 홍합과 같이 날카로운 부착 생물에 뒤덮여 있는 경우가 많다.

그렇다면 폐어구 문제를 줄이기 위해 우리는 어떤 노력을 할 수 있을까? 우선 우리가 가장 먼저 기억해야 할 것은 대부분의 어구가 고가이기 때문에 소유주나 선박의 이름이 적혀 있다는 것이다. 아니면 부표나 깃발의 색깔이 주인을 구분해주기도 한다. 이는 어민들이 같은 어장에서 조업을 하는 경쟁자들로부터 자신의 어구를 식별하고 어구를 설치한 위치를 파악하기 위한 장치인데, 유실된 어구의 주인을 찾는 데에도 도움이 된다. 하와이 인근에 떠내려와 고래류의 얽힘을 초래하던 어구가 미국이나 캐나다 인근의 북태평양 해안에서부터 떠내려왔다는 사실이 밝혀지곤 하는 것은 바로 이러한 장치 덕분이다. 이러한 정보가 있으면 문제를 많이 일으키는 어구의 종류가 어떤 것인지 파악할 수 있고, 유령 어업이 많이 발생하는 지역을 알아낼 수 있으며, 어구의 디자인이나 어구를 투망하는 방식을 어떻게 바꿔야 하는지 제안할 수 있다. 그렇기 때문에 폐어구를 해변에서 발견했을 때는 꼭 사진을 남겨놓아야 한다.

해양 쓰레기가 된 어구가 바다에 끼치는 악영향을 없애려면 어떻게 해야 할까? 우선은 트롤링과 같은 파괴적인 조업 방식이 제한되어야 하며, 비의도적이라는 핑계로 혼획을 일삼는 어구가 전면 금지되어야 한다. 연승 어구의 길이를 짧게 하고 설치 수심을 얕게 하는 것처럼 어구의 사용 방식에도 변화가 필요하다. 어구를 새로 설계하는 것도 중요하다. 유령 어업을 줄이기 위해서는 힘을 가하면 쉽게 끊어지는 지점을 어구에 마련해 해양 생물들이 자력으로 탈출할 수 있도록 해야 한다. 이 밖에도 어업에 종사하거나 취미로 뱃놀이를 하는 사람들이 유실된 어구를 적극적으로 수거하도록 장려하는 정책이 도입되어야 한다. 무게에 따라 포상금을 지급한다면 그들에게 매우 좋은 동기부여가 될 것이다. 국제 스마트 어구 경진대회International Smart Gear Competition나 친환경 어업 인증 제도를 실시하는 해양관리협의회MSC, 그리고 2015년에 발족된 세계유령어구계획GGGI의 역할도 중요하다.[11, 12, 13] 지역적인 차원에서는 미국 방방곡곡의 항구와 낚시용품점에 설치되고 있는 낚싯줄 수거함의 활약이 기대된다. 이렇게 전용 수거함을 통해 모인 낚싯줄은 공원 벤치부터 인공 어초까지 다양한 물건으로 재탄생되고 있다. 예를 들어 '버클리 컨서베이션 이니셔티브Berkley Conservation Initiative; BCI'라는 기업은 최근 20년 동안 수거함을 통해 1400만 km가 넘는 낚싯줄을 수거하여 다양한 업사이클링 물건을 만들었다.[14] 최근에는 폐어망에서 나일론 원사를 뽑아 의류용 원단을 만드는 기업들도 생겨났다.[15]

그렇다면 우리가 할 수 있는 일은 무엇일까? 우선 폐어구를 재활용해 만든 옷을 한번 구매해보고 주변에 추천해주면 어떨까? 여러분 중에 낚시를 하는 사람이 있다면 스테인리스 스틸이나 합금으로 만들어진 낚싯바늘을 사용하지 않는 것이 중요하다. 일반적인 낚싯바늘이 부식되어 사라지는 것과 달리, 이러한 낚싯바늘은 물살이나 바다거북의 몸에 계속 꿰어진 채로 남아 있게 된다. 끊어지기 일보 직전인 낚싯줄은 조기에 교체하고, 가까운 낚싯줄 재활용 센터에서 올바르게 폐기하도록 하자. 다음번에 낚시용품점에 가면 생분해 가능한 낚싯줄을 취급하는지 확인해보자. 마지막으로, 공식적으로 해변 청소를 하고 있는 동안이 아니더라도 해변을 걷다가 낚싯바늘이나 낚싯줄을 발견한다면 바로 수거해서 처리하도록 하자.

1 해변을 걷다가 낚싯바늘의 다발을 발견하는 것은 이제 거의 법칙이 되어버렸다. (지중해, 튀르키예)

2 이 트리플훅은 아직 포장을 뜯지 않아서 안전해 보이지만 해변에서 맨발로 거니는 사람이 밟고 다치지 말라는 법도 없다. (대서양, 미국)

3 주인의 손을 떠난 낚싯바늘은 빨리 부식된다. 바늘에 걸렸다가 도망치는 데에 성공한 물살이나 바다거북에게는 좋은 일이다. 낚시꾼들은 스테인리스 낚싯바늘을 일반 낚싯바늘로 교체할 필요가 있다. (대서양, 슬로베니아)

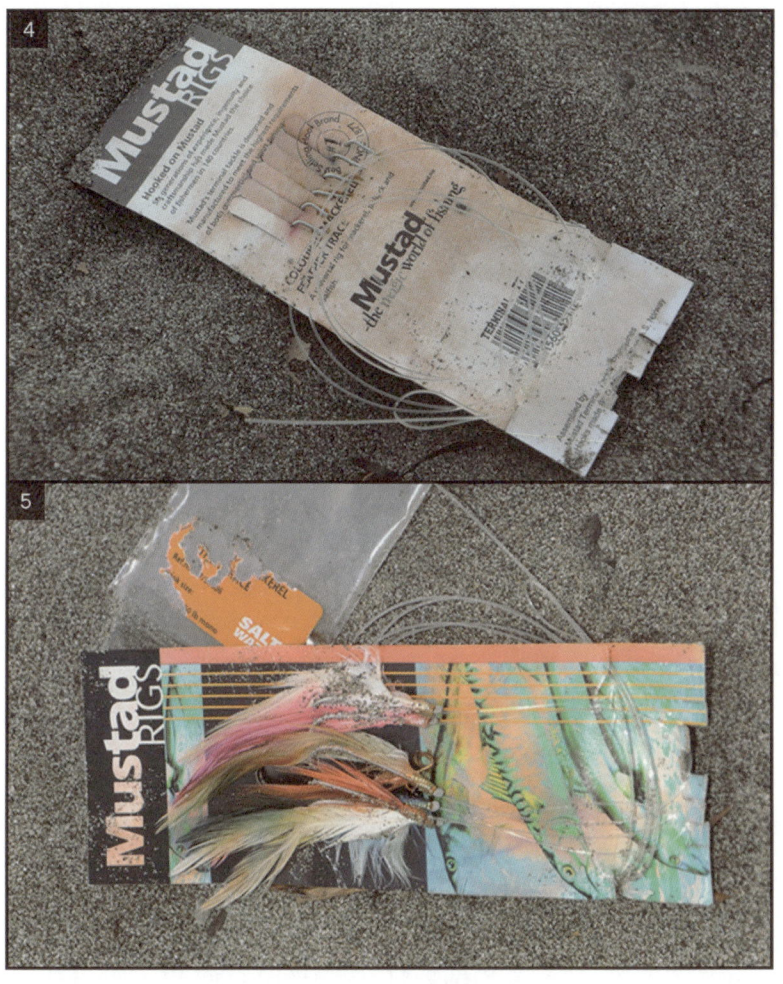

4, 5   아무리 경험 많은 비치클리너라고 하더라도 때때로 쓰레기를 다시 눈여겨보거나 뒤집어 봐야만 바늘이 달려 있는지 확인할 수 있다. (지중해, 튀르키예)

6 오징어를 비롯해 미끌미끌한 물살이를 잡기 위해 디자인된 루어는 사람의 발바닥에도 잘 파고든다. 보통 갈고리 부분이 빨리 부식돼 없어지긴 하지만 루어를 집어들 때는 항상 조심해야 한다. (지중해, 이탈리아)

7 벌레처럼 꿈틀거리는 무언가를 발견한다면 조심해야 한다. 어딘가에 갈고리가 숨겨져 있기 때문이다. 물살이들은 속을지 몰라도 당신마저 속아선 안 된다. (대서양, 미국)

1 볼펜 크기의 플라스틱 막대에 액체가 들어 있다. 이것들은 주로 물살이를 야간에 유인하기 위한 야광봉으로 쓰인다. 막대를 꺾으면 안에 들어 있는 캡슐이 딱 하고 부러지면서 몇 시간 동안 빛이 난다. 유리와 플라스틱, 화학 물질로 구성된 이 야광봉은 주로 일회용이며, 한 번 사용되고 나면 그대로 바다에 버려진다. (지중해, 튀르키예)

2 평범한 플라스틱 막대와 야광봉을 구별하려면 끝부분에 낚싯줄을 매달 수 있는 고리가 있는지 확인하면 된다. (지중해, 튀르키예)

3 야광봉의 포장지는 언제나 배 밖으로 던져진다. 야광봉 포장지인지 어떻게 알았느냐고? 자세히 보면 "꺾어서 부러뜨린 다음 흔드세요"라고 쓰여 있다. (대서양, 잉글랜드)

4 야생 동물들은 작은 납봉돌이나 산탄을 많이 삼킨다. 산탄을 먹고 납 중독 증세를 보이는 새들이 관찰됨에 따라 많은 나라에서는 납 산탄 사용이 금지되었다. (지중해, 튀르키예)

1 전 세계 어디에서도 버려진 낚싯줄이 릴에 꼼꼼히 감겨 있는 경우는 찾아보기 힘들다. 수백 미터에 걸쳐 늘어진 낚싯줄을 따라가다 보면 그 끝에서 사진과 같은 휴대용 스풀을 발견할 수 있다. 과연 낚싯줄은 자연에 얼마나 오래 남아 있을까? 한 추정에 따르면 낚싯줄의 수명은 장장 600년에 달한다고 한다. (지중해, 튀르키예)

2 매년 수백만 킬로미터의 낚싯줄이 바다로 사라진다. 해변에 가면 공처럼 엉켜 있는 낚싯줄을 보게 된다. 그러나 최악의 경우에 낚싯줄은 익사한 새의 머리나 발에 둘둘 감긴 상태로, 혹은 바다거북의 지느러미를 파고들은 상태로 발견된다. 낚싯줄은 물속에서 거의 보이지 않기 때문에 스노클링이나 다이빙을 하는 사람들에게도 위협적이다. (지중해, 튀르키예)

1. 밧줄은 인간의 바다 생활에서 빼놓을 수 없는 물건으로, 강한 힘을 견디도록 제작된다. 하지만 배를 묶어두던 이 두꺼운 밧줄은 호적수를 만났는지 결국 끊어져 바다 쓰레기가 되었다. (사진 중앙에 캘리퍼스를 1cm만큼 벌려 놓았다.) (지중해, 슬로베니아)

2. 보풀이 잔뜩 일어난 밧줄 표면에 따개비들이 붙어 있다. 가까이 가보니 얇은 밧줄 여러 가닥을 촘촘히 엮어서 짠 구조가 보인다. (지중해, 슬로베니아)

3. 굵다란 밧줄을 이루던 얇은 밧줄들은 시간이 지나면서 헐거워지고, 조직이 점점 약해지면서 작은 단위로 끊어진다. 밧줄은 이렇게 미세플라스틱(초미세 합성 섬유)이 된다. (지중해, 슬로베니아)

4 바다에서 분실되거나 폐기된 상업용 어구는 무게가 몇 톤에 달하기도 한다. 고래처럼 가장 큰 해양 생물이라도 여기에 얽혀 들어가면 여지없이 죽음에 이를 것이다. 이런 어구를 치우려면 중장비가 필요하다. (태평양, 대한민국)

5   겉으로 드러난 폐어구 다발은 빙산의 일각일 수 있다. 이러한 어구는 많은 부분이 모래에 묻혀 있기 때문에 아무리 끌어당겨도 (이때 허리를 조심해야 한다!) 끝이 보이지 않고 무거워지기만 한다. 으레 있는 일이니 해변 청소를 처음 하는 사람들은 놀라지 말길. (대서양, 스코틀랜드)

1 어망이 물속에 선 채로 있도록 하는 데에는 수백 개의 소형 부표가 사용된다. 줄이 부표를 꿰뚫고 빠져나가기도 하는데, 그러면 또 하나의 바다 쓰레기가 만들어진다. (슬로베니아, 지중해)

2 베이글 조각처럼 생긴 플라스틱 물체는 대체로 어업용 부표라고 보면 된다. (지중해, 튀르키예)

3 어떤 바다 쓰레기건 같은 종류가 한꺼번에 발견될 때가 많다. 이를 나는 "해변 쓰레기 무더기의 법칙"이라고 부른다. 어업용 부표도 마찬가지다. 그런데 사진의 부표는 거의 새것처럼 보인다. (지중해, 그리스)

4, 5 부표는 크기와 종류가 다양하고 줄에 매다는 방식도 각양각색이다. 해변에서 오래 굴러다닌 부표는 마모되고 낡아서 원래 형체를 알아보기 힘들 수 있다. 하지만 십중팔구 주변에 새로 떠밀려온 부표가 있기 때문에 원래 모습을 추측하는 것은 어렵지 않다. (하와이, 태평양)

6 해변에서 발견되는 상업용 어구에는 그물과 밧줄, 부표와 추가 엉망진창으로 엉겨있을 때가 많다. 이것들은 지구에서 가장 강한 힘을 견뎌내기 위해 만들어진 탓에 바다 쓰레기 중에서도 특히 오래 지속된다. (태평양, 대한민국)

1. 초대형 어망을 물 위에 띄우는 데에는 그만큼 큰 부표가 사용된다. 이 부표에는 조개가 다닥다닥 붙어 있어서 어느 면이 물속에 잠겨 있었는지 짐작할 수 있다. (태평양, 대한민국)
2. 아무리 크고 단단한 부표라도 험악한 바다를 겪고 도르래에 인정사정없이 감기다 보면 결국 깨지기 마련이다. (태평양, 대한민국)
3. 바위투성이 해변에 반복적으로 부딪힌 부표는 부서져 만신창이가 된다. 사진에서는 밧줄을 매다는 고리 부분만이 가장 마지막까지 처음 상태를 유지하고 있다. (지중해, 튀르키예)

1 집어 던지거나 높게 쌓을 수 있게 만들어진 플라스틱 어상자. 사진의 어상자에는 상표가 적혀 있어서 누가 버렸는지 추적할 수 있다. (대서양, 스코틀랜드)

2 하지만 우리 같은 해변 쓰레기 해설가에게 아무런 단서를 남기지 않는 어상자도 많다. 어상자 중에는 물을 내보낼 수 있도록 바닥에 구멍이 뚫린 것들이 많다. (지중해, 이탈리아)

3 물살이를 몇 톤씩 잡아들여도 결국에는 적당한 무게로 나누어 옮겨야 하기에 항구에서는 어마어마한 수의 어상자를 사용한다. 이 어선 위에도 어상자들이 많이 쌓여 있다. 다른 재료로 만든 어상자는 5장(스티로폼)과 12장(팔레트)을 참조할 것. (지중해, 슬로베니아)

1   이 플라스틱 깔때기는 뱀장어 등을 잡는 통발의 입구로 사용된다. 물살이들이 여기로 들어가고 나면 다시 밖으로 나오지 못한다. (태평양, 대한민국)

2   양식업을 하면 야생 바다 생물을 고갈시키지 않으면서 안정적으로 '수산 단백질'을 얻을 수 있다고 생각되지만, 실제로 양식업은 바다 쓰레기의 주된 원천이다. 사진의 플라스틱 뭉치는 홍합 양식장에서 떠내려왔다. 양식장에서는 스타킹 같은 플라스틱 망을 물속에 길게 늘어뜨려서 홍합을 키운다. (지중해, 이탈리아)

12
나무

나무 선박과 목재용품
팔레트

나무 선박과
목재용품

 나무는 자연이 만든 유기물이다. 그렇다면 나무는 바다에 버려도 괜찮을까? 만약 그렇다고 생각한다면 큰 오산이다. 나무 한 그루가 수십, 수백 년씩 자리를 지키며 우뚝 서 있는 것을 생각해 보라. 나무는 매우 튼튼하다. 운전을 하다가 가로수를 들이받은 적 있는 사람들은 나무가 얼마나 단단한지 알 것이다. 나무는 해충을 쫓고 경쟁자를 밀어내기 위해 다양한 화학 물질을 분비하기도 한다. 이 화학 물질은 때때로 상당한 독성을 띠고 있다.

 물론 해양 쓰레기와 관련해서 문제가 되는 것은 첨가제가 섞이지 않은 자연 상태의 나무가 아니라 인간에 의해 가공된 목재이다. 대부분의 목재 제품은 나무 본래의 힘과 내구성을 강화하기 위해 접착제를 발라 합판으로 만들어진다. 이 과정에서는 다양한 화학 약품과 페인트도 사용된다. 선박과 같이 바닷물에 직접 닿는 목재는 페인트나 바니쉬, 래커가 두껍게 칠해져서 특히 견고하다. 선박용 목재에는 조류나 홍합, 갯지렁이, 멍게 등의 생물이 붙어 배를 무겁게 하거나 속도를 떨어뜨리는 것을 방지하기 위해 일부러 독성이 강한 약품을 바르기도 한다. 목재를 일정한 모양으로 고정하기 위해 못이나 나사, 두꺼운 철침을 박는 경우도 허다하다.

    목재 선박을 보면 이러한 특징들을 한눈에 확인할 수 있다. 선박은 선사시대 때부터 목재로 만들어졌으며, 금속이나 유리 섬유, 플라스틱과 같은 소재로 선체를 만들기 시작한 것은 불과 얼마 되지 않았다. 오늘날에도 항구나 조선소에 가보면 목재 선박이 수리되고 있는 모습을 볼 수 있다. 어선이나 레저용 보트 중에도 나무로 만든 것들이 여전히 많다.

    그렇다면 선박은 왜 해양 쓰레기가 되는 것일까? 우선 선박이 선착장이나 부두에 정박되어 있다가 사고가 나서 부서지는 경우가 있다. 쓰나미가 몰아치면 배들은 여지없이 바다로 끌려 들어가게 된다. 또한, 바다 위에서 비상 상황이 발생하면 배는 그대로 버려진다. 보험금을 타기 위해 일부러 배를 잃어버리는 사람들도 있다. 마지막으로, 선박은 다른 물건들과 마찬가지로 일정한 수명을 가지고 있다. 선박을 유지하고 보수

하는 데에는 엄청난 비용이 들어가며, 낡은 배를 수리하고 리모델링하려면 더더욱 큰 비용을 감수해야만 한다. 수명이 다한 배는 올바른 절차에 따라 해체해야 하는데, 그 처리 비용도 결코 만만치 않다. 오래된 선박을 폐기하는 데에는 비용이 5만 달러까지 들 수 있다고 한다.[1] 선박의 소유주들은 이러한 비용을 기꺼이 지불하기보다 선박을 몰래 유기하여 다른 사람에게 해양 쓰레기를 처리할 책임을 떠넘기곤 한다. 한편, 버려진 선박은 다양한 위험을 유발한다. 우선, 폐선박은 파도에 이리저리 휩쓸리면서 연안의 생태계를 파괴할 수 있다. 그토록 육중한 나무 덩어리가 산호초나 해초지, 염습지 등을 뭉개고 다닌다고 생각해 보라. 항해하던 배가 폐선박을 들이받는 경우에도 큰 사고가 발생할 것이다. 폐선박에서는 석유나 기타 화학물이 유출되어 바다를 오염시키기도 한다.

이밖에도 가공된 목재는 다양한 경로로 바다에 유입되어 해양 쓰레기가 된다. 수산업 현장에서 어획물을 담아둘 때 사용하는 나무 어상자나 유통업계에서 화물을 운반할 때 쓰는 팔레트, 각종 가구와 운동기구, 아이들 장난감 등은 바다에 쉽게 버려진다. 목재 쓰레기는 식품 산업에서도 발생한다. 아이스크림 막대나 일회용 나무젓가락을 생각해 보라. 이 중 일회용 나무젓가락을 만들기 위해서만 매년 380만 그루의 나무가 벌목된다고 한다.[2] 한 해에만 14억 명의 사람들이 800억 쌍의 일회용 나무젓가락을 쓰기 때문에 벌어지는 일이다.[3] 이렇게 어마어마한 수로 생산되는 상품이 대부분 그러하듯, 나무젓가락은 해변에서도 쉽게 발견된다.

그렇다면 나무로 만들어진 해양 쓰레기는 어떤 위험을 초래할까? 무엇보다도 중요한 사실은 바로 나무가 물에 뜬다는 것이다. 이러한 특성 때문에 나무 쓰레기는 매우 먼 거리를 가로질러 외래종을 유입시키고 생태계 교란 문제를 일으킬 수 있다. 이렇게 운반되는 생물에는 따개비와 같이 일반적인 부착생물뿐만 아니라 도마뱀이나 바다뱀, 설치류와 같이 제법 덩치가 큰 동물들도 있다. 물론 찰스 다윈이 이야기한 바와 같이, 형성된 지 얼마 되지 않은 외딴섬 등에 새로운 생물 종이 통나무를 타고 도달하여 종 분화를 겪는 것은 자연적인 현상일 수도 하다. 하지만, 오늘날에는 비정상적일 정도로 많은 수의 해양 쓰레기가 바다 위에 떠다니면서 수많은 생태계를 쑥대밭으로 만들어 놓고 있다. 이밖에도 덩치가 큰 목재 쓰레기들은 해안에 떠내려오는 과정에서 해저를 긁어 해초지를 난장판으로 만들 수 있다. 이러한 쓰레기는 파도에 휩쓸려 이리저리 움직이면서 산호초를 전부 뭉개놓기도 한다. 혹시 자연과 생태계가 받는 피해가 잘 와닿지 않는다면 목재 쓰레기가 인간에게 끼치는 영향도 한번 알아보자. 만약 커다란 각목이나 나무 팔레트와 같은 것들이 수면에 떠 있다면 작은 선박을 운행하는 사람에게는 큰 위협이 될 것이다. 고속으로 물살을 가르던 중에 그러한 대형 부유물을 들이받는다면 인명피해가 발생할 것이다.

목재에 박혀 있는 나무 조각이나 못, 경첩 같은 금속 부품들은 맨발로 해변을 걸어 다니는 해수욕객에게도 큰 상처를 입힌다. 물론 자연적으로 발생한 유목은 대부분 해변에 그대로 내버려 둬도 괜찮다. 유목은 해변 표층의 모래가 유실되는 것을 막아주고 사구의 식생들에게 영양분을 제공하는 등 해변에 다양한 이익을 가져다준다. 배좀벌레조개와 같은 동물은 거의 나무에서만 서식하므로, 이들에게는 유목이 꼭 필요하다. 하지만 인공적인 처리와 가공을 거친 목재는 해변을 청소할 때 모두 수거해야만 한다. 이때 목재의 무게에 주의하고, 나무 가시나 못에 찔리지 않도록 단단한 장갑을 착용하자. 최근에 있었던 국제 연안 정화의 날에는 모든 사람의 상상을 뛰어넘는 목재 쓰레기가 하나 수거됐는데, 그것은 바로 피아노였다.[4] 물론 여러분은 해변에서 목재 선박이나 폭죽놀이용 막대, 연필과 같은 쓰레기들을 더 많이 발견하게 될 것이다.

1   해변에는 주인 없이 방치된 나무배가 많다. 이것들 중에 수리를 거쳐 다시 바다로 나가게 되는 것은 몇이나 될까? 이 배는 선체가 썩고 프로펠러축이 빠져 있어서 다시 바다로 돌아가지 못할 것 같다. (지중해, 그리스)

2   전 세계의 하구와 좁은 만에는 버려진 배들의 공동묘지가 펼쳐져 있곤 한다. 태풍이 불거나 홍수가 난다면 이것들은 금세 바다로 쓸려 내려가게 될 것이다. (카리브해, 그레나다)

3   선체가 박살난 것을 보니 매우 큰 사고가 있었던 것 같다. (지중해, 튀르키예)

1 부서진 배의 나머지 부분처럼 보이는 선박이 근처에 놓여 있다. (지중해, 튀르키예)
2 오래된 난파선에서 가장 마지막까지 남아 있는 부분은 배의 척추 역할을 하는 용골과 갈비뼈 역할을 하는 늑재이다. (지중해, 튀르키예)

3   이 목재는 아마도 작은 보트 선실의 창문이었을 것이다. 곳곳에 나사가 박혔던 구멍들이 나 있다. (지중해, 튀르키예)

4   이것은 노를 얹어 놓는 부품이었다. 위쪽 중앙에 튀어나와 있는 금속관에 노를 끼워서 사용했을 것이다. 크기로 미루어 볼 때 아마도 작은 배에서 떨어져 나온 것 같다. (슬로베니아, 지중해)

5   때로는 경험 많은 해변 청소 활동가라고 하더라도 쉽게 정체를 알아보지 못하는 쓰레기들이 있다. 이것은 배좀벌레조개 무리가 파고들어 구멍이 뻥 뚫려버린 나무이다. 이와 같이 생물학적인 분해가 상당히 진행되려면 물속에 오래 잠겨 있어야 할 것이다. (지중해, 튀르키예)

1 항해 중에는 무엇이든 배 밖으로 떨어질 수 있다. 이러한 쿠션은 구명장비 역할도 하지만, 기본적으로는 차갑고 축축한 갑판으로부터 엉덩이를 보호하는 데 쓰인다. (태평양, 미국)

2 자, 이것은 배와 무슨 관계가 있을까? 그렇다. 이것은 모터보트에 시동을 걸 때 사용되는 손잡이다. 배에 시동을 걸기 위해 수천 번씩 힘을 주어 잡아당기다 보면 언젠가는 줄이 끊어지기 마련이다. (지중해, 튀르키예)

3 그대로 다시 써도 괜찮을 법한 해양 쓰레기를 발견했다. 이것은 정박 중인 선박이 부두나 다른 선박과 부딪히지 않도록 해주는 방현재이다. 내구성을 높이기 위해 검정색 스타킹을 씌워 놓았는데, 그래서 더 오래 썩지 않을 것이다. (지중해, 튀르키예)

1   그고 무거운 각목은 오랜 시간이 지나도 분해되지 않는다. 항해 중에 이런 쓰레기에 부딪히게 되면 큰 사고가 나고 말 것이다. (카리브해, 쿠바)

2   목재에는 크건 작건 못이나 나사가 박혀 있는 경우가 많다. 그런데 이런 뾰족한 못은 왜 항상 하늘로 솟아 있는 것일까? 머피의 법칙인가…. 바닥이 단단한 안전화를 신지 않는다면 발바닥을 크게 다치게 될 것이다. (지중해, 튀르키예)

3   이 목재는 약간 구부러져 있고 페인트가 두껍게 칠해져 있으며, 일정한 간격으로 늑재를 고정하기 위한 홈이 있는 것으로 보아 선박의 선체에서 떨어져 나온 것 같다. (지중해, 이탈리아)

1 패들 볼(paddle ball)은 해변 스포츠로 인기가 많다. 오래 쓴 라켓은 줄 맞춰 뚫려 있는 구멍을 따라서 잘 부러진다. 이 라켓은 합판을 만들 때 사용된 접착제와 페인트 때문에 순수한 유기물이라고 보기 어려우며, 해양 쓰레기가 되어서도 오랜 기간 분해되지 않는다.

2 아니, 이렇게 멀쩡한 탁구채를 버리고 가다니! 도무지 이해할 수 없다. (지중해, 튀르키예)

3 아무리 모래 해변이 벙커샷을 연습하기에 좋아 보이더라도 해변에서 골프를 치면 안 된다. (대서양, 미국)

4 해변에 위치한 바에서 파티용 드링크나 아이스크림을 주문한다면 이러한 장식품이 딸려올 것이다. (지중해, 튀르키예)

5, 6 해변에서의 휴가와 아이스크림…. 이는 결코 떼어 놓을 수 없는 조합이다. 아이스크림 막대가 플라스틱이 아니라 나무로 만들어진 것은 그나마 다행스러운 일이다. 그나저나 아무리 작은 제품이라도 기업들은 로고를 꼭 새겨 놓아야만 직성이 풀리는 듯하다. (태평양, 하와이; 지중해, 그리스)

1 빗자루나 갈퀴, 아이들 장난감 등에는 나무로 된 부분들이 있다. 이 삽에서 철침으로 고정된 플라스틱 손잡이는 보기엔 허술해 보이지만 나무 자루보다 훨씬 오랜 시간이 지나야 분해되기 시작할 것이다. (대서양, 잉글랜드)

2 필기도구는 꽤 일반적인 해양 쓰레기이다. 연필 한 자루에는 나무, 페인트, 흑연, 금속, 고무 등 다양한 소재가 사용된다. 최초의 연필이 100% 재활용된 골판지와 신문지 섬유로 만들어졌다는 사실을 생각해보면, 어떤 제품이라도 더 친환경적인 방식으로 생산될 가능성이 있는 것 같다. (대서양, 미국)

3 야드파운드법으로 눈금이 표시된 이 나무 자는 아이러니하게도 중국에서 만들어졌지만 홍해의 어느 해변에서 담배꽁초들과 함께 발견되었다. '물류의 자유로운 국제 이동'은 해양 쓰레기에도 적용되는 법칙인가 보다. (홍해, 요르단)

4, 5 페인트 붓은 주변에 항구나 건선거(항구에서 물을 빼고 배를 만들거나 수리할 수 있는 곳 – 옮긴이)가 있다는 사실을 암시한다. 주변에 페인트 통이 떨어져 있지는 않은지 한번 살펴보자! (지중해, 튀르키예)

6 해변에는 많은 가구가 비치되지만(8장 "가구와 설비" 참조), 그중에는 이 나무 의자처럼 함부로 바다에 버려지는 것도 적지 않다. (태평양, 파나마)

팔레트

　오늘날에는 수백만 톤의 상품들이 매일같이 매점과 창고, 그리고 컨테이너선을 오가며 부단히 이동한다. 이러한 상품들이 운송될 때 빠지지 않는 것이 바로 화물용 팔레트이다. 전 세계에서는 1년에 최소 5억 개가 넘는 팔레트가 생산되고 있다. 사용량을 따져본다면, 미국에서만 2억 개, EU에서만 3억 개의 팔레트가 사용된다. 전 세계로 범위를 확장하면 그 수는 훨씬 더 많을 것이다. 상황이 이러하기 때문에 팔레트를 바다나 해변에서 발견하게 된다고 해도 그리 놀랄 일은 아니다. 팔레트는 국제 연안 정화의 날에 사용되는 쓰레기 기록지에서도 독자적인 항목을 차지하고 있으며,[5] 이 책에서도 별도의 장을 할애하여 다룰 필요가 있다.

팔레트는 매우 실용적인 물건이다. 팔레트에 상품을 적재하면 1톤에 가까운 무게라고 하더라도 지게차나 수동/전동 손지게(팔레트 잭)를 이용하여 손쉽게 운반할 수 있다. 팔레트 위에 쌓인 상품들은 스트래핑 밴드나 수축 포장용 비닐 랩 등으로 고정된다(이것들도 역시 해양 쓰레기 문제를 일으킨다). 팔레트의 소재로는 일반적으로 플라스틱이나 금속이 사용되며, 골판지가 사용될 때도 있다. 팔레트의 블록은 압축된 목재 칩이나 바나나 섬유로 만들어지기도 하지만, 무엇보다도 대부분 나무로 만들어진다. 팔레트의 표준 사이즈는 지역과 산업에 따라 다르다. 이는 전 세계적으로 다양한 역사적, 정치적 배경과 상업적 특권을 극복하고 무언가를 통일하는 일이 얼마나 어려운지를 보여준다. 지역적으로 통용되는 표준으로는 북아메리카에서 사용되는 식료품 제조업체 협회 팔레트Grocery Manufacturers' Association pallet부터 유럽에서 사용되는 유로팔레트europallets까지 다양하다. 국제표준화기구ISO에서는 여섯 가지 표준 사이즈를 규정하고 있는데, 나라와 군대, 산업의 종류에 따라 각자의 필요(에: 오토바이 운송)에 맞는 사이즈를 따로 만들어 사용하기도 한다. 어떤 팔레트는 평범한 크기의 문을 통과할 수 있도록 작게 만들어지기도 하지만, 대부분은 상당히 큰 몸집을 자랑한다.

나무 팔레트는 공짜가 아니다. 이것을 만들기 위해서는 기본적으로는 나무를 베어내야만 한다. 조잡하고 단순한 일회용 팔레트는 값싼 연목으로 만들어진다. 가구나 냉장고를 가정으로 배송할 때 사용되는 나무 포장재가 대표적이다. 이러한 나무 팔레트는 일회용이며, 배송이 완료되면 다른 포장재와 함께 버려진다. 한편, 내구성이 강한 견목으로 만들어 여러 번 재사용되는 팔레트도 있다. 이러한 팔레트는 더 비싸고, 2면이 아닌 4면에서 모두 들어 올릴 수 있도록 설계되며, 운송이 완료되면 일반적으로 재사용되거나 판매된다. 여기에는 기업 로고가 찍혀 있을 확률이 높다. 대부분의 팔레트에는 국제식물보호협약IPPC♻의 인증 마크가 양면에 찍혀 있기도 하다. 기업들은 소유주를 명확히 하고 회수율을 높이기 위해 빨간색(예: PECO, LPR)이나, 파란색(예: CHEP), 갈색(예: IPP), 혹은 노란색(예: Yellow Pallet) 팔레트를 사용하며, 고객에 따라 색깔이 다른 팔레트를 만들어 사용하기도 한다.

그런데 팔레트가 대부분 재사용될 수 있고, 돈이 되며, 대여도 가능하다면, 왜 팔레트는 바다와 해변에 버려지게 되는 것일까? 물론 화물선 등이 폭풍을 뚫고 바다를 헤쳐나가는 과정에서 물속에 빠뜨리는 일도 있을 것이다. 그런데 손상되거나 망가진 팔레트는 배 위에서나 항구에서 바다에 곧장 버려지기도 한다. 다른 생활 폐기물과 뒤섞여 불법 투기되는 경우도 배제할 수 없다.

♻ 농산물이나 식물성 제품이 국경을 건널 때 병해충이 전파되는 것을 막기 위해 UN 식량농업기구(FAO) 산하에 설립된 기구이다.

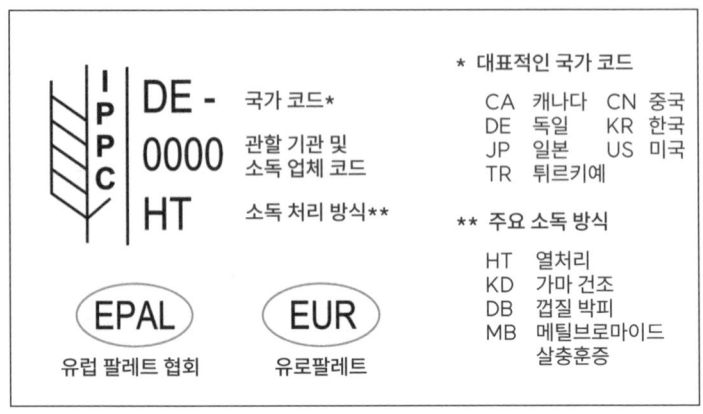

목재 팔레트에 표시되는 IPPC 마크 – 'MB(메틸브로마이드 살충훈증)' 방식으로 소독된 것만 아니라면 얼마든지 업사이클링이 가능하다.

　팔레트는 엄청난 무게의 상품을 짊어지는 데에 사용되기 때문에 굉장히 견고하다. 열이나 화학 약품으로 처리된 몸체는 하중을 잘 분산할 수 있는 구조를 가지고 있어서 완전히 분해되려면 매우 오랜 시간이 필요하다. 물론 아무리 튼튼하게 만든 팔레트라고 하더라도 부서지고 망가지는 운명을 피하지는 못한다. 널빤지가 하나만 부러지더라도 팔레트는 통째로 못 쓰게 될 것이다. 하지만 작은 손상은 수리될 수 있고, 또 반드시 수리되어야만 한다. 대부분의 팔레트는 손이나 자동 수리 기계로 해체하고 수리하여 재조립할 수 있다. 제대로 처리되지 않은 팔레트는 해양 쓰레기로 전락하고 만다. 다른 대형 쓰레기와 마찬가지로 팔레트는 얕은 바다의 서식지를 파괴할 수 있으며, 못이나 나무 가시에 해수욕객이 찔려 다칠 수도 있다. 더 나아가, 팔레트는 때때로 독성을 띠기도 한다. 국제식물보호협약IPPC의 규정에 따르면 국경을 넘어 운송되는 팔레트는 병충해를 옮기지 않는 소재로 만들어져야 한다. 그래서 팔레트는 일반적으로는 열처리 과정을 통해 소독된다. 목재를 최소 30분간 중심 온도가 최소 56℃가 되도록 열을 가하는 것이다.[6] 이렇게 열처리를 거친 팔레트는 IPPC 마크에서 'HT'라는 코드를 받게 된다. 하지만 소독을 위해 화학 처리를 거치는 팔레트도 있다. 이때 사용되는 약품은 작은 생물들을 몰살시킬 수 있을 정도로 유독하다. 이 공정에는 메틸브로마이드(IPPC 마크에서 'MD'라는 코드를 얻게 된다)가 주로 사용되는데, EU와 같은 곳에서는 이러한 약품의 사용을 금지하고 있다. 그래서 때로는 이보다 덜 해로운 처리 방식으로 가마에 팔레트를 넣어 건조시키는 방식('KD')이 선택되기도 한다. 한편, 팔레트에 적재되어 수입된 상품들은 살충제와 함께 훈증 처리를 거치곤 하는데(이 처리 방식에는 특별한 코드가 부여되지 않는다), 이때 사용된 살충제도 팔레트에 남을 수 있다. 또한, 화물에서 유독물질이나 화학물질이 새어나와 팔레트에 스며드는 경우도 있다. 이 때문에 팔레트에 미심쩍은 얼룩이 남아 있다면 만지지 말고 신경을 곤두세워야 한다.

팔레트는 해변 청소를 할 때 남김없이 모두 수거해야 한다. 이때 뾰족하게 튀어나와 있는 못과 나무 가시를 조심하자. 모래에 파묻혀 있는 팔레트는 혼자 끄집어내려고 하지 말고 여러 사람의 힘을 빌리는 것이 좋다. 우선 주변의 모래를 제거하여 무게를 덜어내면 도움이 된다. 허리를 삐끗하지 않도록 조심하고, 반드시 장갑을 껴야 한다.

바다에 버려지는 팔레트의 수를 줄이려면 어떻게 해야 할까? 우선은 팔레트를 최대한 여러 번 재사용하는 것이 중요하다. 팔레트 1개를 열 번 재사용할 경우 나무 한 그루를 덜 벨 수 있고, 팔레트 200개를 재사용하면 1에이커(약 4,000㎡ 혹은 축구장 반 개) 면적의 숲을 벌목하지 않아도 된다고 한다. 해변에서 수거된 팔레트를 다른 용도로 활용하는 노력도 필요하다. 우리는 무궁무진한 방식으로 팔레트를 재활용할 수 있다.[7] 'MD' 코드가 적혀 있지 않은 팔레트라면 땔감으로 사용할 수 있으며, 멋진 목재 물건으로 재탄생할 수도 있다. 해체하지 않는다면 그대로 커피 테이블이나 와인 병 수납장도 될 수 있을 것이다. 팔레트를 두 개나 세 개 정도 쌓아서 깨끗한 판자나 쿠션을 얹어 놓는다면 튼튼한 소파도 뚝딱 만들 수 있다. 팔레트를 구성하는 널빤지 하나하나는 모두 감성적인 가구를 만드는 좋은 재료이다.[8] 인터넷에 '팔레트 업사이클링'을 검색해보면 무수히 많은 아이디어를 확인할 수 있을 것이다. '팔레트 분해하는 법'을 검색해 보아도 다양한 영상 자료를 찾을 수 있다.

1. 이 팔레트처럼 인간에 의해 가공된 나무는 바다를 오염시키는 쓰레기이므로 해변을 청소할 때 제거해야 한다. (카리브해, 파나마)

2. 팔레트는 1톤에 가까운 무게를 버틸 수 있도록 만들어지는 만큼 견고한 내구성을 자랑한다. 파도에 이리저리 휩쓸리다 보면 산호나 해초를 비롯한 해저 생태계가 파괴될 것이다. (지중해, 튀르키예)

3. 팔레트를 모래에서 끄집어낼 때에는 항상 허리를 조심해야 한다. 장갑을 착용하는 것도 잊지 말자. 팔레트에는 못이나 나무 가시가 튀어나와 있을 수 있으므로 조심해서 만져야 한다. 팔레트를 분해해서 얻은 목재는 멋진 가구나 다양한 업사이클링 프로젝트의 귀중한 재료가 된다. (대서양, 스코틀랜드)

4 부러지고 탄 흔적이 있는 목재. 자세히 보면 팔레트라는 것을 알 수 있다. (대서양, 스코틀랜드)

5 아주 일부분만 남아 있을 뿐이지만, 나무 팔레트 특유의 형태가 보인다. (대서양, 스코틀랜드)

6 팔레트가 바위 해변에 떠내려오면 작은 조각으로 부서지지만, 그것들도 여전히 단단하기에 충분히 조간대의 생태계를 파괴할 수 있다. (카리브해, 프랑스령 과들루프)

7　널빤지에 나무 블록이 일정한 간격으로 붙어 있는 것으로 볼 때, 이 나무는 팔레트였던 것 같다. 이러한 쓰레기는 파도의 힘에 의해 바위 사이에 단단히 낄 수 있는데, 그렇게 되면 제거하기 몹시 힘들어진다. 나무 블록에 마크가 찍혀 있다면 이 팔레트에 관해 더 많은 정보를 얻을 수 있을 것이다. (지중해, 크로아티아)

8　"해변 쓰레기 무더기의 법칙"이 팔레트에도 적용된다니! 여기서도 우리는 팔레트가 딱 하나만 버려지지 않는다는 사실을 깨닫게 된다. 이 많은 팔레트를 어떻게 재활용할 수 있을까? 인터넷에 '팔레트 업사이클링'을 검색해보자. (지중해, 크로아티아)

1 어선에서 어획물을 옮기는 데에는 어상자가 많이 필요하다. 배 위에 탑처럼 쌓여 있는 어상자는 쉽게 바다에 빠질 수 있다. (지중해, 그리스)

2 어상자는 못과 받침쇠로 고정되더라도 쉽게 망가지곤 한다. 어업인에게는 작은 손해일지 몰라도, 바다에게는 큰 고통이다. (지중해, 그리스)

3 평평한 나무 조각에 녹슨 받침쇠가 달려 있는 것으로 보니, 이것은 어상자에서 떨어져 나온 것 같다.

4, 5 험악한 바다는 아슬아슬하게 쌓여 있는 어상자를 한순간에 해양 쓰레기로 전락시킨다.
(지중해, 그리스) (지중해, 그리스)

1   과일이나 채소를 운반할 때 사용되는 허술한 나무 상자는 못 없이 철침으로만 대충 고정되는 경우가 많다. (지중해, 이탈리아)
2   철침이나 나무 가시가 삐죽 튀어나와 있다면 맨발로 다니는 사람에게 큰 상처를 입힐 것이다. (지중해, 튀르키예)
3   이 상자는 스페인산 토마토를 운반하는 데 쓰였다. 청과류용 상자답게 손잡이가 뚫려 있고 군데군데 철침이 박혀 있다. 해변에서 동일한 쓰레기를 많이 발견한다면 회사명이나 주소, 전화번호가 적혀 있는지 확인해보고 쓰레기 투기에 대한 항의 전화를 걸어보자. (지중해, 스페인 이비사)

13

종이

종이

 종이는 바다에 버려지더라도 큰 해를 끼치지 않을 것처럼 보이기도 한다. 하지만 파티를 하면서 두루마리 휴지를 집어 던져본 적이 있는 대학생이라면 아주 적은 종이 쓰레기가 얼마나 환경을 지저분하게 만들 수 있는지 알고 있을 것이다. 신문지는 가판대에 다소곳이 꽂혀 있을 때는 별문제가 되지 않지만, 한 장이라도 바람에 날려 갈기갈기 찢어지기 시작하면 일대를 난장판으로 만들게 된다. 여기서 중요한 사실은 사람들이 생각하는 것과 달리 대부분의 종이가 잘 썩지 않는다는 것이다. 혹시 지폐가 순전히 종이로만 이루어진다고 믿는 사람이 있을까? 물론 대부분의 종이는 나무에서 추출된 셀룰로오스 섬유로 구성되지만, 더욱 질기고 강한 내구성을 가지도록 하기 위해 수많은 공정을 거친다. 종이를 만들 때는 색을 넣기 위해 염료가 사용되고, 곰팡이를 방지하기 위해 화학 약품이 첨가되며, 광열화 방지제나 표백제도 더해진다. 비닐이나 왁스로 코팅을 하거나 목화나 화학 섬유를 섞음으로써 종이는 더 질긴 조직감과 방수 기능도 가질 수 있다. 마지막으로, 종이는 다양한 방식으로 접거나 주름지게 만들면 놀라운 강도를 가질 수도 있다. 아마 건축학과 학생이라면 과제를 하기 위해 골판지로 50kg을 버틸 수 있는 구조물을 만들어 본 경험이 있을 것이다. 디자이너들은 종이를 이용해 단단한 가구를 만들기도 하고 산업 현장에서는 500kg 이상을 지탱하는 종이 팔레트도 많이 사용한다.

이 모든 것은 종이가 분해되려면 사람들이 생각보다 훨씬 오랜 시간이 걸린다는 사실을 의미한다. 요즘 사람들은 나무를 아끼자는 취지에서 이메일에 "인쇄하지 말아주세요"라는 문구를 적어 놓곤 하는데, 이러한 맥락에서 디지털 시대의 신봉자들은 전자기기의 대중화가 종이의 시대에 마침표를 찍게 될 것이라고 이야기하기도 한다. 그런데 이상하다. 우리는 왜 아직까지도 매일같이 종이를 만지고 있으며, 전 세계의 해변에서는 왜 이렇게 많은 종이 쓰레기가 발견되는 것일까?

우리가 해변에서 마주치는 종이 쓰레기들은 대부분 먼 곳에서부터 쓸려 내려오기보다는 해수욕객들이 버리고 간 것들이다. 잘 상상이 가지 않는가? 주말이나 여름 휴가철이면 얼마나 많은 사람들이 해변에 드러누워서 일간지나 잡지를 쌓아두고 읽는지 떠올려보라. '해변에서 읽기 좋은 책'이나 '여름철 권장도서'라는 말이 존재하는 것은 결코 우연이 아니다. 노트북이나 태블릿 PC 같은 디지털 장비는 험악한 해변 환경에서 사용하기에는 적합하지 않다. 해변은 너무 뜨겁고 모래도 너무 많은 데다, 바닷물의 소금기는 전자기기를 금방 망가뜨린다. 더군다나 모니터에 빛이 반사되면 눈도 아프다.

사람들이 해변에 가져오는 물건 중에는 종이로 만들어진 것이 정말 많다. 종이컵, 종이 접시, 패스트푸드 용기, 담뱃갑 등등….[1] 해변 상점에서 선글라스나 플라잉 디스크, 스노클링 장비와 같은 것들을 구매한다면 이것들을 모두 넣을 수 있는 종이봉투와 구매한 상품의 개수에 비례하는 종이 포장지도 잔뜩 얻게 된다. 종이봉투는 해변 정화 활동을 할 때 사용되는 쓰레기 수거 기록지에서 별도의 항목을 차지할 정도로 해변에 많이 버려지는 품목이다. 또한, 해변에서는 두루마리 휴지도 적지 않게 발견된다. 불가피한 '비상 상황'에 대비하고자 하는 피서객들은 피크닉 가방에 두루마리 휴지를 꼭 챙긴다(여기서 잠깐! 혹시 두루마리 휴지가 얼마나 많이 생산되고 있는지 아는가? 전 세계에서는 자그마치 8,300만 개나 되는 두루마리 휴지가 매일매일 생산된다고 하는데, 이는 나무 2만 7천 그루에 해당하는 양이다).[2] 한편, 해변에서 발견되는 종이 쓰레기 중에는 지폐처럼 우리를 기쁘게 해주는 것도 있다. 사람들은 일반적으로는 지폐를 지갑에 고이 넣어두지만, 해변에서는 짧은 반바지나 수영복의 조그마한 주머니에 우겨넣고 다니다가 자주 바닥에 흘리곤 한다. 여러분도 해수욕을 하다가 돈을 잃어버린 적이 있을 것이다. 하지만 해변 청소를 하면 돈을 주울 수 있다. 어쩌면 지폐가 여러 공정을 거쳐 튼튼한 내구성을 가지게 된 것이 우리에게는 다행일지도 모르겠다. 첨가제는 바닷물에서도 지폐가 좋은 상태를 유지하게 해준다.

오늘날과 같은 디지털 시대에도 전 세계에서는 셀 수 없이 많은 종이가 생산되고, 또 버려지고 있다. 그 양이 연간 40억 톤에 달한다.[3] 미국에서 배출되는 고형 생활 쓰레기 중에서 종이는 대략 3분의 1을 차지한다. 그렇다. 우리는 가정에서 종이 쓰레기를 그렇게나 많이 버리고 있다. 더군다나 최근에는 택배 상자라는 새로운 골칫덩이도 등장했다. 요즘은 손가락만 한 물건을 보낼 때도 큼지막한 골판지 상자를 사용하는데, 사람들이 온라인으로 물건을 주문하는 경우가 폭발적으로 늘면서 막대한 양의 종이 상자가 낭비되고 있다.

우리는 문제의 일부이기도 하지만 해결책도 될 수 있다. 우선 이메일을 받으면 굳이 출력하지 말자. 신문 기사는 온라인으로 구독하고 온라인에서 읽자. 종이 제품을 구매한다면 재활용 종이로 만들어진 것만 구매하도록 노력하자. 사실 종이는 대규모로 재활용되기 시작한 첫 번째 소재이며, 오늘날 무게로 따졌을 때 모든 재활용 쓰레기의 절반을 차지한다. 사용 중인 제품에 쓰인 재생지가 새 종이의 자투리를 모아 만든 것(프리 컨슈머pre-consumer)이 아니라 최종 소비자의 사용을 거친 폐기물을 모아 만든 것(포스트 컨슈머post-consumer)인지도 확인해보자. 이 재생지가 다시 재활용될 수 있는지도 알아볼 필요가 있다. 폐지 1톤을 재활용하면 1~2톤의 목재를 아낄 수 있고, 이는 그만큼 나무와 숲을 지키는 결과로 이어질 것이다. 재활용 종이는 새로 펄프를 추출해서 종이를 만드는 것보다 물을 적게 사용하고, 대기를 덜 오염시키며, 비용도 적게 들고, 쓰레기 매립지의 부담도 줄여줄 수 있다.

해양 쓰레기가 되어 바다에 떠다니는 종이 쓰레기들을 생각해보면 종이는 분명히 환경오염을 일으킨다. 하지만 플라스틱에 비하면 종이 쓰레기가 일으키는 문제는 정말 새 발의 피에 불과할 것이다. 그렇기 때문에 우리는 플라스틱 제품을 종이로 대체하기 위해 노력해야 한다. 플라스틱 빨대와 일회용 접시, 스티로폼 테이크아웃 컵 홀더 그리고 일회용 비닐봉투를 종이로 바꾸자. 물론 종이라고 해서 절대적인 해결책은 아니다.
2012년에 이루어진 국제 연안 정화의 날에는 29만 8천 개가 넘는 종이봉투가 수거되었고, 결국 종이봉투는 '가장 많이 수거된 해변 쓰레기 10위' 안에 들게 되었다.[4] 종이봉투 대신 에코백을 여러 번 쓸 수는 없을까? 어떤 종이 제품들은 두루마리 휴지와 같이 완전히 다른 제품으로 재탄생하기도 한다.[5] 해변에 가지고 들어간 종이 제품은 잊지 말고 집에 가져오고, 해변을 청소하면서 종이 쓰레기와 골판지를 마주친다면 모두 수거하자.

1. 우리는 해변에 있는 동안 많은 수분을 섭취해야 한다. 대부분의 종이컵은 음료수를 오래 담아 두어도 젖지 않도록 하기 위해 왁스나 기타 첨가제로 코팅되어 있다. 일회용 플라스틱 컵을 쓸 바에는 종이컵을 쓰는 것이 낫겠지만, 종이컵도 겹겹이 쌓아두면 분해되는 데 오랜 시간이 걸린다. (지중해, 튀르키예)
2. 최근에는 카페들이 천문학적인 수의 테이크아웃용 종이컵을 쏟아내고 있다. 부디 텀블러나 머그컵을 가지고 다니자. (지중해, 튀르키예)
3. 누구나 다 알 법한 브랜드의 제품. 윗부분에는 작은 글씨로 "던져버리세요"라고 적혀 있고, 실제로 바다에 던져졌다. 1cm만큼 벌려 놓은 캘리퍼스와 비교해 보면, 종이컵이 아니라 종이 양동이라는 말이 어울릴 것 같다. (태평양, 하와이)

1, 2 아이스크림 포장지는 끈적거리기 때문인지 집에 가져가서 버리는 사람이 많지 않다. (지중해, 튀르키예)

3 해변에 나란히 앉아서 사이좋게 먹는 아이스크림은 꿀맛일 것이다. 하지만 아름다운 추억의 뒤편에 이렇게 쓰레기가 남겨지고 말았다. (지중해, 튀르키예)

4 부러진 맥주병이 날카로워서 금방이라도 손을 베일 것만 같다. 끈덕지게 달라붙어 있는 종이 스티커가 눈에 들어온다. (지중해, 크로아티아)

5 비록 전부 종이로 만들어지는 것은 아니지만, 음식물 포장지는 담배꽁초 다음으로 해변에서 가장 많이 발견되는 쓰레기다. 이 초콜릿 포장지도 결국 쓰레기통에 제대로 버려지지 못했다. 아마 초콜릿은 입안에서 녹기도 전에 손 위에서 녹아 포장지 안을 끈적끈적하게 만들었을 것이다. (대서양, 미국)

6 언젠가 해변 쓰레기에 자사 로고가 큼지막하게 인쇄되어 있는 것을 보고 부끄러움을 느낀 기업들이 포장지를 단색으로 통일하는 날이 오게 될까? (태평양, 미국 캘리포니아)

1. 사람들은 해변에 읽을거리를 참 많이 가지고 간다. 그중에 신문지는 바람이 많이 불 때마다 주인의 손을 떠나 멀리멀리 날아간다. 해변에 버려져서 절규하고 있는 이 쓰레기의 외침이 들리는가. (지중해, 튀르키예)

2. 골판지는 해변에서 매우 자주 발견되는 쓰레기다. 이 사진에서는 헐벗은 엉덩이를 자갈밭으로부터 보호하기 위해서인지 골판지를 돗자리처럼 깔아 놓았는데, 정말 근시안적이고 단순한 재활용 사례가 아닐 수 없다. 옆에 비닐봉투까지 버리고 간 것을 보니 환경에 관한 의식이 전혀 없는 사람들인 듯하다. (지중해, 튀르키예)

3. 심심풀이로 읽는 잡지나 책은 가격이 저렴한 편이지만, 쓰레기가 된다면 바다에 결코 적지 않은 고통을 주게 된다. (태평양, 일본)

4. 해변에서 잡지를 읽다 보면 중간에 끼워져 있던 상품권이나 할인 쿠폰도 바람에 날아가곤 한다. (대서양, 미국)

5. 종이라고 하더라도 해변에서 쓰레기를 태우는 것은 절대 금물이다. (대서양, 미국)

1, 2 해변 근처의 상점에서 물건을 구매하면 열댓 개의 외국어가 빼곡히 적힌 설명서와 종이 포장지가 한 손 가득 생기게 된다. 제품을 새로 산다면 그 자리에서 포장을 벗기고 판매처에 쓰레기를 처리해 달라고 부탁하자. (지중해, 튀르키예)

3 해변 가구의 포장에도 종이 꼬리표가 하나씩 들어 있곤 한다. 중국에서 생산되어 미국에 수출되었지만 하와이 해변에서 발견되었다는 것이 참 아이러니하다. 세계화의 산증인이랄까?

4 대부분의 기업들은 홍보를 하기 위해 제품이나 포장지 표면에 웹 사이트와 이메일 주소, 전화번호 등을 적어놓는다. 그러니 쓰레기를 발견하면 연락을 해보자. 이 종이 부품은 다이빙 핀의 끝부분을 보호하는 데에 쓰였다. (지중해, 튀르키예)

5 낚시와 관련된 종이 쓰레기를 만질 때는 조심하자. 낚시용품 포장지가 있는 곳에는 멀지 않은 곳에 낚싯바늘이 돌아다니곤 한다. (지중해, 튀르키예)

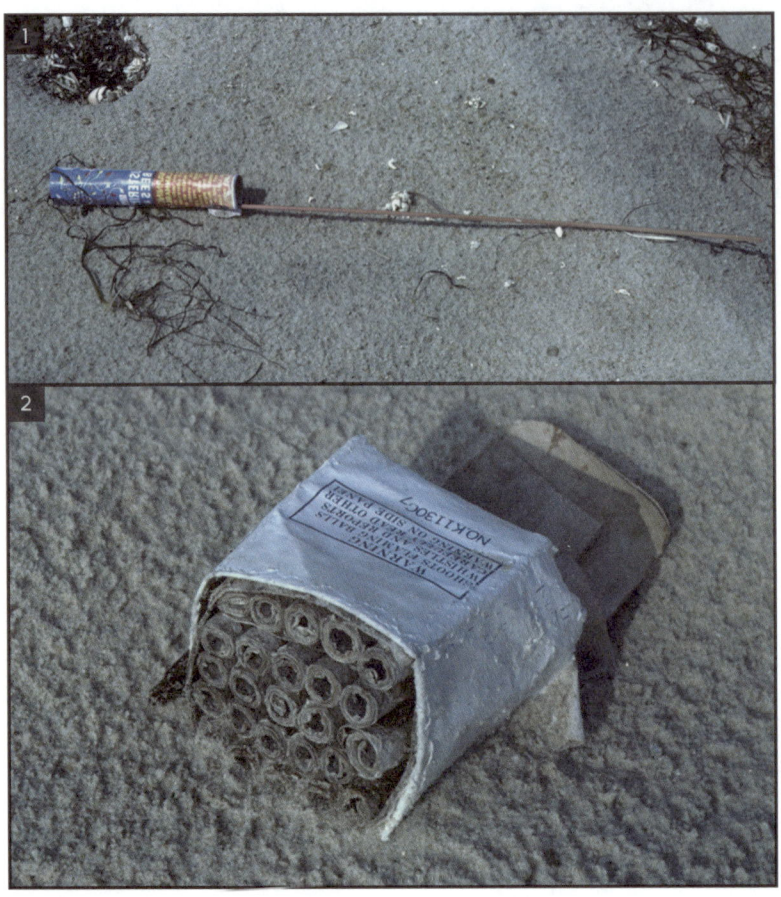

1 사람들은 해변에서라면 얼마든지 폭죽을 터뜨려도 괜찮다고 생각한다. 하지만 그 생각은 틀렸다. 해변에는 알을 낳는 거북이들과 잠을 자는 바닷새들, 그리고 해안사구에 서식하는 식물들이 있다. 폭죽은 다량의 쓰레기를 발생시키고, 폭죽이 터질 때는 플라스틱 탄피가 바다에 우수수 떨어진다. (대서양, 미국)

2 폭죽 포장지 표면에는 여러 가지 주의사항이 적혀 있다. 하지만 안타깝게도 그중 쓰레기 처리에 관한 주의사항은 없다. 포장지는 종이로 만들어지지만 화약의 열기를 견딜 수 있을 만큼 강한 내구성을 가지고 있으며, 분해되는 데에도 오랜 시간이 걸린다. (대서양, 미국)

1   낚시용 루어가 담겨 있던 상자. 핀란드에서 만들어졌지만 멕시코 해변에서 발견되었다.
2   미끼 상자를 만들기 위해 담배 상자와 신문지가 사용되었다. 재활용이라고 부르기엔 정말 민망하다. (지중해, 튀르키예)
3   두루마리 휴지는 약간만 풀어져도 넓은 면적을 더럽힐 수 있다. 두루마리 휴지를 발견한다면 멀지 않은 곳에 '그것(14장 "유기성 쓰레기" 참조)'이 있을지 모르니 미리 마음의 준비를 해놓자. (지중해, 튀르키예)

4 사실 종이팩은 이름과 달리 여러 가지 소재로 만들어진다. 내부는 알루미늄과 비닐로 코팅되며, 색소와 다양한 첨가제가 들어 있고, 뚜껑은 단단한 플라스틱이다. (대서양, 모로코)

5 해변에서 과자를 먹으면 많은 쓰레기가 발생한다. 이 과자 포장지는 단단한 카드보드지와 금속으로 된 바닥면 덕분에 해변에 멀쩡한 상태로 오래도록 남아 있게 될 것이다. 쓰레기 분리배출 방법이 작은 기호로 안내되어 있지만, 이를 눈여겨보는 사람은 정말 많지 않은 듯하다. (지중해, 튀르키예)

6 지폐는 해변에서 발견했을 때 가장 기분이 좋은 열 가지 쓰레기 중 하나이다. 하지만 이 경우에는 너무 고액권인 것을 보니 오히려 1달러보다 가치가 낮을지도 모르겠다(사진의 지폐는 현재는 사용되지 않는 튀르키예 리라의 구권이며, 화폐 수집가에게 팔면 한화로 약 50원을 받을 수 있다 – 옮긴이). (지중해, 튀르키예)

14
유기성 쓰레기

유기성 쓰레기

머리가 아플 정도로 다양한 인공 화학 물질들이 자연을 망가뜨리고 있는 오늘날, 유기물은 일반적으로 '친환경'이라고 생각된다. 하지만 모든 유기물이 반드시 자연에 무해하다고 단정할 수는 없다. 우리의 목숨을 앗아갈 수 있는 아편이나 뱀독도 사실은 유기물이지 않은가? 이와 마찬가지로, 해변에서 발견되는 유기물 중에도 바다의 건강을 위협하는 것들이 있다.

우선 사람의 발길이 닿지 않는 해변에서 발견되는 유기성 잔해에 관해 이야기해 보자. 이것들은 대부분 자연적으로 발생했을 것이다. 해변에는 해초부터 해조류, 조개, 홍합, 그리고 달팽이나 게에 이르기까지 각양각색의 생물이 서식하며, 이렇게

종 다양성이 높은 만큼 다량의 유기물이 발생한다. 해변의 생명체들이 남기는 잔해나 부산물은 생물학적 순환에서 빼놓을 수 없는 요소이며, 나중에는 모래의 일부가 된다. 하지만 해변에 유기물이 지나치게 많이 존재한다면 안 좋은 징조일 수 있다. 예를 들어 해변에 해파리가 잔뜩 출몰했다고 해보자. 이는 단순히 바람이나 해류에 의해 모여든 것이 아닐 수 있다. 이러한 현상이 발생하면 바닷물이 오염되었거나, 영양분이 과도하게 공급되어 부영양화가 발생했거나, 인간에 의해 생태계의 균형이 깨졌을 가능성을 의심해 봐야 한다. 해변에 해조류가 떠내려와 산처럼 쌓이는 현상도 마찬가지다(예를 들어, 천적인 바다거북의 개체수가 급격히 줄어들면 해파리의 수가 폭발적으로 늘어난다). 해조류가 성장하기 위해서는 영양분이 필요한데, 인간의 활동은 이따금 바다에 영양분을 지나칠 정도로 많이 공급한다. 물살이가 대량으로 폐사하여 해변에 떠내려오는 경우에도 역시 부영양화로 바닷속에 용존산소가 부족해졌을 가능성을 조사해 봐야 한다.

다시 해양 쓰레기 문제로 돌아가자. 지금 우리에게 중요한 것은 인간에 의해 만들어지거나 가공된 유기성 쓰레기이다. 대표적인 예로는 목재나 종이, 원유 등이 있다. 하지만 이 유형의 쓰레기들은 이 책에서 별도의 장을 할애해 다루었으므로, 이번 장에서는 다른 장에서 설명하지 않은 고형 유기 물질, 대표적으로는 음식물 쓰레기에 초점을 맞춰보고자 한다. 사실 인간이 소비할 목적으로 매년 생산되는 식품의 3분의 1은 그대로 낭비되거나 버려진다고 한다(무게로 따지면 무려 13억 톤에 달한다). 뿌리 식물이나 과일, 채소만 놓고 본다면 그 수치가 40~50%까지 치솟는다.[1,2] 음식물이 이렇게 많이 버려진다는 사실을 입증이라도 하듯, 우리는 해변에서도 음식물 쓰레기를 쉽게 발견할 수 있다.

해변에서 발견한 무언가를 제거해야 할지, 아니면 그대로 내버려 두어야 할지 고민된다면 그 쓰레기를 맨발로 밟아도 괜

사람들은 해변에서 다양한 과일이나 열매를 오물오물 씹어 먹은 뒤에 씨앗을 바닥에 "퉤" 하고 뱉는다. 유기성 쓰레기가 많이 모인 곳을 찾고 싶다면 선베드나 비치체어 근처에 가보자. (지중해, 튀르키예)

찮겠다는 마음이 드는지 자문해보면 된다. 유기성 쓰레기는 밟아도 괜찮을까? 어떤 것들은 매우 부드러워서 큰 해를 입히지 않겠지만, 그래도 대부분의 사람들은 그것들을 밟고 싶어 하지 않을 것이다. 그리고 사실 유기성 쓰레기도 분해되려면 상당히 오랜 시간이 필요하다. 가공된 목재는 기본적으로 매우 단단하며, 종이는 내구성을 높이기 위해 코팅되어 있거나 약품이 첨가되어 있을 수 있다. 과일도 자연의 산물일지라도 인간의 손을 거치고 나면 해충 방지와 운반 및 보관의 편의를 위해 약품을 잔뜩 뒤집어쓰게 된다. 그렇기 때문에 유기성 쓰레기는 자연의 품으로 돌아간 뒤에도 오랜 기간 분해되지 않는다. 먹고 남은 사과 심지만 하더라도 완전히 썩으려면 두 달 이상 걸린다는 점을 생각해보면, 가공된 유기물은 그보다 더 오랜 시간이 지나야 분해될 것이라고 짐작된다.[3]

이쯤에서 우리는 대부분의, 아니 모든 유기성 쓰레기가 바닷새나 들개 같은 야생 동물을 끌어들일 수 있다는 사실을 기억해야 한다. 지역에 따라 차이가 있지만, 너구리나 멧돼지, 자칼, 혹은 각종 위험한 야생 동물들도 냄새를 맡고 해변에 몰려들 수 있다. 굶주린 상태에서 무언가를 먹고 있는 동물은 신경이 곤두서 있어서 사람을 공격할 수도 있으므로 상당히 위험하다. 우리는 아무리 유순해 보이는 동물이라고 하더라도 사람의 손길을 탄 반려동물이 아니라는 점을 잊지 말아야 한다. 애초에 사람들이 쓰레기통이 가득 차 있다는 핑계로 그 옆에 음식물 쓰레기를 두고 가지 않는다면 좋을 텐데…. 음식물이 들은 비닐봉지가 바닥에 놓여 있으면 야생 동물들은 그것을 이리저리 헤집어서 흩뿌려놓기 마련이다. 그리고 그들은 '여기에 가면 항상 먹을 것이 있다'라고 소문을 내서 동료들을 더 데려온다.

야생 동물이 모이면 쓰레기 봉지가 이리저리 헤집어지는 것 말고도 다른 문제가 생긴다. 무언가를 먹는 행위에 반드시 따라오기 마련인 그것…. 바로 배설물이다. 누군가는 도시에도 길거리에 강아지 똥이 있는데 해변과 같은 자연환경에 야생 동물의 배설물이 남겨지는 것이 무슨 대수냐고 할지도 모르겠다. 하지만 해변에서 우리는 도시에서와 달리 맨발로 걸어 다닌다는 사실을 생각해 보라! 우리는 야생 동물의 배설물에 무엇이 들어있는지 생각해볼 필요도 있다. 동물의 배설물은 대부분 음식물의 잔해로 이루어져 있지만, 여기에는 맨눈으로 볼 수 있는 큰 기생충부터 미세한 세균까지 다양한 생명체가 들어있다. 물론 누군가는 해변에서 제일 문제가 되는 배설물은 다름 아닌 인간의 배설물이라고 할지도 모르겠다. 분변계 대장균이 과다 검출되어 수영 부적합 판정이 내려진 해변에는 제대로 정화되지 않은 오수가 어디선가 흘러들어 오고 있을 때가 많기 때문이다. 폭우나 홍수 때문에 댐이나 보의 수문을 열어서 의도적으로 하수가 배출된 경우에도 해변에서 대장균이 많이 검출될 수 있다. 해변 한가운데에 덩그러니 놓여 있는 배설물이라면 사람보다는 동물의 작품일 확률이 높겠지만(그래서인지 많은 관광 해수욕장에서는 반려동물의 출입을 금지하기도 한다), 원인이 무엇이건 간에 아이들이 해변에서 냄새나는 갈색 모래를 뒤적이며 모래성을 쌓는 모습은 상상만 해도 끔찍하다.

잠깐 동물에 관한 이야기가 나와서 말인데, 해변에 찾아오는 덩치 큰 동물들에게는 절대로 접근해선 안 된다. 사실 모든 야생 동물은 해변에서건 어디서건 너무 가까이 다가가면 안 된다. 가까이 다가간다는 것의 기준이 무엇이냐고? 글쎄… 만약 야생 동물이 지금 당신을 빤히 쳐다보고 있다면 이미 거리가 너무 가까운 것이다. 그리고 제발, 제발, 제발 야생 동물과 셀카를 찍지 말자. 셀카를 찍을 수 있을 정도의 거리라면 두 말할 여지없이 너무 가까이 다가간 것이다. 이와 마찬가지로, 빈사 상태에 있거나 죽은 해양 생물도 절대 만져선 안 된다. 전문가가 아니라면 야생 동물이 아픈 건지, 탈진한 건지, 자는 건지, 아니면 죽은 건지 구분하기 어렵다. 사실 고래는 해변에 좌초된 경우에도 30분까지는 계속 숨을 쉴 수 있기에 갑자기 당신을 깔아뭉갤 수 있다. 그리고 바다거북이나 바다사자, 바다표범, 물개, 돌고래와 같은 대형 해양 생물들은 법으로 보호받는 경우가 많기 때문에, 괴롭히려는 의도가 없더라도 연구자가 아니라면 탐구하거나, 영향을 끼치거나, 옮기려 하면 안 된다. 해양 쓰레기에 몸이 얽혀 있는 야생 동물을 도와주는 행위도 위험하다. 패닉에 빠져서 몸부림치는 동물은 당신을 공격할 수도 있다. 대부분의 국가에는 이러한 생물들을 전담하는 구조팀이 있으니 그들에게 신고하여 상황을 설명해주자. 지금 당장 출동할 수 있는 기관이 없다면 반드시 인터넷 검색을 해서 올바른 대처방안을 확인해보자.[5]

마지막으로, 아프거나 죽었거나 썩고 있는 생물들은 박테리아와 같은 병원균을 인간에게 전염시켜 심각한 질병을 유발할 수 있다. 그러므로 야생 동물의 사체를 발견하면 반드시 해변 청소 활동을 조직한 담당자에게 알려주고 해경이나 야생 동물 보호기관에 연락을 취하자. 죽은 고래는 내부에 가스가 차서 잔뜩 부풀다가 혼자서 폭발할 수 있으므로 가까이 다가가선 안 된다.[6] 1970년에 미국 오리건주에서는 고래 사체가 너무 커서 해변에서 옮기기 번거롭다는 이유로 다이너마이트를 터뜨려 사체를 작은 조각으로 나누려고 한 적이 있었는데,[7] 결국 예상하지 못한 결과를 초래하고 말았다. 혹시 외딴 해변에서 죽은 바닷새를 발견했는가? 그렇다면 장갑을 끼고 조심스럽게 바닷새의 다리에 고리가 끼워져 있는지 확인해보기 바란다. 바다거북이라면 인식표가 붙어 있는지 살펴볼 수도 있다. 사진을 몇 장 찍어서 관계 당국이나 연구자들에게 전달해준다면 매우 귀중한 정보가 될 것이다.

1 　누군가 과자를 먹은 자리에는 언제나 음식물 쓰레기와 다량의 포장지가 어지럽게 흩어져 있다. (지중해, 튀르키예)

2 　식품 포장지에는 내용물이 남아 있을 때가 많다. 식품 포장지는 담배꽁초 다음으로 해변에서 가장 많이 수거된다. (대서양, 모로코)

3 　해변에서는 먹다 남은 간식이 나뒹구는 모습도 쉽게 찾아볼 수 있다. 만약 어떤 아이가 쓰레기를 버리고 있다면 다가가서 다정하게 올바른 처리 방법을 알려주자. (지중해, 튀르키예)

4 　실수로 떨어뜨린 막대사탕을 집어 들고 쓰레기통에 가져가 버리길 기대하는 것은 너무 과한 일일까? (지중해, 튀르키예)

1 해변에서는 샐러드 재료를 종류별로 구할 수도 있다. 우선 여기 오이를 획득했다. (대서양, 모로코)

2 햇빛에 말린 토마토도 얻었다. (홍해, 요르단)

3 샐러드에 이 파프리카도 썰어 넣으면 좋겠다. (지중해, 튀르키예)

4 약간 매콤한 맛을 더해볼 수도 있겠다. (지중해, 튀르키예)

5 이 양파는 아쉽지만 다음 기회에 쓰는 걸로 하자. (홍해, 요르단)

6 지금까지 해변에서 공수한 재료들을 레몬 드레싱과 함께 버무리면 근사한 샐러드가 된다. (지중해, 튀르키예)

7 소금 한 꼬집을 넣고 빵을 곁들이는 것도 잊지 말자. 이제 식사 시간이다. (지중해, 튀르키예)

8 오! 해변은 우리를 위해 디저트로 포도를 준비했다. (지중해, 튀르키예)

9 한 입만 베어 물고 버린 것을 보니, 이 배는 그렇게 달지 않았나 보다. 전 세계에서 생산되는 과일과 채소의 40~50%가 이렇게 멀쩡한 상태로 버려진다. (지중해, 그리스)

1 사람들은 해변에서 옥수수도 즐겨 먹는다. 옥수수를 다 먹고 나면 억센 옥수수대가 남는다. (지중해, 튀르키예)

2 옥수수대는 불을 붙여도 쉽게 타지 않는다. 해변 쓰레기를 줄이려고 옥수수대를 태워 볼 수도 있겠지만, 그렇게 해도 이 식물의 질긴 심지는 꿈쩍도 하지 않을 것이다. 예전에는 옥수수대로 남뱃대를 만들었다고 하는데, 이러한 사실을 생각해 보면 옥수수대가 얼마나 불에 강한지 알 수 있다. (지중해, 튀르키예)

3 복숭아나 망고의 씨앗도 해변에서 쉽게 찾아볼 수 있는데, 너무 단단해서 쉽게 썩지 않는다. (지중해, 튀르키예)

4 모든 유기성 쓰레기가 한때 음식물이었던 것은 아니다. 이 빗자루는 천연 재료를 이용해서 만들어졌지만 먹을 수 없다. 그래도 완전히 천연 소재로 이루어졌으니 그나마 바다에 덜 해로운 쓰레기라고 할 수는 있겠다. (지중해, 튀르키예)

5 땡볕에서 해변 쓰레기를 줍다가 이 코코넛을 발견하면 입안에 침이 고일 수도 있겠지만 빨대가 꽂혀 있는 것을 보니 단념하는 게 좋겠다. 한때 누군가의 거친 갈증을 해소해 주었을 이 코코넛은 지금은 플라스틱 빨대가 꽂힌 채로 해양 쓰레기가 되었다. 코코넛 껍질은 인공 소재가 아닌데도 몇 년이나 바다에서 썩지 않는다. (카리브해, 프랑스령 과들루프)

6 여러 사람이 한 군데에 버리고 간 코코넛 열매. "해변 쓰레기 무더기의 법칙"이 생각난다. 빨대가 없더라도 특유의 절단면과 구멍이 있다면 상업적으로 판매된 코코넛이라고 짐작해 볼 수 있다. (카리브해, 프랑스령 과들루프)

1, 2 해변에는 이렇게 동물들도 돌아다닌다. (지중해, 튀르키예) 그 중에는 방목된 소들도 있다. (시중해, 튀르키예)
3 이처럼 동물들이 있는 곳에는 발자국이 있고 …. (지중해, 튀르키예)
4 … 배설물도 있다. (지중해, 튀르키예)

5 동물의 사체(사진의 두개골은 소의 것이다)가 해변에서 발견되는 것은 비교적 드문 일이다. (지중해, 튀르키예)

6 발굽 자국을 보니 배설물의 주인을 파악할 수 있을 것 같다. 아마도 낙타일 것이다. (홍해, 요르단)

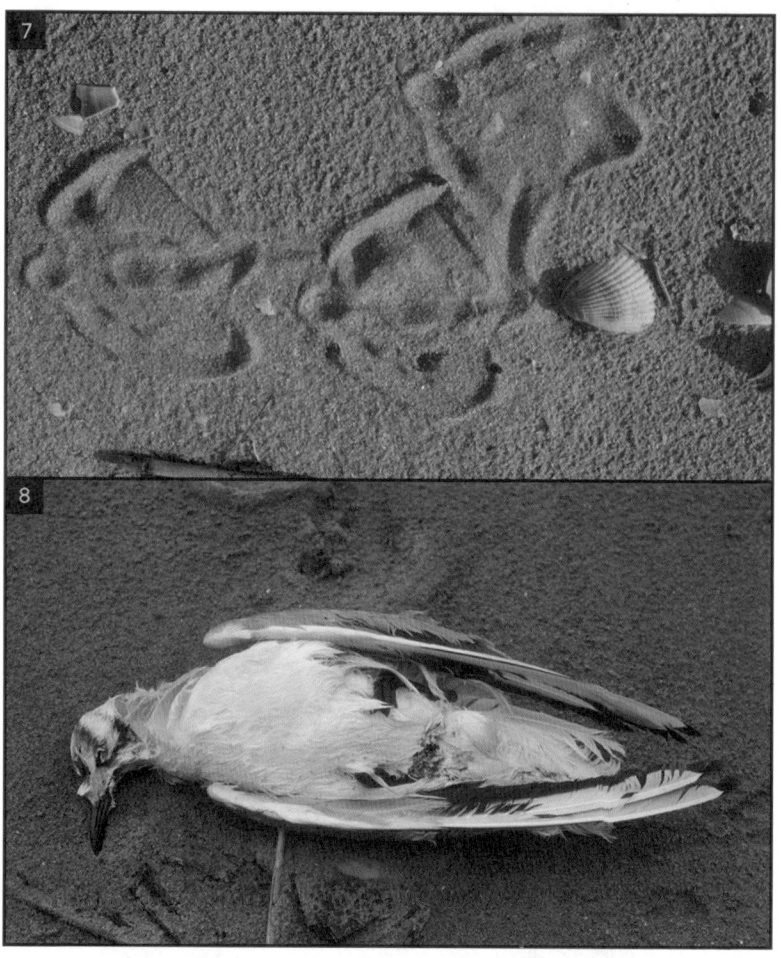

7   바닷새의 발자국에는 물갈퀴가 있다. (지중해, 이탈리아)

8   살아있건 죽었건 야생 동물을 만지는 것은 금물이지만, 바닷새는 다리에 고리가 있는지 조심스럽게 확인해 볼 수 있고, 바다거북은 지느러미에 인식표가 달려 있는지 눈여겨볼 수 있다. 이때 장갑을 반드시 착용하자. 동물의 몸에 폐어구나 플라스틱 쓰레기가 얽혀 있다면 사진도 몇 장 찍어 두자. (지중해, 이탈리아)

9 강아지들은 자각 의식 있는 반려인이 함께하지 않으면 해변에서 여러 가지 문제를 일으킬 수 있다. 배설물을 남겨놓거나 쓰레기 봉지를 헤집어 놓는 것이 대표적이다. 극단적인 경우에는 바다거북의 둥지가 파헤쳐지기도 한다. (지중해, 튀르키예)

10 하지만 해변에서 가장 위험한 동물은 무엇보다도 인간이다.

인간의 체중에 의해 눌린 자국을 전문 용어로 '답압(trampling)'이라고 하는데, 이는 해안 사구를 비롯한 다양한 야생생물들의 서식지를 훼손하는 주요 원인 중 하나이다.

이 위험한 생물의 발자국 근처에 쓰레기가 있다는 것은 이제 불변의 법칙이 된 듯하다. (대서양, 미국)

15
원유와 타르 볼

# 원유와 타르 볼

수면에 떠 있거나 파도에 의해 해안으로 밀려들어 온 원유는 엄밀하게 따지면 우리가 생각하는 해양 쓰레기의 정의에 부합하지 않을지도 모르겠다. 하지만 원유는 환경을 몹시 지저분하게 만들며, 자연 생물의 목숨과 인간의 건강에 큰 피해를 끼친다. 게다가 원유는 의외로 고체 상태로 존재할 때가 많기 때문에 쓰레기라고 불리기에 손색이 없다. '검은 황금'이라고 불리기도 하는 이 물질은 인간이 있는 곳이라면 어디든 존재한다. 그래서 원유는 해변에서도 꽤 자주 발견된다. 기름 유출은 눈에 보이지 않는 다른 해양 오염에 비하면 가시적으로 확인하기도 쉽기 때문에, 해양 쓰레기를 주제로 하는 이 책에서도 충분히 다룰 만한 자격이 있다.

원유는 다양한 형태로 존재한다. 전문가의 관점을 빌리자면, 유체 상태의 원유는 수면에 층을 이뤄서 퍼져나가는 '오일 슬릭slick'이나, 파도나 바람에 의해 바닷물과 뒤섞여 거품이 된 '오일 무스mousse', 혹은 두께 0.0003mm 이하의 얇은 유막인 '오일 신oil sheen' 등으로 구분할 수 있으며, 고체 상태의 원유로는 '타르 볼tar ball'이 있다.[1] 원유는 유출 후 경과한 시간과 분해 정도에 따라 액체에서 고체로 변하는데, 구체적인 변화 정도는 기름의 구성 성분과 바다의 상태에 따라 조금씩 다르다. 하지만 어떤 상태에 있건, 원유가 해변과 바다를 오염시키고 해양 생물들에게 끔찍한 해악을 끼친다는 사실에는 변함이 없다.

해변 인근 바다에 기름이 떠 있으면 우리는 물에 들어가지 못하고 모래사장에만 머무르며 실망스러운 휴가를 보내야 할 것이다. 실수로 기름이 옷이나 몸에 묻으면 세척제를 이용해서 박박 닦아야 하는 불편도 겪게 된다. 하지만 유류가 자연 생태계에 끼치는 영향은 이와는 비교도 할 수 없을 정도로 막대하다. 기름띠가 넓은 면적의 바다를 뒤덮고 있으면 바닷새나 수면 근처에서 먹이 활동을 하는 모든 생물들, 그리고 숨을 쉬기 위해 한 번씩 수면 위로 올라와야 하는 바다거북이나 고래류가 모두 기름에 뒤덮이게 된다. 새들은 몸에 묻은 기름을 닦아내는 과정에서 유독한 기름을 많이 삼키는데, 바다거북도 타르 볼을 먹을 때가 많다. 해변이 기름에 뒤덮이면 바다거북이 산란할 곳을 잃어버리기도 한다.

오늘날 매년 지표 밖으로 시추되는 원유의 양은 수십억 톤에 달한다. 그런데 중요한 사실은 200만에서 800만 톤이나 되는 원유가 매년 바다에 유출되고 있다는 것이다. 200만에서 800만 톤이라고 하니까 상당히 부정확한 수치인 것처럼 들리지만, 이렇게 말할 수밖에 없는 이유는 아무도 정확한 유출량을 아는 사람이 없고, 그 수치가 매년 큰 폭으로 다르기 때문이다. 한편, 각종 미디어에서는 기름 유출 사건을 보도할 때마다 제각기 다른 단위를 사용하여 혼란을 낳기도 한다. 산업계에서는 톤 단위를 사용하는 경향이 있고, 환경단체에서는 리터나

대규모 기름 유출이 발생하면 언론사와 청소 업체가 부리나케 출동한다. 기름 정화 작업에는 언제나 다량의 일회용 보호복과 방독면이 사용되고 버려진다. (태평양, 미국)

15. 원유와 타르 볼 499

갤런을 선호하는데, 이러한 차이는 얼마나 사고의 여파를 축소하고 싶어 하는지, 혹은 얼마나 참상을 강조하고 싶어 하는지에 따라 다르게 나타나는 것으로 보인다.

그렇다면 과연 해변을 더럽히는 유류는 어디에서 온 것일까? 유조선이나 원유 플랫폼에서 사고가 날 때 원유가 바다에 유출된다는 사실은 다들 알고 있겠지만, 사실 원유는 유조선이나 원유 플랫폼이 일상적으로 작업을 하는 동안에도 많이 유출된다. 원유는 연안의 정제소나 항구에서도 흘러나오며, 화물선을 비롯한 각종 상선이 충돌하거나 침몰할 때도 유출된다(참고로 오늘날 대형 화물선이 운송하는 원유의 양은 초창기 유조선의 운송량보다 더 많다). 유류는 노후 선박을 해체하거나 선박 내부 탱크를 세척할 때, 혹은 엔진 오일을 갈 때도 버려지는데, 산업체에서 배출하는 폐기물도 유류를 포함하고 있다. 원유가 파이프라인이나 저장 탱크에서 새어 나오는 것도 문제이다. 한편, 주차장에 가보면 자동차가 세워져 있던 자리에 기름 자국이 있는 것을 확인할 수 있는데, 이처럼 도시에서 사용한 기름도 빗물에 씻겨서 하천을 따라 바다로 흘러 들어간다. 불법 엔진오일 교체나 일상에서 쓰이는 생활유를 바다 몰래 버리는 행위도 기름투성이 바다를 만드는 데에 일조한다. 물론 해저에서 원유가 자연적으로 새어나오는 아주 희귀한 사례도 있다. 어찌 됐든, 이런 말을 하기는 싫지만 유류 오염의 궁극적인 책임은 소비자인 우리에게 있다. 수요가 있으니까 이 어마어마한 양의 유류가 전 세계를 가로질러 운송되고 있는 것이니 말이다. 우리의 취향과 욕심이야말로 더 많은 원유가 시추되고 바다에 유출되도록 부채질하는 원인이다. 혹시 이 책을 읽고 있는 당신은 전기차를 잘 타고 있는지!

오늘날 오래도록 하얀색을 잃지 않은 백사장이 존재한다는 것은 너무나 놀라운 일이다. 그동안 유조선 토레이 케니언Torrey Canyon 호와 아모코 카디즈Amoco Cadiz 호, 그리고 엑손 발데즈Exxon Valdez 호를 비롯하여, 석유 플랫폼 익스토크 원IXTOC 1과 딥워터 호라이즌Deepwater Horizon 등에서 비롯된 극악무도한 유류 유출 사고들은 끊임없이 바다에 기름을 들이부어 왔다. 지난 50년간 이 사건들은 매번 언론에 대서특필 되었으며, 그때마다 신문지면은 파괴된 자연과 고통받는 해양 생물의 사진으로 가득 채워졌다. 그런데 이렇게 대형 사고 때 유출되는 기름의 양은 사실 일상적으로 바다와 육지에서 꾸준히 유출되는 양에 비하면 적은 수준이다. 그렇기 때문에 해변에서 우리의 발뒤꿈치를 까맣게 만드는 기름 잔해는 이러한 일상적 유출에서 비롯되었을 확률이 더 높다.

혹시 원유가 지구에서 만들어진 천연자원이라는 이유로 자연에 해롭지 않을 것이라고 생각하는 사람이 있을까? 만약 그런 사람이 있다면 화산이 폭발할 때 뿜어져 나오는 물질들이나 수은과 같은 각종 중금속도 지구가 만들어냈다는 사실을 떠올릴 필요가 있겠다. 자연이 스스로 만들어낸 산물이라고 해서 반드시 자연에 무해한 것은 아니다. 원유는 대체로 수소와 탄소 분자의 화합물인 탄화수소로 이루어져 있는데, 여기에는 황과 질소, 금속, 그리고 기타 다른 물질들이 포함되어 있다(원유는 유전마다 성분이 조금씩 달라서 화학 성분을 분석하면 발원지를 규명할 수 있는데, 유류 유출 사고가 발생했을 때 이러한 사실이 유용하게 쓰인다). 이러한 성분들은 일정 농도 이상이 되면 강한 독성을 띠거나 생명에 치명적일 수 있다. 마지막으로 우리가 슈퍼마켓이나 소매점에서 구매하는 정제유에는 엔진을 깨끗하게 유지해주는 것과 같이 특별한 효과를 더하기 위한 첨가제가 함유되어 있다. 이 중 어떤 것도 자연 생태계나 인간의 건강에 해를 끼치지 않도록 신경 써서 만들어지지는 않았을 것이다.

기름 유출은 처음부터 발생하는 일이 없도록 최선을 다해야 한다. 하지만 이미 기름이 유출된 상황에서는 어떻게 해야 할까? 화학 물질을 분사하여 기름이 뭉쳐지게 하거나 가라앉게 하는 것은 바람직하지 않다. 기름을 분해하는 박테리아를 뿌려 생물학적으로 문제를 해결하려는 것도 적절하지 않으며, 고압으로 증기를 분사하여 바위 해안을 닦아내거나 중장비를 이용하여 모래시장의 표층부를 벗겨내는 물리적인 정화 방식도 생태계에 피해를 입히기는 마찬가지다. 인간에 의한 유류 제거 작업이 이렇게나 해롭다면 기름 제거 임무를 지구의 몫으로 남겨놔야 할까? 아이러니하게도, 그 대답은 대부분의 경우에 '그렇다'이다. 인간이 할 수 있는 최선의 조치는 유류가 맹그로브 숲이나 산호초 습지, 갯벌과 같이 예민한 연안 생태계와 해변에 도달하지 못하도록 막는 것이다. 사실 자연은 원유 정제소와 마찬가지로 기름을 잘 분해해낸다. 휘발성이 강한 작은 분자들이 먼저 증발하고 나면 조금 더 큰 분자들이 하나씩 분해되기 시작한다. 이 과정은 온도에 따라 빠르거나 더디게 진행된다. 햇빛과 미생물은 이 작업을 도와주는 주요 요소인데, 기온이 낮거나 기름이 해변 깊은 곳까지 스며든 경우에는 시간이 많이 지나야 효과를 낼 수 있다. 유출된 기름은 마지막 분해 단계에서는 아스팔트 같은 타르 볼이 된다. 타르 볼은 바다에서 몇 년씩 떠다닐 수 있다. 그러면서 부착 생물들에 뒤덮여 크기가 커지기도 하고, 무거워지면 바닥으로 가라앉는다. 깊은 곳으로 내려갈수록 부착 생물들은 하나씩 죽어서 떨어져 나가며, 그러면 타르 볼은 가벼워져서 다시 수면으로 떠오른다. 그러다가 결국에는 지구 어딘가의 해변에 떠내려올 것이다. 이처럼 수면과 심해를 왔다 갔다 하면서 반복되는 타르 볼의 생애 주기는 플라스틱 쓰레기나 신발에서도 공통적으로 나타난다.

 해변을 청소하러 나갔다가 기름을 발견한다면 어떻게 해야 할까? 그 답은 이 유기성 물질의 양과 종류, 혹은 분해 단계에 따라 다르다. 우선, 통에 담긴 기름은 국제 연안 정화의 날에 사용되는 쓰레기 수거 기록지에서도 별도의 항목을 차지하고 있으므로[5] 전부 해변에서 치워버리면 된다. 하지만 다량으로 유출된 기름은 관계 당국이 이미 비상 계획을 세워 놓았을 확률이 높다. 전문가들이 해당 해변을 예의주시하고 있을 것이므로 여러분은 유류를 직접 만지는 위험을 무릅쓰지 않아도 된다. 기름에서 맨 처음에 분해되는 휘발성 물질들은 유독 가스를 발생시키기 때문에 긴급 유류 제거 팀은 보호복과 호흡기 보호 장구를 착용한다. 신선한 원유는 엄청난 인화성 물질이기도 하다(그래서 1967년에 유조선 토레이 캐니언 호 기름 유출 사건이 터졌을 때 영국 공군은 기름을 태워 없애기 위해 유조선을 폭격하기도 했다[6]). 그렇기 때문에 오일 플랫폼에서 사고가 나면 어마어마한 폭발과 화재가 발생하기도 한다. 혹시라도 해변에서 놀다가 기름이 묻으면 몸을 닦기 위해 화학제품이나 특수 손수건이 필요할 것이다. 유류 제거 봉사 활동에 참여하게 된다면 신발과 옷에 기름이 잔뜩 묻게 될 것이므로 버려도 괜찮은 옷을 입고 가는 것이 좋다. 기름이 있는 해변에서 청소 활동을 할 때는 버려도 괜찮은 장갑을 착용하는 것도 잊지 말자. 그리고 해변에 떠내려온 기름 상자나 드럼통은 비어 있는 것 같더라도 기름이 마지막 한 방울까지 완벽하게 비워져 있지 않을 것이므로 절대 열지 말아야 한다. 기름 범벅이 된 바닷새나 다른 해양 생물을 구조하는 일은 전문가들에게 맡기도록 하자.

1   말랑말랑하고 반짝거리는 '신선한' 원유. 실수로 밟으면 발바닥이 온통 새카매지고 말 것이다. (태평양, 미국)
2   만약 납작한 형태로 굳은 채 아직 찐득거리는 원유가 해변에 쌓여 있다면 지금 어딘가에서 유류가 계속 유출되고 있다고 의심해 볼 수 있다. (태평양, 미국)

3 원유가 오래되면 딱딱해지고 색이 탁해진다. 하얀 따개비들이 붙어 있는 것을 보니 한동안 바다 위에서 떠다녔던 것 같다. (태평양, 미국)

4 오래되어 색이 탁해지고 모양이 공처럼 변한 이 딱딱한 타르 볼 안에는 돌멩이와 해초가 뒤엉켜 있다. (캘리퍼스를 1cm만큼 벌려 놓았다.) (지중해, 그리스)

1 유출된 지 얼마 되지 않은 기름과 타르는 만조 때 해변 안쪽까지 밀려들어 왔다가 물이 빠지면 그 자리에 쌓여 지저분한 띠를 형성한다. (태평양, 미국)

2 아무리 해변에서 닦아내도 매일같이 새로 떠내려오는 기름을 보고 있으면 자신이 그리스 신화의 시시포스가 된 것 같은 기분이 들 것이다. 검은색 기름 잔해들이 하얀 모래사장과 대조를 이루어서 쉽게 발견할 수 있지만, 일일이 사람의 손으로 제거해야 하는 탓에 적잖은 수고가 들어간다. (페르시아만, 오만)

3 어떤 해변은 기름이 너무나 일상적으로 떠내려오는 나머지 항상 경고판을 세워 놓기도 한다. 사진의 경고판에는 "샤워 부스에 물티슈가 있습니다"라는 말이 세 가지 언어로 쓰여 있다. 우리는 기름 유출의 근본적인 원인을 언제쯤 해결할 수 있을까. (페르시아만, 오만)

1 해변에서 발견한 기름통은 절대 열면 안 된다. 모든 용기에는 언제나 미량이라도 내용물이 남아 있기 마련이다. (태평양, 일본)
2 드럼통이 자갈 해변에 떠내려와 이리저리 부딪히면 몰골이 이만저만이 아니게 된다. 이런 대형 쓰레기를 치울 때는 반드시 허리를 조심하자. 운 좋게도 이 드럼통은 밀봉되어 있지만 위험천만하기는 마찬가지다. (대서양, 스코틀랜드)

16
담배꽁초

담배꽁초

 담배가 가지는 의미는 사람마다 다르다. 어떤 이에게 담배는 만족감과 휴식, 심신의 이완을 의미하고, 어떤 이에게는 성숙함이나 멋, 저항 정신을 상징한다. 담배는 누군가에게는 참을 수 없는 불쾌감과 일상을 마비시키는 끔찍한 고통을 의미한다. 국가의 입장에서 담배는 공중 보건상의 문제를 일으키는 골칫거리이기도 하고, 짭짤한 세수를 안겨다 주는 효자 종목이기도 하다. 각자의 생각이 어떠하건, 담배에 상당한 중독성이 있다는 것과 오늘날 담배 산업이 수십억 달러 규모의 덩치를 자랑할 정도로 거대하다는 사실에는 모두가 동의할 것이다.

 여기에서 한 걸음 더 나아가자면, 우리는 담배에 관해 충분히 논의되지 않은 사실 한 가지를 더 지적할 수 있다. 그것은 바로 담배가 환경을 심각하게 오염시킨다는 것이다. 담배꽁초는 오늘날 전 세계에서 개수로 따졌을 때 가장 많이 버려지는 쓰레기이다. 여러분이 해변을 청소할 때도 아마 담배꽁초를 가장 많이 발견하게 될 것이다. 담배꽁초는 '해변에서 가장 많이 수거된 쓰레기 10위'에 매년 이름을 올릴 뿐만 아니라, 언제나 가장 큰 격차로 2위를 따돌리며 1위를 차지한다. 그렇기 때문에 해변 쓰레기 수거 기록지를 보면 담배꽁초나 담배 필터, 휴대용 라이터, 시가용 마우스피스, 담뱃갑, 비닐 포장지와 같은 흡연 관련 쓰레기가 별도의 항목을 차지하고 있다.[1] 매년 개최되는 해변 정화의 날에는 담배꽁초가 단 하루 동안에만 무려 200만 개나 수거된다.[2] 하지만 아직 놀라지 말길. 1년 동안 전 세계에서 소비되는 담배의 개수를 세어 보면 6조 개라는 엄청난 숫자가 나오고, 이 중 4조 5천억 개는 자연에 버려진다.[3] 담배꽁초는 해수욕객들이 버렸건, 어민들이 배 위에서 버렸건, 아니면 도시 사람들이 길가에 버렸건, 궁극적으로는 해변과 바다로 흘러 들어간다. 담배꽁초는 너무 작기 때문에 해변 청소용 중장비로는 제대로 수거되지 않는다. 그래서 주기적으로 관리되는 해변이라도 담배꽁초는 계속 쌓여 나간다.

그런데 과연 담배꽁초는 자연에 얼마나 해로울까? 아마 조그마한 담배꽁초 하나는 자연에 별다른 해를 끼치지 않을 것이라고 생각하는 사람이 있을지도 모르겠다. 하지만 그 생각은 위험하다. 일반적인 믿음과 달리, 담배꽁초에 들어가는 필터는

담배꽁초는 해변에서 압도적으로 가장 많이 발견되는 쓰레기이며, 해변 청소를 할 때 가장 많이 수거되는 쓰레기 중에서도 언제나 1위를 차지한다. 꽁초를 버리다 걸린 사람에게는 해변의 모든 꽁초를 손으로 줍는 벌을 내려야 한다. (태평양, 미국)

종이로 만들어진 경우가 거의 없다. 그 대신 담배 필터는 수천 가닥의 셀룰로오스 아세테이트 섬유로 만들어진다. 그렇다. 담배 필터는 플라스틱이다. 문제는 여기에서 그치지 않는다. 담배에는 수백 가지의 첨가제가 들어 있고 담배를 태우면 4천 가지 이상의 화학 물질이 생성된다.[4] 결국 담배 필터는 타르나 니코틴, 중금속, 그리고 이 밖의 다양한 발암 물질을 잔뜩 머금게 된다. 그렇기 때문에 담배꽁초는 매우 오랫동안 자연에 잔류하는 초소형 유독 폐기물이나 다름없다.[5] 물 1L에 담배꽁초를 몇 개만 넣어도 물살이를 죽이기에 충분한 독성 물질이 우러나온다.[4] 바위 해안에 생긴 조수 웅덩이를 대상으로 시뮬레이션 실험을 해보니, 웅덩이에 담배꽁초가 몇 개만 버려져도 민달팽이들이 전멸한다는 결과가 나왔다고 한다.[6] 건강한 민달팽이들이 죽을 정도라면 실제로는 조수 웅덩이 안에 있는 생태계가 완전히 초토화된다고 볼 수 있을 것이다. 만약 이 연구 결과가 믿을 수 없다면 담배꽁초 한두 개에서 얼마나 새카만 물이 나오는지 한번 검색해보자.

담배꽁초는 심각한 미관상의 문제도 일으킨다. 아무리 풍경이 아름다운 해변이라도 담배꽁초가 이리저리 굴러다니고 발에 밟힌다면 오래 거닐고 싶지 않을 것이다. 어떤 모래사장에는 담배꽁초가 너무 많이 섞여 있는 나머지 바닥에 깔아놓은 비치타월 위로 퀴퀴한 냄새가 올라오기도 한다. 여러분도 무심결에 모래를 한번 훑었다가 숨어 있던 담배꽁초들이 손가락에 걸린 경험을 한 번쯤 해보았을 것이다. 담배꽁초는 아이들이 해변에서 구덩이를 파거나 모래성을 쌓는 곳에서도 예외 없이 발견된다.

여기서 우리는 흡연자들이 담배꽁초를 딱 한 개만 버리지 않는다는 사실을 기억해야 한다. 흡연자들은 해수욕을 하는 동안 일반적으로 반 갑이 넘는 담배를 피운다. "해변 쓰레기 무더기의 법칙"은 해변에서 쓰레기가 한 개만 버려져 있는 경우는 드물고, 근처에 비슷한 쓰레기 여러 개가 더 있기 마련이라는 법칙인데, 담배꽁초만큼 이것에 딱 들어맞는 대상이 없다. 어떤 흡연자들은 쓰레기를 세상에서 격리해보겠다는 생각으로 어설

프게 담배꽁초를 모래 깊숙이 파묻기도 한다. 하지만 정말 보기 흉한 것은 담배꽁초를 모래 위에 고슴도치처럼 빽빽하게 꽂아 놓는 것이다. 우리는 선베드와 같이 흡연을 하기에 좋은 곳에서 이렇게 비석을 세워 놓은 것처럼 보이는 담배꽁초의 공동묘지를 쉽게 발견할 수 있다. 이러한 꽁초 무더기는 심지어 파도가 치는 해안선 가까이에서도 발견된다. 이렇게 방치된 꽁초들은 물때가 되면 물속에 잠겼다가 해변 곳곳으로 퍼질 것이다.

담배꽁초를 바닥에 버리고 가는 사람에게는 해변의 모든 꽁초를 손으로 줍는 벌을 내려야 한다. 해변에 담배꽁초를 아무 생각 없이 버리는 사람이라면 빈 담뱃갑이나 다 쓴 성냥, 라이터, 플라스틱 마우스피스와 같은 흡연용품들을 버릴 때도 마찬가지로 양심의 가책을 느끼지 않을 것이다. 그렇기 때문에 이 장에서 다루고 있는 쓰레기들은 모두 같은 부류의 사람들이 버렸을 가능성이 있다. 해변에 짐은 한 보따리씩 가지고 오면서 환경 의식은 눈곱만큼도 챙겨오지 않는 흡연자라면 종이 상자부터 플라스틱, 셀로판지, 첨가제, 유기성 쓰레기(담뱃잎), 알루미늄 호일, 그리고 라이터에 들어있는 금속 소재 부품과 폭발할 위험이 있는 부탄가스까지, 이 책에서 다루고 있는 모든 유형의 해양 쓰레기를 종류별로 버리게 될 것이다. 게다가 흡연자들은 다른 사람이 담배 냄새를 싫어하건 말건 상관하지 않고 담배를 피면서 민폐를 끼치기도 한다. 시가를 피우는 사람도 시가 꽁초나 포장지 등을 해변에 함부로 버리기는 마찬가지

16. 담배꽁초 515

다. 최근에는 액상 니코틴 카트리지와 분무기, 배터리, 그리고 LED 전구로 이루어진 전자담배도 해변의 새로운 골칫거리로 등장했다. 흡연 경험이 있는 미국 고등학생의 13%는 전자담배를 이용한다고 하는데,[7] 조만간 해변에서 발견할 수 있는 담배 관련 쓰레기로 전자담배의 수가 늘어나게 될 것이다.

담배 회사들은 다른 브랜드와 차별화된 담배를 만들기 위해 노력하는 것처럼 보인다. 그런데 각기 다른 담배 브랜드가 자신만의 충성 고객을 만들기 위해 경쟁한다는 우리의 믿음과 달리, 실제로 대부분의 담배는 몇몇 대기업에 의해 독점적으로 생산된다. 담배 브랜드의 종류는 100여 개가 넘지만, 그것들은 대부분 '빅 5'라고 일컬어지는 담배 회사들의 상표에 불과하다. 그럼에도 불구하고 흡연자들이 자신이 선택한 담배 브랜드로 개성을 드러낼 수 있다고 믿는 것은 아이러니한 일이다. 물론 특정 집단을 겨냥하여 디자인되는 담배가 있는 것은 사실이다. 예를 들어 슬림형 담배는 여성 흡연자의 수를 늘리기 위해 우아하고 세련된 컨셉으로 디자인된 것이라고 알려져 있다. 이 밖에도 시중에는 아주 저렴한 담배도 있고, 프리미엄 담배도 있으며, 필터기 없는 담배나 직접 손으로 말아서 피는 담배가 있다. 그래서 꽁초의 모양과 종류를 보면 흡연자가 어떤 사람이었는지 조금은 짐작해볼 수 있다.

쓰레기가 된 담배꽁초를 우리는 어떻게 분석할 수 있을까? 먼저 담배의 길이는 담배를 특징짓는 가장 기본적인 요소이다.

일반적인 사이즈의 담배는 길이가 70mm인데, 이보다 큰 '킹 사이즈'는 84mm로 생산된다. 한 개비의 담배를 오래 피우고 싶은 사람이라면 100mm짜리나 120mm짜리 담배를 선택하기도 한다. 다음으로 중요한 분석 요소는 담배의 지름이다. 표준 사이즈는 9mm이지만 '슬림' 사이즈는 6~7mm 정도로 얇게 만들어지며, 시중에는 5~6mm짜리 '슈퍼 슬림' 혹은 '울트라 슬림' 사이즈도 출시된다. 세 번째로 눈여겨볼 수 있는 요소는 바로 담배마다 프린트되어 있는 디자인이다. 담배 회사들은 브랜드명을 모든 담배 개비마다 적어두는데, 이러한 요소는 대체로 필터 가까이에 위치하고 있기 때문에 흡연자가 담배를 마지막 한 모금까지 피우더라도 사라지지 않는다. 이름만 적어놓는 것이 심심하다고 생각하여 자신만의 고유한 그래픽을 그려 넣는 브랜드도 있다. 이것도 마찬가지로 입술이 닿는 곳 근처에 바짝 인쇄되어 있는 편이다. 오랫동안 해변을 청소해 온 사람이라면 이러한 디자인만 보고도 담배 브랜드를 알아맞힐 수도 있을 것이다. 물론 오늘날에는 담배꽁초에 묻어 있는 미량의 DNA도 꽁초를 버린 범인을 찾아내는 데 도움을 준다.

담배꽁초가 풍화되어 사라지려면 얼마나 오랜 시간이 필요할까? 그 답은 1.5년에서 10년 사이 어딘가에 있다.[8] 이렇게 종이보다 훨씬 오랜 시간이 걸리는 이유는 애초에 담배 필터가 플라스틱으로 만들어지기 때문이다. 엎친 데 덮친 격으로 필터는 독한 담배 연기에 찌들어 있어서 미생물이 서식하지 못하므로 더더욱 생분해되기 어렵다. 필터에 추가되는 플라스틱 보형물이나, 시원한 느낌을 주기 위한 맨솔 캡슐 등도 결코 쉽게 분해되지 않는다. 담배꽁초는 이처럼 오랫동안 자연을 떠돌아다니면서 동식물의 건강에 매우 치명적인 영향을 끼친다. 혹시 여러분은 재떨이로 쓰이고 있는 화분에 심어진 식물을 본 적이 있을까? 아마 살아 있어도 살아 있는 게 아니었을 것이다. 담배꽁초에 남아 있는 독극물은 앞에서 언급한 바와 같이 해변의 조수 웅덩이에 사는 생물들을 몰살시킬 수 있을 정도로 독하다. 심지어 담배꽁초는 덥고 건조한 계절에 매마른 해안사구나 해변 뒤편의 초지에 불씨를 옮겨 산불을 내기도 한다.

만약 담배꽁초가 자연에 끼치는 피해가 와닿지 않는다면 최소한 인간이 담배 때문에 겪는 피해만이라도 생각해 보자. 흡연은 당뇨와 간암, 대장암, 폐암, 그리고 심장병을 유발한다. 세계적으로 흡연 때문에 일찍 사망하는 인구가 500만 명에 달한다고 하는데, 그런 점에서 흡연은 전 세계 어느 나라 할 것 없이 가장 대표적인 사망 원인이다. 흡연으로 인한 사망 인구는 2050년이 되면 중국에서만 300만 명에 이를 것이라고 한다.[9] 만약 자신의 목숨이 걱정되지 않는다면 다른 사람의 건강이라도 생각해 보자. 부모의 흡연이 유산과 조산아 출생 확률을 높인다는 사실이 무엇을 의미하는지 심각하게 고민해 볼 필요가 있다. 해변처럼 탁 트인 외부에서는 담배 연기가 희석될 것이라는 안일한 태도도 금물이다. 최근 이탈리아에서 이루어

진 어느 연구에 따르면 흡연이 허용된 해변의 대기 오염 수치가 차도 근처보다 더 높았다고 한다.[10]

그렇다면 담배꽁초 문제는 어떻게 해결할 수 있을까? 우선, 우리는 "산불 예방의 시작은 내 손에서부터"라는 말을 되새기며 나부터 담배 관련 쓰레기를 줄일 필요가 있다. 제일 좋은 방법은 담배를 끊는 것이다. 흡연은 이른 나이에 끔찍한 죽음을 맞게 한다는 점에서 그만둘 이유가 충분하다. 다음으로, 지자체에서는 내화성 소재의 휴지통을 해변에 더 많이 비치하고, 담배꽁초 무단투기자에게 더 비싼 과태료를 부과해야 한다. 이러한 점에서 최근에 흡연을 전면 금지하는 해변이 많아졌다는 것은 무척 다행스럽다.[10] 담배 회사들은 생분해 필터 연구에 더 많은 돈을 투자해야 하고, 담배꽁초를 가져오면 보증금을 돌려주는 제도를 도입해야 한다. 어떤 사람들은 셀룰로스 아스테이트 필터를 모아 새로운 플라스틱 제품으로 업사이클링 하는 방안을 제시하기도 하는데,♻ 이러한 방식은 새로운 담배꽁초가 버려지는 수를 줄이지는 못한다는 한계가 있다. 오히려 담배 연기나 오염 물질을 걸러주지 못하는 필터를 아예 빼

♻ 예를 들어, 코드 에포트Code Effort라는 회사를 세운 인도의 굽타 형제는 2022년 3월까지 12억 개에 달하는 담배꽁초를 수거해 털인형이나 베개, 열쇠고리, 모기 퇴치제 등으로 재탄생시켰다. 호주 로열 멜버른 공과대학 연구팀 또한 담배꽁초를 아스팔트나 흙벽돌에 섞어서 새로운 혼합재를 만들었다. 일본에서도 2014년부터 녹인 담배 필터를 폴리에틸렌과 혼합하여 플라스틱 펠렛을 만들고 있다.

버리도록 규제하는 것이 더 효과적인 방법일 수 있다. 흡연자들은 필터 덕분에 자신이 여과된 연기를 들이마신다고 착각하고 있으며, 그렇게 믿는 만큼 금연에서 멀어지고 있다. 마지막으로 우리가 기억해야 할 것은 고양이에게 생선을 맡기면 안 된다는 것이다. 담배 회사들이 자발적으로 문제를 해결할 때까지 기다리고 있으면 안 된다. 언제나 법과 정책을 이용하여 문제를 해결하는 노력이 병행되어야 한다. 하와이에서는 법정 흡연 가능 연령을 21세로 높이는 조치를 도입했다고 하는데, 이 밖에도 담배를 피우고 싶은 생각이 싹 사라질 정도로 담뱃값을 인상하거나, 금연 구역을 대폭 확장하거나, 담배 광고를 금지시키거나, 담배에 향이나 맛을 첨가하지 못하게 하거나, 담뱃갑에 더 충격적이고 끔찍한 경고 문구와 사진을 넣도록 하거나, 담배 회사들이 담배의 위험성에 관해 더 많은 연구를 하도록 강제하는 조치들도 함께 시행하고 있다고 한다.[11] 우리도 지역 의원이나 국회의원 등에게 이러한 조치를 도입하라고 촉구할 필요가 있다.

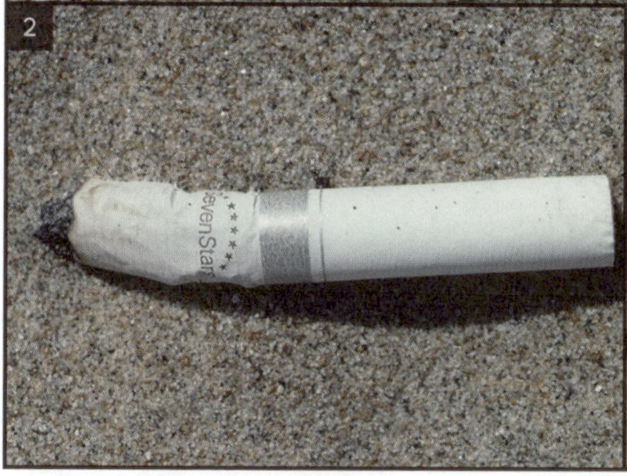

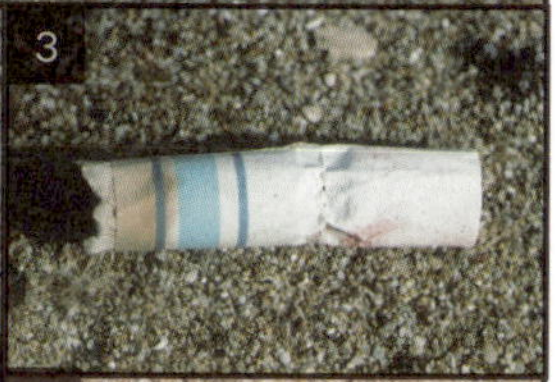

1   자사 브랜드에 자부심을 가지면 모든 제품마다 브랜드 명을 적어놓고 자랑하고 싶어지나 보다. 담배의 경우에는 태워도 없어지지 않는 곳에 써놓는 것이 중요할 것이다. (태평양, 일본)

2   담배 회사는 담배꽁초에서 미적 감각을 발휘하기도 한다. 사진에는 브랜드명과 그래픽, 독특한 밴드, 그리고 얇은 선에 이르기까지 다양한 디자인 요소가 종합적으로 사용되었다. (태평양, 미국)

3   담배꽁초에 남아 있는 립스틱 자국도 꽁초를 누가 버렸는지 알아내는 데에 중요한 단서가 된다. (지중해, 튀르키예; 태평양, 일본)

4   껌을 씹으면서 동시에 담배를 피울 수 있다니, 정말 대단한 멀티태스킹 능력이다.

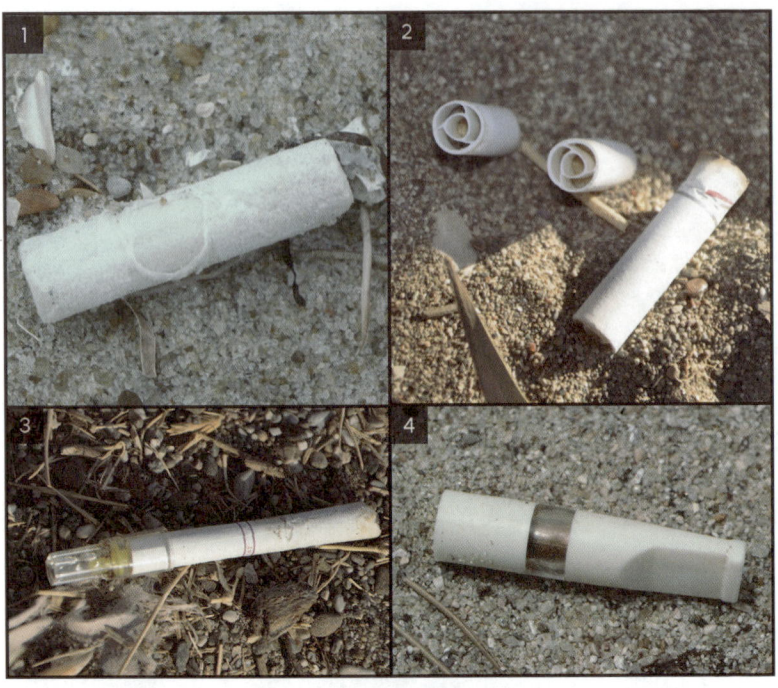

1 담배꽁초를 감싸고 있던 종이 커버가 벗겨지며 내부의 플라스틱 섬유 필터가 드러났다. 덕분에 담배꽁초의 내부가 무엇으로 이루어졌는지 한눈에 보인다. (대서양, 미국)

2 입구에 플라스틱 보형물을 덧대어서 멋을 부린 담배도 있다. 이런 담배는 해변 쓰레기가 된 이후에도 분해되는 데에 10년 이상의 시간이 더 걸릴 것이다. 분명히 미세플라스틱도 더 많이 만들어진다. (지중해, 튀르키예)

3, 4 플라스틱 마우스피스는 담배 연기에 찌들어 있으며, 열기와 충격에 강한 소재로 만들어지기 때문에 아주 오랫동안 분해되지 않고 해변을 떠돌아다니게 된다. (튀르키예, 지중해; 태평양)

1 "해변 쓰레기 무더기의 법칙"이 무엇인지 똑똑히 보여주는 현장이다. 담배꽁초가 하나만 있는 경우는 많지 않다. 몇 시간 동안 이 자리에 앉아 담배를 피운 사람 때문에 이곳은 해양 쓰레기 공장이 되었다. (지중해, 튀르키예)

2 도대체 흡연자들은 모래사장에 담배꽁초를 꽂아두는 발상을 어디서 얻는 것일까? 테니스 클럽이나 골프장에 있는 모래 재떨이가 시초인가? (미국)

3 아니면 고속도로 휴게실에 있는 재떨이 때문일지도 모른다. (크로아티아)

1 담배꽁초를 물속에 버리면 산불은 나지 않겠지만 웅덩이 안에 서식하는 생물들을 모조리 죽이게 될 것이다. 이 말이 과장인 것 같다면 투명한 컵에 물을 받아 놓고 담배꽁초를 담가 보라. 금세 시커멓게 변한 물은 마시는 것은 고사하고 손가락도 담그기 싫을 것이다. (지중해, 크로아티아)

2 해변에 흩어져 있던 담배꽁초들은 물이 찰 때 해변 안쪽까지 밀려들어 왔다가 물이 빠질 때 만조선에 띠를 이루어 쌓이기도 한다. (지중해, 튀르키예)

3 검은 모래사장과 담배꽁초의 색이 대비되어 개수를 일일이 셀 수 있을 것만 같다. 드문드문 빨대도 눈에 들어온다. (대서양, 스페인령 카나리아 제도 테네리페 섬)

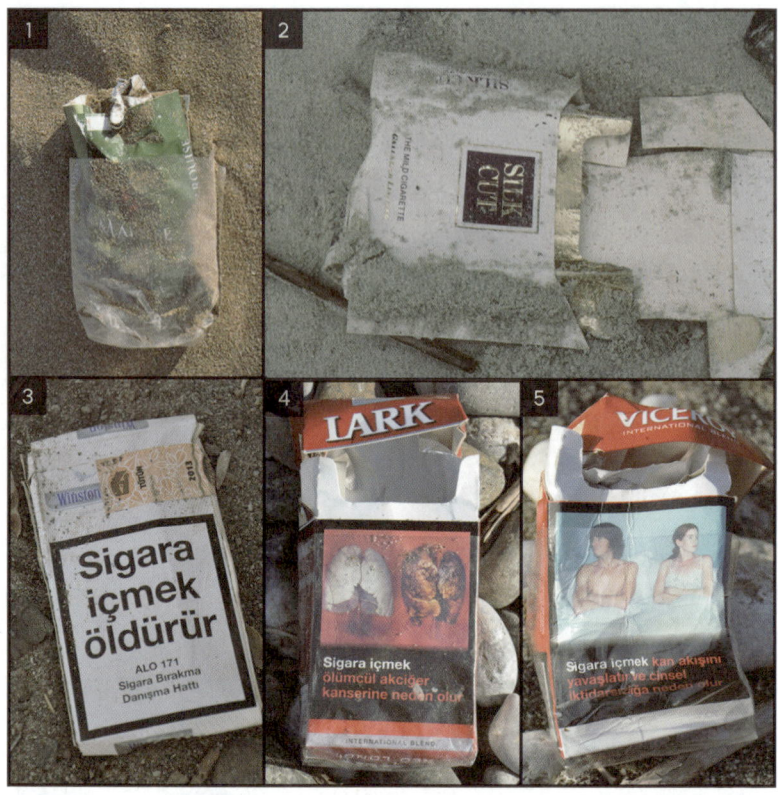

1, 2 담뱃갑은 최소한 네 가지 이상의 소재로 이루어진다 — 플라스틱 필름과 종이 포장지, 알루미늄 호일, 그리고 접착제. 하루에 한 갑의 담배를 피우는 사람은 매일 한 개의 담뱃갑과 스무 개가 넘는 꽁초를 버릴 것이다. 담뱃갑 또한 복합 소재로 이루어지 해양 쓰레기가 어떤 것인지 잘 보여준다. (대서양, 미국)

3, 4, 5 아무리 음울한 검정 배경에 꺼림직한 경고 문구를 써놓더라도 금연에 큰 효과는 없는 듯하다. 건강한 사람과 흡연자의 폐를 대조해 놓은 사진(사진 4)은 꽤나 공포스럽지만, 발기부전이나 난임을 지적하는 사진(사진 5)은 담배를 더 사랑하는 사람들의 마음을 돌려놓기엔 역부족일 것 같다. (지중해, 튀르키예)

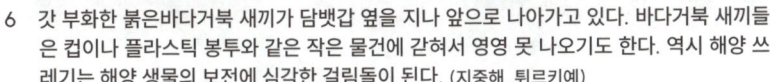

6 갓 부화한 붉은바다거북 새끼가 담뱃갑 옆을 지나 앞으로 나아가고 있다. 바다거북 새끼들은 컵이나 플라스틱 봉투와 같은 작은 물건에 갇혀서 영영 못 나오기도 한다. 역시 해양 쓰레기는 해양 생물의 보전에 심각한 걸림돌이 된다. (지중해, 튀르키예)

7 이렇게 입도 대지 않은 담배들이 버려져 있는 것은 어떻게 해석해야 할까? 두 사람이 바다에 맨발을 담그고 담뱃불을 붙이려다 큰 파도가 덮쳐서 담배가 물에 젖자 성질을 부리며 바닥에 내팽개치고 간 것일까? (지중해, 튀르키예)

8 때로는 흡연을 위한 모든 준비물이 한자리에서 세트로 발견될 때도 있다. 이러한 상황에서 기뻐할 사람은 흡연자밖에 없을 것이다. (지중해, 튀르키예)

1 어떤 금속 포장재도 바다에서는 곱게 분해되지 않는다. (태평양, 미국)
2 피우고 남은 시간은 시가 꽁초도 부디 쓰레기통에 버리자.
3 시가 꽁초를 이렇게 해변에 버리는 사람들은 금속 포장재가 얼마나 오래 자연을 더럽힐지 생각해 보지 않는 듯하다. (카리브해, 프랑스령 과들루프)

16. 담배꽁초   529

1 라이터는 플라스틱과 금속, 그리고 발화성 액체로 이루어져 있다. 사실상 초소형 폭탄이라고 불러도 무방하다. 스티커 라벨에는 직사광선을 피하고 어린이의 손에 닿지 않는 곳에 보관하라는 경고가 쓰여 있지만 해변에 버리지 말라는 말은 적혀 있지 않다.

2 성냥갑과 마찬가지로 라이터는 광고 수단으로서 무료 증정되기도 한다. 업체명이 적혀 있기 때문에 찾아가서 따지기에 좋다. (지중해, 튀르키예)

3, 4 안전성을 고려해 설계된 물건은 그만큼 구조가 복잡해서 분해되는 데에도 오랜 시간이 걸린다 사진의 망가진 라이터에는 녹슨 금속 캡 아래로 내부 부품과 플라스틱 대롱이 드러나 있다. (지중해, 튀르키예) 이 깨진 라이터 안에는 조그마한 주사위가 들어 있다. 맨발로 밟았다간 이중으로 다치기 십상이다. (지중해, 튀르키예)

5 여러분이 가장 좋아하는 해변에 가서 15분 동안 얼마나 많은 라이터를 주울 수 있는지 실험해 보자. 담배꽁초나 빨대, 옷핀, 면봉, 플라스틱 뚜껑을 주워 보는 것도 좋은 방법이다. 가족들과 내기를 해보면 결코 해변에서 심심할 틈이 없을 것이다! (지중해, 튀르키예)

1 흡연자 중에는 여전히 성냥을 선호하는 사람이 있다. 사진의 성냥은 스웨덴에서 생산됐지만 발견된 곳은 그리스이다. 역시 세계화의 시대이다. (지중해, 그리스)

2 불을 붙이고 남은 성냥을 휴지통에 제대로 버리는 사람도 많지 않은 듯하다. (대서양, 미국)

3 그리고 마지막으로, 재떨이를 빼먹지 말자. 해양 쓰레기가 되었지만 여전히 멋진 유리 재떨이의 사진은 2장 "유리"에서 확인할 수 있다. (지중해, 튀르키예)

16. 담배꽁초

참고문헌

참고문헌

1장. 서론

1. Brown AC, McLachlan A (1990) Ecology of sandy shores. Elsevier, Amsterdam, p 328
2. Shore & Beach, American Shore & Beach Preservation Association. www.asbpa.org/shore-and-beach
3. Acosta ATR, Jucker T et al (2013) Passive recovery of Mediterranean coastal dunes following limitations to human trampling. In: Martínez et al (eds) Restoration of coastal dunes, Springer Series on Environmental Management. Springer, Berlin Heidelberg, pp 187–198. https://doi.org/10.1007/978-3-642-33445-0_12
4. UNEP (2009) Marine Litter: A global challenge. Nairobi; Marine Litter. UNEP/GPA & UNEP/RS. Wedocs.unep.org/handle/20.500.11822/7787
5. Coe JM, Rogers D (1996) In: Alexander DE (ed) Marine debris, Springer series on environmental management. Springer, New York, p 430
6. Bergman M, Gutow M, Klages M (2015) Marine anthropogenic litter. Springer, Cham, Heidelberg, New York, Dordrecht, London, p 447
7. Marine Pollution Bulletin. https://www.journals.elsevier.com/marine-pollutionbulletin/
8. Trewhella S, Hatcher J (2015) The essential guide to beachcombing and the strandline. Wild Nature Press, Plymouth, p 304
9. Timrott J (2015) Strandgut aus Plastik. Wachholtz Verlag, Kiel/Hamburg, p 112
10. Change.org. Accept the Trash Isles as an official country & help protect our oceans. https://www.change.org/p/un-secretary-general-ant%C3%B3nioguterres-accept-the-trash-isles-as-an-official-country-help-protect-our-oceans

11. Rathje W, Murphy C (1992) Rubbish! The archeology of garbage. Harper Collins, New York, p 250
12. Parker L (2017) How an uninhabited island got the world's highest density of trash. https://news.nationalgeographic.com/2017/05/henderson-island-pitcairntrash-plastic-pollution/
13. Gregory MR (2009) Environmental implications of plastic debris in marine settings – entanglement, ingestion, smothering, hangers-on, hitch-hiking and alien invasions. Phil Trans R Soc B 364:2013–2025. https://doi.org/10.1098/rstb.2008.0265
14. Mayell H (2002) Ocean litter gives alien species an easy ride. https://news.nationalgeographic.com/news/2002/04/0429_020429_marinedebris.html
15. Jang YC, Hong S, Lee J, Lee MJ, Shim WJ (2014) Estimation of lost tourism revenue in Geoje Island from 2011 marine debris pollution event in South Korea. Mar Pollut Bull 81(1):49–54. https://doi.org/10.1016/j.marpolbul.2014.02.021
16. Marine Debris Awareness Poster. https://web.whoi.edu/seagrant/outreacheducation/marine-debris
17. Ocean Conservancy. https://oceanconservancy.org/wp-content/uploads/2017/04/OC-DataCards_volunteerFINAL_ENG-1.pdf
18. Cho D-O (2009) The incentive program for fishermen to collect marine debris in Korea. Mar Pollut Bull 58(3):415–417
19. Butt H (2007) The impact of cruise ship generated waste in home ports and ports of call: a study of Southampton. Mar Policy (5):591–598
20. Princess Cruise Lines to pay largest-ever criminal penalty for deliberate vessel pollution. The United States Dept. of Justice. https://www.justice.gov/opa/pr/princess-cruise-lines-pay-largest-ever-criminal-penalty-deliberate-vesselpollution
21. Rudolph F (2015) Gefährliche Strandfunde. Wachholtz Murmann Publishers, Kiel/Hamburg, p 96
22. Trash-free waters. United States Environmental Protection Agency. https://www.epa.gov/trash-free-waters
23. Fighting for Trash Free Seas. Ocean Conservancy. https://www.oceanconservancy.org/trash-free-seas/international-coastal-cleanup
24. Walker K (2007) Recycle, reduce, reuse, rethink. Macmillan Education Australia, South Yarra, p 176
25. What you can do about marine debris. United States Environmental Protection Agency. https://www.epa.gov/trash-free-waters/what-you-can-do-about-marinedebris

2. 유리

1. Ebbesmeyer C, Jr Ingrahem WJ et al (1993) Bottle appeal,drifts across the Pacific. Earth Space Sci News (EOS) 74(16):193–194. https://doi.org/10.1029/93EO00165
2. Oldest message in a bottle found on Western Australia beach. http://www.bbc.com/news/world-australia-43299283
3. Marine debris is everyone's problem. https://web.whoi.edu/seagrant/wp-content/uploads/sites/24/2015/04/Marine-Debris-Poster_FINAL.pdf
4. Lindsey B (2018) Bottle Glossary. https://sha.org/bottle/glossary.htm
5. White JR (1978) Bottle nomenclature: a glossary of landmark terminology of the archeologist. Hist Archeol 12(1):58–67. https://link.springer.com/article/10.1007/BF033734400
6. Glass Bottles Upcycled. https//:www.pinterest.com/weezie64/glass-bottles-upcycled/
7. North American Sea Glass Association. https://seaglassassociation.org
8. Wong C (2012) Planned obsolescence: The light bulb conspiracy. http://melaniebourque.webs.com/history%20of%20lightbulb.pdf
9. Ocean Conservancy (2011) Tracking trash, 25 years of action for the ocean. https://issuu.com/oceanconservancy/docs/marine_debris_2011_report_oc

3. 금속, 자동차, 타이어

1. Frid CLJ, Caswell BA (2017) Marine Pollution. Oxford University Press, Oxford 268 pp
2. TIME International (1993) Landmines: the devil's seed. No. 50, 13 December 1993
3. Ottawa Treaty. https://en.wikipedia.org/wiki/Ottawa_Treaty
4. Harley-Davidson Museum. https://www.harley-davidson.com/us/en/museum/explore/exhibits/tsunami-bike.html
5. Weis JS (2015) Marine Pollution: what everyone needs to know. Oxford University Press, Oxford 273 pp
6. Metal upcycle recycle. https://pinterest.at/ariaism/metal-upcycle-recycle/
7. Marine debris is everyone's problem (2015) https://web.whoi.edu/

seagrant/wpcontent/uploads/sites/24/2015/04/Marine-Debris-Poster_FINAL.pdf

8. World's biggest tire graveyard in Sulabiya, Kuwait (2015) http://www.amusingplanet.com/2015/01/worlds-biggest-tire-graveyard-in.html

9. Ocean Conservancy. https://oceanconservancy.org/wp-content/uploads/2017/04/2011-Ocean-Conservancy-ICC-Report.pdf

10. https://en.wikipedia.org/wiki/Osborne_Reef

11. The Guardian (2015) https://www.theguardian.com/us-news/2015/may/22/florida-retrieving-700000-tires-after-failed-bid-to-create-artifical-reef

4. 플라스틱

1. Derraik JGB (2002) The pollution of the marine environment by plastic debris: a review. Mar Pollut Bull 44:842–852

2. Ocean Conservancy. Fighting for trash free seas. https://oceanconservancy.org/trash-free-seas/plastics-in-the-ocean/

3. Ocean Conservancy https://oceanconservancy.org/trash-free-seas/internationalcoastal-cleanup/annual-data-release/

4. Plastic Additive Standards Guide. AccuStandard (2015) https://www.accustandard.com/assets/Plastic_Add_Guide.pdf

5. Ocean Conservancy act.oceanconservancy.org/site/DocServer/MarineDebris.pdf?docID=4441

6. Secretariat of the Convention on Biological Diversity and the Scientific and Technical Advisory Panel– GEF (2012) Impacts of marine debris on biodiversity: current status and potential solutions. Montreal, Technical Series No. 67. 61 pp

7. Nelms SE, Duncan EN et al (2015) Plastic and marine turtles: a review and call for research. ICES J Mar Sci. https://doi.org/10.1093/icesjms/fsv165

8. Savoca MS, Wohlfeil ME et al (2016) Marine plastic debris emits a keystone infochemical for olfactory foraging seabirds. Sci Adv 2(11):e1600395. https://doi.org/10.1126/sciadv.1600395

9. Wilcox C, Van Sebille E, Hardesty BD (2016) Threat of plastic pollution to seabirds is global, pervasive, and increasing. PNAS 112(38):11899–11904 https://doi.org/10.1073/pnas.1502108112

10. de Stephanis R, Gimenez J et al (2013) As main meal for sperm whales:

plastic debris. Mar Pollut Bull 69:206-214 https://doi.org/10.1016/j.marpolbul.2013.01.033

11. International Whaling Commission https://iwc.int/entanglement-response-network

12. Cole M, Lindeque P et al (2011) Microplastics as contaminants in the marine environment: a review. Mar Pollut Bull 62(12):2588-2597 https://doi.org/10.1016/j.marpolbul.2011.09.025

13. UNEP (2015) Resolution UN/EA-1/6 Marine Plastic Debris and Microplastics. http://www.un.org/depts/los/consultative_process/ICP17_Presentations/Savelli.pdf

14. Heskett M, Takada H et al (2012) Measurement of Persistent Organic Pollutants (POPs) in plastic resin pellets from remote islands: toward establishment of background concentrations for International Pellet Watch. Mar Pollut Bull 64(2):445-448 https://doi.org/10.1016/j.marpolbul.2011.11.004

15. Mani T, Hauk A et al (2015) Microplastics profile along the Rhine River. Sci Rep 5:17988. https://doi.org/10.1038/srep17988

16. Lechner A, Ramler D (2015) The discharge of certain amounts of industrial microplastic from a production plant into the River Danube is permitted by the Austrian legislation. Environ Pollut 200:159-160 https://doi.org/10.1016/j.envpol.2015.02.019

17. Pirc U, Vidmar M et al (2016) Emissions of microplastic fibers from microfiber fleece during domestic washing. Environ Sci Pollut Res Int 23(21):22206-22211. https://doi.org/10.1007/s11356-016-7703-0

18. Zettler ER, Mincer TJ, Amaral-Zettler LA (2013) Life in the "Plastisphere": microbial communities on plastic marine debris. Environ Sci Technol 47:7137-7146. https://doi.org/10.1021/es401288x

19. Eriksen M, Lebreton LCM et al (2014) Plastic pollution in the World's oceans: more than 5 trillion plastic pieces weighing over 250,000 tons afloat at sea. PLoS One 9(12):e111913 https://doi.org/10.1371/journal.pone.0111913

20. Thompson RC, Olsen Y et al (2004) Lost at sea: where is all the plastic? Science 304:838

21. Corcoran PL, Moore CJ, Jazvac K (2014) An anthropogenic marker horizon in the future rock record. GSA Today 26(6):4-8. https://doi.org/10.1130/GSAT-G198A.1

22. EU targets recycling as China bans plastic waste imports https://www.reuters.com/article/us-eu-environment/eu-targets-recycling-as-china-bans-plastic-wasteimports-idUSKBN1F51SP

23. Ocean Conservancyhttps://oceanconservancy.org/wp-content/uploads/2017/06/International-Coastal-Cleanup_2017-Report.pdf
24. Marine debris awareness poster https://web.whoi.edu/seagrant/outreach-education/marine-debris
25. Ocean Conservancy https://oceanconservancy.org/wp-content/uploads/2017/04/2011-Ocean-Conservancy-ICC-Report.pdf
26. Hohn D (2011) Moby Duck: the true story of 28,000 bath toys lost at sea and of the beachcombers, oceanographers, environmentalists, and fools, including the author, who went in search of them. Viking, New York 402 pp

5. 스티로폼

1. Marine debris awareness poster (2016) https://web.whoi.edu/seagrant/outreacheducation/marine-debris
2. Tanaka K, Takada H et al (2013) Accumulation of plastic-derived chemicals in tissues of seabirds ingesting marine plastics. Mar Pollut Bull 69:219–222
3. Ocean Conservancy (2016) https://oceanconservancy.org/blog/2016/07/07/sanfrancisco-bans-polystyrene-foam
4. Lee J, Hong S et al (2015) Finding solutions for the styrofoam debris problem through participatory workshops. Mar Pollut Bull 51:182–189 https://doi.org/10.1016/j.marpol.2014.08.008

6. 위생용품

1. Bråte ILN, Blázquez M et al (2018) Weathering impacts the uptake of polyethelene microparticles from toothpaste in Mediterranean mussels (M. galloprovincialis). Sci Total Environ 626:1310–1318. https://doi.org/10.1016/j.scitotenv.2018.01.141
2. Bast W-A, Diehl S (1991) Produktlinienanalyse Babywindeln: eine vergleichende Untersuchung von Baumwoll- und Höschenwindeln. Knoll, Klein-Umstadt, p 152
3. Editorial (2016) Bowled over: assessing the contents of the toilet bowl in the name of crime prevention. Nature 537:280. https://doi.org/10.1038/537280a
4. Ocean Conservancy (2017) https://oceanconservancy.org/wp-content/

uploads/2017/06/International-Coastal-Cleanup_2017-Report.pdf

7. 의료용품

1. Wagner KD (1990) Medical wastes and the beach wash-ups of 1988: issues and impacts. In: Shomura RS, Godfrey ML (eds), Proceedings of the Second International Conference in Marine Debris. U.S. Dep. Commer., NOAA Tech. Memo, NMFS, NOOAA-TM-NMFS-SWDSC-154. https://swfsc.noaa.gov/publications/TM/SWFSC/NOAA-TM-NMFS-SWFSC-154_P811.PDF
2. Lee M (1988) CRS report for congress: infectious waste and beach closings. Congressional Research Service, Library of Congress, Wash. D.C. 9 Sept. 1988
3. Ocean Conservancy. act.oceanconservancy.org/site/DocServer/MarineDebris.pdf?docID=4441
4. Marine Defenders. http://www.marinedefenders.com/marinedebrisfacts/impact.php
5. State of New Jersey (2016) Guidance document for Regulated Medical Waste (RMW). http://www.nj.gov/dep/dshw/rrtp/rmw.htm

8. 가구와 해변 설비

1. Ocean Conservancy. https://oceanconservancy.org/wp-content/uploads/2017/04/2014-Ocean-Conservancy-ICC-Report.pdf
2. Trend watch (2015) E-waste estimates. Nature 520:413
3. Zhang B, Guan D (2016) Take responsibility for electronic-waste disposal. Nature 536:23–25. https://doi.org/10.1038/536023a
4. Zhang K, Schnoor JL, Zeng EY (2012) E-waste recycling: where does it go from here? Environ Sci Technol 46(20):10861–10867. https://doi.org/10.1021/es303166s
5. Baldé C, Wang F et al (2015) The global e-waste monitor 2014. Quantities, flows and resources. United Nations University, Tokyo and Bonn 90pp
6. Ocean Conservancy (2017) 30th Anniversary International Coastal Cleanup. https://oceanconservancy.org/wp-content/uploads/2017/04/2016-OceanConservancy-ICC-Report.pdf

9. 신발

1. Dockterman E (2012) EcoChic: How U.S. clothing brands are getting greener. Time. 20 August 2012
2. The Sustainable Apparel Coalition (SAC) https://apparelcoalition.org/
3. Mediterranean Association to Save the Sea Turtles (Medasset) http://fromwastetowear.medasset.org/en/socks/
4. Dris R, Gasperi J et al (2016) Synthetic fibers in atmospheric fallout: a source of microplastics in the environment? Mar Pollut Bull 104(1–2):290–293 https://doi.org/10.1016/j.marpolbul.2016.01.006
5. Ebbesmeyer CC, Ingraham WJ Jr (1992) Shoe spoil in the North Pacific. Earth Space Sci News (EOS) 73(34):361–365
6. Ocean sole: flip the flop http://oceansole.co.ke/
7. Superiorglove http://www.sglive.pairsite.com/frisk-duty-premium-goat-grain-cutresistant-law-enforcement-gloves
8. http://www.crudehandsgloves.com/wp-content/uploads/2016/03/EN-guide_EN.pdf

11. 어구

1. FAO (2016) The state of world fisheries and aquaculture 2016. Contributing to food security and nutrition for all. Rome. 200 pp. www.fao.org/3/a-i5555e.pdf
2. Longhurst A (2010) Mismanagement of marine fisheries. Cambridge University Press, Cambridge 320 pp
3. Finley C (2011) All the fish in the sea. Maximum sustainable yield and the failure of fisheries management. University of Chicago Press, Chicago 224 pp
4. Alverson DL, Freeberg MH et al (1994) A global assessment of fisheries bycatch and discards. FAO fisheries technical paper no. 339. Rome, FAO, 233 pp. http://www.fao.org/docrep/003/T4890E/T4890E00.HTM
5. Fravel MT (2011) China's strategy in the South China Sea. Contemp SE Asia:J Int Strateg Aff 33(3):292–319
6. Xie Y, Luo S (2015) Fishing for ways to de-escalate South China Sea tensions. The Diplomat. https://thediplomat.com/2015/08/fishing-for-ways-to-deescalate-south-china-sea-tensions/

7. Commission of the European Communities (1992) Multilingual dictionary of fishing gear, 2nd edn. Fishing News Books, Oxford 333 pp
8. Animal World Protection. https://www.worldanimalprotection.org/our-work/animals-wild/sea-change
9. Ocean Conservancy. http://act.oceanconservancy.org/site/DocServer/ICC_Eng_DataCardFINAL.pdf?docID=4221
10. International Whaling Commission. https://iwc.int/entanglement
11. Global Ghost Gear Initiative. https://www.ghostgear.org
12. https://www.worldwildlife.org/initiatives/international-smart-gear-competition
13. Marine Stewardship Council. https://www.msc.org/
14. Ocean Conservancy (2011) Tracking trash: 25 years of action for the ocean. https://issuu.com/oceanconservancy/docs/marine_debris_2011_report_oc
15. Mediterranean Association to Save the Sea Turtles (Medasset). http://fromwastetowear.medasset.org/en/socks/
16. Marine debris awareness poster https://web.whoi.edu/seagrant/outreach-education/marine-debris

12. 나무

1. The educator's guide to marine debris. Southeast and Gulf of Mexico. http://www.cosee-se.org/files/southeast/Marine_debris_guide1.pdf
2. https://archive.nytimes.com/green.blogs.nytimes.com/2011/10/24/disposable-chopsticks-strip-asian-forests/
3. Shaw A (2013) How wooden chopsticks are killing nature. http://www.ecopedia.com/environment/how-wooden-chopsticks-are-killing-nature/
4. Ocean Conservancy. https://oceanconservancy.org/wp-content/uploads/2017/06/International-Coastal-Cleanup_2017-Report.pdf
5. Ocean Conservancy. http://act.oceanconservancy.org/site/DocServer/ICC_Eng_DataCardFINAL.pdf?docID=4221
6. https://en.wikipedia.org/wiki/Pallet
7. http://www.1001palletideas.com/
8. https://www.1001motiveideas.com/home-decor/diy-ideas-recycling-wooden-pallets/

13. 종이

1. http://act.oceanconservancy.org/site/DocServer/ICC_Eng_DataCardFINAL.pdf?docID=4221
2. https://en.wikipedia.org/wiki/Toilet_paper#Environmental_considerations
3. https://www.risiinfo.com/press-release/global-production-of-paper-and-boardhit-record-levels-in-2014/
4. Ocean Conservancy. Working for clean beaches and clean water: 2013 Report. https://oceanconservancy.org/wp-content/uploads/2017/04/2013-OceanConservancy-ICC-Report.pdf
5. https://snapguide.com/supplies/roll-of-toilet-paper/

14. 음식물 쓰레기

1. Rutten MM (2013) What economic theory tells us about the impacts of reducing food losses and/or waste: implications for research, policy and practice. Agric Food Sec 2:13 https://doi.org/10.1186/2048-7010-2-13
2. FAO (2011) Global food losses and food waste – extent, causes and prevention. FAO, Rome 30 pp
3. Marine debris is everyone's problem. https://web.whoi.edu/seagrant/wp-content/uploads/sites/24/2015/04/Marine-Debris-Poster_FINAL.pdf
4. International year of sanitation 2008: overview. https://www.unicef.org/.../E_-_IYS-UNICEF_Overview_10.doc
5. http://us.whales.org/issues/what-to-do-if-you-find-live-stranded-whale-or-dolphin
6. https://www.youtube.com/watch?v=8vVjxFdqoL8
7. https://www.youtube.com/watch?v=pAW4mntPM-w

15. 원유와 타르

1. Clark RB (2001) Marine pollution, 5th edn. Oxford University Press, Oxford 248 pp
2. Gramentz D (1988) Involvement of loggerhead turtle with plastic, metal

and hydrocarbon pollution in the central Mediterranean. Mar Pollut Bull 19(1):11–13

3. http://www.seeturtles.org/ocean-pollution/
4. Frid CLJ, Caswell BA (2017) Marine pollution. Oxford University Press, Oxford 268 pp
5. Ocean Conservancy. http://act.oceanconservancy.org/site/DocServer/ICC_Eng_DataCardFINAL.pdf?docID=4221
6. http://dragonsorb.net/torrey-canyon-worst-oil-spill-british-history/

16. 담배꽁초

1. Nature Conservancy. http://act.oceanconservancy.org/site/DocServer/ICC_Eng_DataCardFINAL.pdf?docID=4221
2. Nature Conservancy. https://oceanconservancy.org/wp-content/uploads/2017/04/2016-Ocean-Conservancy-ICC-Report.pdf
3. http://www.cigwaste.org/
4. Slaughter E, Gersberg RM et al (2011) Toxicity of cigarette butts, and their chemical components, to marine and freshwater fish. Tob Control 20(Suppl 1):i25–i29 http://tobaccocontrol.bmj.com/content/20/Suppl_1/i25
5. Bonanomi G, Incert G et al (2015) Cigarette butt decomposition and associated chemical changes assessed by 13C CPMAS NMR. PLoS One 10:e0117393. https://doi.org/10.1371/journal.pone.0117393
6. Booth DJ, Gribben P, Parkinson K (2015) Impact of cigarette butt leachate on tidepool snails. Mar Pollut Bull 95(1):362–364 https://doi.org/10.1016/j.marpolbul.2015.04.0044
7. Smoking trends (2015) Seven days: the news in brief. Nature 520:23
8. Marine debris is everyone's problem. https://web.whoi.edu/seagrant/wp-content/uploads/sites/24/2015/04/Marine-Debris-Poster_FINAL.pdf
9. Ezzati M, Lopez AD (2003) Estimates of global mortality attributable to smoking in 2000. Lancet 9387:847–852 https://doi.org/10.1016/S0140-6736(03)14338-3
10. http://www.bibione.com/en/events-category/2327-bibione-smoke-free-beach-en
11. Novotny TE, Lum K et al (2009) Cigarette butts and the case for an environmental policy on hazardous cigarette waste. Int J Environ Res Public Health 6:1691–1705. https://doi.org/10.3390/ijerph6051691

옮긴이의 말

옮긴이의 말

'Beachcombing'을 어떻게 번역해야 할까

이 책을 한국어로 옮기면서 번역어를 결정하는 데에 적잖이 애를 먹은 단어가 한 가지 있다. 그것은 바로 원제 『The Beachcomber's Guide to Marine Debris』와 본문 곳곳에서 등장하고 있는 'Beachcomber'라는 용어다.

해변beach을 빗질combing하듯 꼼꼼히 뒤져보는 사람이라는 뜻의 'beachcomber', 혹은 그러한 행위를 일컫는 'beachcombing'이 출판물에서 처음 등장한 것은 법률가 Richard Henry Dana Jr.의 자서전 『Two Years Before the Mast』(1840)에서였다고 한다. 당시에 이 말은 일자리를 잃은 선원이나 기존의 전통적 생활방식을 포기한 해안가 원주민들이 해변에 나가 돈이 될 만한 쓰레기를 줍는 것을 의미했다. 시간이 지나면서 'beachcombing'은 해변에서 씨글라스나 조개껍데기, 유목流木과 같이 아기자기하고 예쁜 물건들을 줍거나 해산물을 캐면서 자연을 체험하는 여가 활동을 의미하게 되었는데, 해변에서 쓰레기를 수거하는 활동도 이러한 명칭으로 불리기 시작한 것은 비교적 최근의 일이다. 얼마 전부터는 여러 매체에서 '비치코밍'이라는 개념을 소개하면서 한국에서도 조금씩 이 단어가 알려지기 시작했다.

그러나 이 책을 번역할 때는 최대한 비치코밍이라는 말을 사용하지 않으려 노력했다. 앞서 간단히 살펴 본 용례의 변천사에서도 확인할 수 있듯, 비치코밍은 해변 청소만을 지칭하기보다 해변에서 각종 수집물을 찾는 활동에 좀 더 무게중심을 두고 있다고 판단되었기 때문이다. 게다가 한국어를 주 언어로 사용하는 독자들이 '코밍'이라는 단어에서 영어 표현 'combing'을 연상하고, 여기에서 더 나아가 빗질과 쓰레기 수거 사이의 은유적 연관성까지 유추하는 것은 거의 불가능한 일이라는 생각이 들었다. 이 책의 원서에서는 'beachcombing'이라는 표현의 의미를 따로 설명하고 있지 않아서, '비치코밍'이라고 번역문에 그대로 쓰면 생소한 신조어를 불친절하게 들이밀게 된다는 위험도 있었다. 이러한 이유로, 혼동의 여지없이 해변 청소 활동만을 정확하게 지칭하면서 한국어 사용자들에게 조금 더 익숙한 표현을 찾아보자는 노력이 시작되었다.

'줍다'를 뜻하는 스웨덴어 '플로카 우프plocka upp'와 천천히 달리는 운동을 일컫는 영단어 '조깅jogging'이 합쳐진 신조어 '플로깅plogging'은 최근에 생활 스포츠나 환경을 위한 일상 속 노력으로 많이 알려졌기 때문에 '비치코밍'을 대체할 말로 적절해 보였다. 플로깅은 'jogging' 대신 'walking'을 써서 '플로킹ploking'이라고 사용되기도 하는데, 해변에서의 수집 활동이나 해산물 채취를 연상시킬 여지없이 순수하게 쓰레기 줍기만을 의미하는 용어라는 점에서 비치코밍처럼 중의적 의미를 가지지 않는다는 장점이 있었다. 물론, 플로깅이라고 하면 해변보다 산이나 도심, 하천변 등과 같은 육상에서의 쓰레기 정화 활동이 먼저 떠오르는 경우가 많지만, '해변' 플로깅이라고 수식을 더한다면 의미의 혼동을 줄일 수 있겠다는 생각이 들었다. 실제로 바닷속에서 이루어지는 수중 청소는 '플로깅'과 '다이빙diving'을 합쳐서 '플로빙ploving'이라고 불리기도 하므로 플로깅과 해변 정화 활동의 거리는 멀지 않아 보였다.

하지만 아쉽게도 이 책에서는 플로깅이라는 용어도 사용하지 않는 편을 택했다. 예상과 달리, 여전히 적지 않은 독자들이 '플로깅'이라는 용어를 '비치코밍'이라는 말 만큼이나 낯설게 느낀다는 사실을 확인했기 때문이었다. 저자가 책의 중심 용어를 본문에서 설명하지 않는다는 점은 이번에도 자유로운 번역어 선택의 한계로 다가왔다. 차선책은 '비치클린/비치클리닝'과 같이 부가 설명 없이도 한국어 화자들이 충분히 이해할 수 있는 표현을 쓰는 것이었다. 하지만 한국어 내부에서 대안 용어를 찾는 노력 없이 외래어를 그대로 발음 나는 대로 쓰는 데서 오는 아쉬움은 계속 번역가를 따라다녔다. 그런가 하면, 2019년 말에 국립국어원에서 플로깅의 번역어로 제안한 '쓰담달리기'는 최근의 플로깅 문화에 달리기라는 요소가 거의 없다는 현실을 반영하지 못하고 있었다. 결국 'Beachcombing'의 번역어를 결정하는 일은 완역을 코앞에 둔 시점까지도 숙제로 남고 말았다.

그렇다면 해변 쓰레기를 치우는 현장에서는 과연 어떤 용어들이 사용되고 있었을까? 사실 우리나라는 삼면이 바다로 이루어져 매일같이 어마어마한 양의 해양 쓰레기가 해변에 떠내려 오고 있는 만큼, 전국 각지에서 각양각색의 해양 정화 단체들이 활동하고 있다. 각 단체는 거점 지역이나 활동 방식이 조금씩 다르고, 각자 가진 지역적 정체성이나 단체의 특색을 표현하기 위해 비치코밍이나 플로깅을 대신할 참신한 용어를 만들어 사용하기도 한다. 예를 들어, 제주도의 해양 환경 보호 단체 '디프다 제주Diphda Jeju'에서는 '줍다'를 의미하는 제주어 '봉그다'와 접미사 '-ing'를 합쳐 '봉그깅'이라는 용어를 만들고 2018년부터 해양 쓰레기 수거 캠페인을 펼쳐 왔다. 한국에서 가장 많은 해양 쓰레기가 떠내려 오는 곳이 제주도라는 현실이 반영되기라도 한 듯, '봉그깅'은 육상 쓰레기보다 해양 쓰레기 수거 활동에 더 초점을 맞추는 표현으로 자리매김하게 된 듯 보이는데, 이는 플로깅의 대체어로 개발된 다른 용어들과 달리 '봉그깅'이라는 용어에서 발견되는 특징이다. 이 덕분에 '봉그깅'에는 쓰레기의 종류나 수거 환경이 육지와 다른 데서 발생하는 해변 플로깅만의 특수성이 잘 담길 수 있게 되었다. 한편, 속초의 청년 단체 '쓰담속초'에서는 '쓰담'의 의미를 단순히 '쓰레기 담기'의 줄임말로 제시하는 것에 그치지 않고, 다양한 지역 문화의 정착을 통해 고장의 자연과 이웃의 마음을 따뜻하게 위로하고 쓰다듬자는 의미로 확장하고 있다. 이를 통해 '쓰담'이라는 용어를 통해서는 환경적 실천과 공동체 운동이 연결될 수 있는 가능성이 다채롭게 모색된다.

사실 국내에 비치코밍이나 플로깅 문화를 지칭하는 용어가 아직 통일되어 있지 않다는 점은 번역가의 입장에서는 난처한 상황이기도 하다. 하지만 각기 다른 용어가 혼용되고 있는 상황을 뒤로하고 여러 해변 청소 일정에 참여해 동해와 서해와 남해, 그리고 제주를 돌아다니며 쓰레기를 줍다 보면, 해양 쓰레기 문제를 해결하기 위해 각지에서 얼마나 다양한 사람들이 땀방울을 흘리고 있는지 깨닫게 된다. 다양한 용어가 존재한다는 사실은 그만큼 다양한 사람들이 해양 쓰레기 문제를 해결하기 위해 고군분투하고 있다는 점을 의미하고, 해변에서 쓰레기를 줍는 활동에서 그만큼 다양한 경험과 문화가 파생된다는 사실을 보여준다. 서로 다르더라도 각각의 용어에는 우리가 하고 있는 이 활동의 본질에 대한 고민, 그리고 각자의 경험에 밀착된 이름을 배양해내려는 노력이 담겨 있다.

모두가 수긍할 만한 최적의 번역어를 찾아내서 대상에게 꼭 맞는 이름을 지어주고 싶다는 것은 모든 번역가가 가진 욕망일 것이다. 하지만 때로는 처음부터 번역가의 손을 떠나 있는 번역어도 있는 것 같다. 수많은 사람들이 현재진행형으로 만들어가고 있는 문화인 'Beachcombing'이 바로 그러한 경우가 아닐까? 번역가가 여러 용어 가운데 어느 하나를 취사선택하면 다른 용어들이 자생하며 공존하는 상황을 가리게 되고, 나름대로 그럴싸한 번역어를 궁리해내면 일상어와 현장에서 동떨어진 신조어를 만들게 되니 말이다. 그렇다면 'Beachcombing'이 비추고 있는 언어의 빈 공간은 임의의 번역어로 어설픈 밀봉을 꾀하기보다 열린 창으로 남겨놓는 것이 더 좋을지도 모른다.

이러한 이유로 이번 책에서는 다소 평범하고 밋밋하더라도 'Beachcombing'을 '해변 청소'라는 일상용어로 옮겼다. 독자들은 번역가의 이러한 결론이 너무 김빠지는 것 아니냐며 실망할 수도 있겠다. 하지만 너무 아쉬워 말길. 해변에 가서 쓰레기를 줍는 사람은 하루하루 더 많아지고 있고, 이 활동이 주는 성취감과 함께 해변 청소는 다양한 문화로 확산되고 있다. 그러니 앞으로 이 활동의 이름은 자연스럽게 더 많은 싹을 틔우거나 하나로 수렴하여 열매를 맺게 될 것이다. 절묘하게 선택된 번역어를 읽었을 때의 기쁨 못지않게, 번역어가 성장해나가는 과정을 관찰하는 것도 남다른 즐거움을 주는 일이 아닐까? 그 여정에 함께 참여한다면 그 기쁨은 더욱 배가될 것이다.

자, 그러니 이제 해변으로 가자.

이 책을 읽고 해변 청소를 하고 싶어졌다면

우리나라에는 꾸준히 해양 쓰레기를 수거해 온 다양한 단체들이 있다. 해변 청소를 혼자 하는 것이 막막하게 느껴진다면 이러한 단체들이 주관하는 해변 청소 일정에 참여해 보는 것은 어떨까? 2021년 8월에 해양쓰레기 문제 해결이라는 목표를 가지고 발족하여 17개2023년 2월 기준 해양 환경 보호 단체들이 참여하고 있는 '바다살리기 네트워크'에서는 수시로 인스타그램 계정@bada_network과 웹사이트https://badanetwork.campaignus.me를 통해 각 단체의 해변 청소 일정과 참가자 모집 공고를 알려주고 있다.♻ 자신의 선호하는 일자와 지역의 해변 청소 일정이 있다면 한번 참여해보자!

♻ 바다살리기 네트워크에서는 잘 정리된 해양 정화 활동 가이드 영상도 제공하고 있다. "비치플로깅 중 이건 진짜 조심하세요!!!!" https://www.youtube.com/watch?v=Qf0HGQGcp1I (최종 확인일 2023. 2. 17) "잠깐! 해양쓰레기 그냥 주우면 안 된다고?" https://www.youtube.com/watch?v=XThM3nRatkY&list=PLa5bFjgTiZ95fLple395wnBQHdyNfTJWF&index=2 (최종 확인일 2023. 2. 17)

일반적인 해변 청소 준비물로는 장갑과 미끄럽지 않은 운동화나 등산화, 텀블러에 담은 충분한 양의 물, 적절한 난방 외투와 더러워져도 괜찮은 편한 복장, 구급약과 반창고 등이 있다. 해변 청소를 하러 가는 길에 몇 가지 스마트폰 어플리케이션을 미리 다운받아 놓는 것도 좋다. 해변 청소에는 대표적으로 다음과 같은 어플리케이션들이 사용된다.

- 안전신문고: 지자체 차원에서 수거가 필요한 해양 쓰레기나 해변 청소 후 모아 놓은 해양 쓰레기의 수거를 요청하고 사진과 위치를 공유하기 위해 꼭 필요하다.
- 클린스웰Clean Swell: 해양 쓰레기 수거 기록용 어플리케이션으로, 국제적인 해양 쓰레기 통계 구축과 정책 개발에 도움을 줄 수 있다.
- 1365 자원봉사 포털 가입: 1365 자원봉사 포털에 가입된 단체에서 주관하는 해변 청소 활동에 참여할 경우 미리 포털www.1365.go.kr에 가입해 두면 자원봉사자 안전보험과 봉사 시간 인정을 받을 수 있다.

해변 청소를 하는 방법은 어렵지 않다. 인간이 만든 것은 줍고, 자연이 만든 것은 내버려둔다는 원칙을 기억하자. 유목이나 조개껍데기와 같은 자연물은 줍지 않아도 되며, 쓰레기에 해초나 모래 등이 붙어 있다면 최대한 떼어내고 수거한다. 용기에

옮긴이의 말

액체가 들어 있을 경우, 액체가 투명하여 생수나 바닷물이라고 판단된다면 비워내서 쓰레기의 무게를 줄이고, 액체에 색깔이 있거나 정체를 판단하기 어려운 경우라면 뚜껑이 닫힌 상태 그대로 수거한다. 바닷물에 젖어 염분을 포함하게 된 해양 쓰레기는 소각될 때 다이옥신이나 산성 가스 등의 독성 물질을 발생시키고 쓰레기 분류 기계를 부식시키게 되므로, 마대자루에 담아 일반쓰레기와 구분하여 분리 배출하는 것이 일반적이다. 마대자루는 80% 정도 채워졌을 때 입구를 단단히 묶는다.

    해변 청소에서 무엇보다도 중요한 것은 안전이다. 묵직한 쓰레기를 들 때는 엉덩이가 뒤로 빠지지 않도록 조심하여 허리 부상을 방지하고, 가급적 혼자 옮기기보다 주변 사람과 함께 옮긴다. 낚싯줄이나 어망 등에는 낚싯바늘이 달려있는 경우가 많으니, 손으로 잡을 곳을 항상 눈으로 먼저 훑는다. 바위 사이에 끼어 있는 쓰레기를 힘껏 잡아당기면 쓰레기가 쑥 빠질 때 뒤로 넘어질 수 있기에, 적당히 당겨도 빠지지 않으면 깔끔하게 포기하거나 자를 수 있는 만큼만 잘라서 수거한다. 방파제나 방조제 위에서의 활동은 피하고, 울퉁불퉁한 갯바위 지형에서는 넘어지지 않도록 천천히 이동한다. 해변 청소를 하다 보면 쓰레기를 줍는 것보다 마대 자루를 지자체의 쓰레기 수거 장소까지 옮겨서 쌓아두는 데 더 많은 에너지가 소모될 때가 많으므로 체력을 잘 안배한다. 청소 도중 몸에 이상이 느껴지면 즉시 휴식을 취한다.

해변 청소 활동이 끝나면 쓰레기 수거 트럭이 접근 가능한 도로변에 쓰레기를 쌓아놓고 사진을 찍은 뒤, 지자체에 연락하여 쓰레기 수거 신고를 한다. 이 때 '안전신문고' 어플리케이션을 활용하면 손쉽게 해양쓰레기 수거를 요청하고 관할 구역 담당자에게 처리 결과 안내 메시지를 받을 수 있다('생활불편신고 > 유형선택 > 해양쓰레기' 항목으로 접속 후 사진 업로드 및 지도 위치 공유). 주관 단체에서 대여한 물품(장갑, 집게, 조끼, 전지 가위, 톱 등)을 반납하는 것도 잊지 말고, 해변 청소를 하는 동안 찍은 사진도 SNS에 많이 공유해보자.

해변 청소와 더불어 중요한 것은 제도와 산업 차원의 변화를 촉구하기 위해 함께 목소리를 내는 일이다. 오늘날 해양 쓰레기 문제는 시민 개개인의 노력으로는 결코 해결할 수 없는 차원에 이르렀다. 일회용 컵 보증금제 전면 도입 등을 비롯하여 일회용품 생산과 소비에 대한 적극적인 규제가 하루속히 이루어져야 하며, 자연적인 조건에서 분해되지 않는 소재를 '생분해 소재'로 인증해주거나 생산을 장려하는 기만적인 정책이 근절되어야 한다. 해양 쓰레기를 수거해도 제대로 반출이 이루어지지 않아 쓰레기를 섬 안에 높이 쌓아두고 있는 도서 지역 문제를 해결하려면 해양 쓰레기 수거 선박 증설과 관련 예산 및 인력이 확충되어야 하며, 강력한 금연 유도 정책과 플라스틱 필터 금지 조치 등을 통해 해변 쓰레기 중에서 개수로 압도적인 1위를 차지하는 담배꽁초의 해양 유입을 차단하는 노력도 전개되어야 한다. 최근 낚시 관련 예능 프로그램의 방영 이후 낚시 인구의 폭증으로 상상을 초월하는 생활 쓰레기가 바다에 버려지고 있는데, 이를 통제하기 위해 유럽이나 미국과 같은 낚시 면허제의 도입도 시급하다. 해변에서 폭죽을 터뜨리면 플라스틱 탄피가 무더기로 발생하므로, 해변 인근 상점에서의 폭죽 판매 행위를 금지하고 과태료도 부과해야 한다. 한국에서는 중국발 쓰레기가 많이 발견되어 중국을 비난하지만, 일본에서는 한국 쓰레기가 떠내려 온다고 눈살을 찌푸리며, 일본의 쓰레기는 한국과 중국의 쓰레기와 함께 해류를 타고 흘러 나가 태평양 거대 쓰레기 지대의 76%를 차지하게 된 실정이다. 그러므로 해양 쓰레기 문제는 우리 모두의 책임이라는 사실을 인정하고 적극적인 국제 협력을 통해 해양 쓰레기 문제를 해결해 나가야 한다. 마지막으로, 쓰레기와 부대껴서 신음하고 있는 바닷속 생명들이 인간의 영향력으로부터 피신하여 학살과 멸종을 면하기 위해서는 어업 활동과 인간의 출입이 금지되는 해양 보호구역이 대폭 확장되어야 한다.

너무나 큰 변화들이 필요한 상황이기에 당장 무엇부터 해야 할지 막막할 수도 있겠다. 이 책의 저자는 이렇게 말한다.

> 커다란 변화와 큰 규모의 공공 정책, 그리고 다양한 풀뿌리 운동은 모두 한 개인으로부터 시작되었다는 사실을 기억하자. 처음

문제를 인지하여 해결책을 모색하고, 자기 일처럼 그 일에 헌신하고, 용기와 신념을 가지고 행동했던 한 사람에게서 모든 변화는 시작되었다. 해양 쓰레기 문제에 있어서는 우리도 그러한 변화의 씨앗이 될 수 있다. (본문 67쪽)

그러니 우리 함께 목소리를 내자. 해변으로 향하는 우리가 광장에서도 만날 수 있기를.

찾아보기

1-9

1차 미세플라스틱 181, 184
2차 미세플라스틱 182
6R &1U 68, 93, 185, 205, 214, 255, 257, 406

A-Z

CD 241, 250
EU 340, 382, 413, 451, 455, 538
FAO 453
IMO 63
IPPC 453, 455
IWC 179, 416
MARPOL 63
MSC 418
Nature Conservancy 175
Ocean Conservancy 66, 74, 75, 107, 197
TV 277, 326, 339, 341-343
UN 33, 41, 60, 81, 173, 180, 305, 339, 342, 453, 534, 538, 543
UNEP 33, 41, 173
UNITAR 339

ㄱ

각종 순위 83, 96, 103, 121, 136, 175, 191, 192, 197, 248, 254, 256, 278, 469, 512
거절하기 68, 93, 185, 255, 257
계란판 53, 262, 278
계획된 구식화 106, 242, 340
고글 46, 265, 389, 400
고래 ix, 172, 177-179, 185, 234, 298, 413, 416, 417, 427, 484, 485, 498
고무장갑 54
고쳐 쓰기 68, 70, 93, 185, 255, 406
골판지 95, 269, 448, 452, 466, 468, 469, 472
골프 447, 523
구두 골 367
국제 스마트 어구 경진대회 418
국제 연안 정화의 날 xv, 44, 74, 83, 153, 191, 197, 198, 200, 206, 243, 254, 300, 304, 314, 326, 341, 343, 346, 441, 451, 469, 503
국제펠렛감시단 182
군함 59
그릴 130
기름 viii, 22, 44, 62, 130, 142, 146, 213, 216, 219, 243, 497, 498, 499, 500, 501, 502, 503, 504, 507, 508
기저귀 295, 297, 301

ㄴ

나노플라스틱 43, 181
나무 데크 보행로 65, 315
나부섯가락 439, 440
나일론 152, 174, 382, 419
낚싯바늘 75, 131, 413, 414, 417, 419, 420, 473, 556
낚싯줄 53, 54, 57, 173, 175, 178, 180, 205, 289, 413, 414, 415, 416, 418, 419, 423, 424, 556
낚싯줄 재활용 419

납 119, 192, 194, 257, 258, 259, 268, 277, 399, 423, 456, 505, 557
내구성 42, 119, 126, 155, 156, 192, 200, 214, 225, 269, 279, 327, 354, 360, 361, 371, 376, 382, 398, 413, 438, 445, 453, 457, 465, 468, 474, 482
냉각수 파이프 38
냉장고 116, 132
너들 181, 183, 247, 402, 466
노끈 110, 175, 178
노즈 가드 406
뉴락 186
니들캡 318, 319

ㄷ

다리미 345
다시 생각해 보기 68, 93, 94, 185, 255
다시 쓰기 68, 69, 93, 94, 103, 185, 205, 255
다이버 35, 177, 180, 361, 396, 397, 416
다이빙 180, 265, 361, 397, 398, 399, 400, 401, 424, 473, 550
담배꽁초 vii, 22, 44, 49, 65, 82, 187, 189, 192, 221, 448, 471, 486, 509, 511, 512, 513, 514, 515, 516, 517, 518, 519, 521, 522, 523, 524, 525, 530, 544, 558
담뱃갑 467, 512, 515, 520, 526, 527
답압 30, 493
대형 쓰레기 40, 76, 119
도래 swivel 414
독성 36, 68, 77, 89, 90, 116, 120, 183, 213, 281, 437, 438, 455, 502, 511, 513, 556
드럼통 37, 65, 76, 119, 120, 129, 216, 504, 508
딥워터 호라이즌 62, 501
따개비 29, 39, 110, 123, 164, 205, 218, 219, 362, 364, 365, 396, 417, 425, 440, 506
뚜껑 고리 191, 202, 221

ㄹ

라벨 22, 88, 91, 92, 96, 99, 128, 129, 191, 192, 193, 202, 203, 215, 216, 219, 382, 530
라이터 69, 271, 299, 345, 512, 515, 530
런던 협약 52
로프 415, 417
릴 424

ㅁ

마대 자루 261, 556
마우스피스 401, 512, 515, 522
마이크로비즈 296
매트리스 133, 325, 326, 327, 336, 403
맥주 캔 118
머리끈 298, 400
머리빗 172, 298
면봉 294, 299, 530
모니터 182, 277, 343, 467
몬테수마의 복수 351
무한궤도 차량 149
물 발자국 352
물총 230
물티슈 264, 507
미세 섬유 182, 183, 353
미세플라스틱 vi, 43, 173, 177, 180-184, 226, 227, 245, 247, 251, 270, 283, 286, 296, 353, 401, 425, 522
미세 합성 섬유 425

ㅂ

바다거북 xvi, 27, 38, 66, 105, 140, 141, 172, 177, 178, 185, 198, 254, 298, 333, 337, 413, 416, 419, 420, 424, 480, 484, 485, 492, 493, 498, 527
바닷새 38, 48, 49, 178, 196, 206, 259, 301, 416, 474, 482, 485, 492, 498, 504
바란バラン 249
바비큐 그릴 116
바이엘 102
박스 스프링 133
반려해변 73
반창고 314, 322, 555
발자국 30, 352, 412, 490, 492, 493
발포스티렌 276, 277, 279, 280, 281
밧줄 54, 145, 155, 160, 175, 218, 278, 289, 425, 431, 432
방사능, 방사성 폐기물 37, 41
방현재 154, 159
배설물 483, 490, 491, 493
배좀벌레조개 441, 444
배터리 146
벤트 캡 146
변기 xv, 42, 303, 304, 306, 307, 308, 326
변기 세정제 308
병뚜껑 49, 71, 88, 89, 101, 191, 193, 194, 203, 204, 210, 271
보증금 89, 94, 95, 192, 194, 519, 557
봉돌 119, 423
부식/부식성 50, 77, 119, 149, 213, 415
부착 생물 306, 364, 375, 392, 398, 415, 417, 440, 503
부탄가스 166, 515
부표 54, 57, 82, 103, 173, 205, 214, 218, 276-279, 280, 282, 289, 413, 415, 417, 430, 431, 432
분류식 하수도 316
비닐봉지/비닐봉투 vi, 22, 23, 32, 39, 46, 48, 61, 69, 70, 89, 169, 175, 177, 178, 182, 185, 187, 241, 253, 254, 255-260, 469, 472, 483
비드 165
비옷 354
비치 체어 330, 331
비헹분섞 71
빈백beanbag 286, 325
빛 공해 105
빨대 47, 190, 191, 193, 195, 197, 198, 200, 201, 469, 489, 525, 530
빨래집게 247

ㅅ

사이드 월 161
사체 178, 485, 491
산호, 산호초 ix, x, 30, 156, 162, 416, 439, 440, 503
삿갓조개 396
생분해 42, 197, 206, 233, 234, 243, 248, 282, 287, 297, 353, 419, 518, 519, 557
샤워캡 391
서핑, 서퍼 27, 361, 406
서핑 보드 405, 406
석유 플랫폼 62, 106, 107, 388, 500, 501, 504
석회관갯지렁이 164, 251, 270, 285, 364, 368, 375, 385
선베드 325, 326, 327, 329, 330, 331, 334, 481, 515
성냥, 성냥갑 515, 530, 531
세계유령어구계획GGGI 418

세계 화장실의 날11월 19일 305
세면대 309
셀룰로오스 아세테이트 513
셀카봉 346
소금물 83, 109, 126, 140, 396
쇼핑 카트 133
수영 누들 404
수영복 24
수은 108, 116, 342, 501
스노클/스노클링 46, 180, 265, 396-401, 416, 424, 467
스테인리스 198, 317, 415, 419, 420
스파클라 200
스포츠 테이프 322
스프레이 116, 124
시가cigar 107, 249, 457, 462, 512, 515, 516, 529
식스팩 링 175, 178, 190, 191, 196, 197, 206, 207
신문지 90, 282, 448, 465, 472, 475, 501
실란트 251
실리콘 198, 400
싱크대 21, 132
쓰레기 수거 기록지 25, 75, 414, 451
쓰레기통 49, 50, 51, 67, 89, 120, 190, 192, 194, 206, 242, 257, 263, 285, 294, 295, 305, 308, 322, 327, 471, 482, 486, 529
씨글라스 82, 90, 95, 99, 549

ㅇ

아모코 카디즈Amoco Cadiz 호 501
아이스팩 176, 249
아쿠아 봉 404
안전모 62, 388, 389, 392
알루미늄 호일 116

알약 321
야광 막대 54, 423
양식장 277, 434
어구 vii, 22, 43, 44, 54, 55, 56, 131, 177, 179, 187, 280, 353, 396, 409, 411, 413, 414, 415, 416, 417, 418, 419, 427, 429, 431, 492, 541
어구 실명제 56
어망 38, 54, 55, 56, 57, 59, 65, 173, 175, 178, 180, 277, 280, 413, 414, 415, 416, 417, 419, 430, 432, 556
어상자 54, 288, 413, 433, 439, 460, 461
어선 49, 52, 53, 54, 61, 76, 106, 107, 110, 205, 305, 354, 412, 413, 414, 433, 438, 460
어업 xiii, 30, 37, 53, 54, 55, 57, 179, 289, 411, 412, 413, 414, 415, 416, 417, 418, 430, 460, 558
업사이클링 xiv, 23, 25, 71, 93, 95, 120, 146, 152, 185, 186, 192, 353, 372, 379, 418, 454, 456, 457, 459, 519
엑손 발데즈Exxon Valdez 호 501
엔진 오일 126
여과 섭식 177
열공해 45
열적 재활용thermal recycling 186
오션솔Ocean Sole 372
오일 무스mousse 498
오일 슬릭slick 498
오일 신sheen 498
와인잔 100
완충재 176, 277, 281, 282, 287
외래종 39, 91, 123, 176, 179, 205, 362, 372, 375, 440
요거트 컵 175, 185, 262
우주 쓰레기 36
유독 가스 186, 504

유령 어구 280, 416
유령 어업 55, 415, 417, 418
유류 57
유리 부표 103
유리창 102
유목 65, 76, 95, 441, 549, 555
유조선 62, 500, 501, 504
육상 기인 해양 쓰레기 44
음료수 캔 53, 116, 123, 178, 191, 196, 206
음식물 쓰레기 49
의료용 호스 320
의료 폐기물 vi, 22, 76, 311, 313, 314, 316, 317, 318, 320, 321, 322, 385
이중 병뚜껑 194
인공 어초 155
인어의 눈물 90
인형 197, 225, 228, 519
일회용 48, 58, 68, 69, 112, 130, 198, 242, 243, 253, 255, 257, 264, 278, 281, 285, 294, 297, 298, 301, 315, 340, 382, 385, 391, 423, 439, 452, 453, 469, 470, 499, 557
일회용품 48, 257, 264, 278, 294, 298, 301, 557

ㅈ

자동차 번호판 146
자동차 범퍼 147
자동차 프레임 144
자전거 148, 167
잔류성유기오염물질 182
장난감 모형 틀 231
재떨이 82, 102, 189, 518, 523, 531
재활용 xiv, 23, 25, 56, 68, 70, 71, 72, 93, 94, 95, 102, 103, 120, 146, 152, 155, 159, 160, 175, 185, 186, 187, 189, 191, 192, 193, 194, 198, 203, 214, 218, 235, 255, 262, 282, 287, 340, 353, 419, 448, 456, 459, 468, 469, 472, 475
재활용 코드 175, 187, 193
재활용하기 68, 70, 93, 94, 103, 185, 186, 255
적게 쓰기 68, 69, 93, 94, 185, 255
전자담배 516
전자 폐기물 문제 해결 계획 E-waste Problem Initiative 342
전화 58, 129, 279, 342, 345, 446, 462, 473
조개삿갓 363, 375
주사기 24, 75, 102, 175, 314, 315, 316, 317, 318, 319, 320, 372
준설 30
지뢰 60, 117
지속가능의류연합 Sustainable Apparel Coalition 352
지폐 465, 467, 468, 476
지하철 155
쭈쭈바 209

ㅊ

첨가제 157, 164, 174, 177, 179, 180, 362, 367, 372, 437, 468, 470, 476, 502, 513, 515
체인 155
칫솔 294, 296, 297, 300

ㅋ

카세트테이프 250
캘리퍼스 110, 201, 238, 425, 470, 506
컴퓨터 277, 339, 340, 342, 343, 344
코코넛 489

콘돔 238, 295, 300
크루즈선 52, 58
클램셸 278, 282, 285

ㅌ

타르 / 타르 볼 vii, 22, 44, 62, 166, 495, 497, 498, 503, 506, 507, 513, 543
탄피 vi, 22, 23, 169, 267, 268, 269, 270, 271, 299, 474, 558
태평양 거대 쓰레기 지대 35
테이크아웃 58, 69, 176, 182, 190, 191, 193, 195, 196, 197, 241, 243, 275, 278, 284, 285, 469, 470
테이크아웃 컵 58, 182, 190, 193, 241, 284, 469
테트라팩 208
토레이 캐니언 호 504
통발 54, 55, 175, 277, 413, 415, 434
통조림 128

ㅍ

파라솔 47, 265, 326, 329, 332, 333
파이로플라스틱pyroplastic 186
페인트 붓 251, 449
페트병 vi, 22, 31, 169, 189, 191, 192, 202, 203, 204, 205, 213, 241
펠렛 181-184, 286, 519
폐선박 118, 439
폐어망 414, 419
포스트 컨슈머post-consumer 469
포장재 vi, 22, 57, 70, 71, 96, 169, 178, 187, 195, 231, 253, 256, 257, 262, 264, 265, 285, 321, 453, 529
포장지 49, 69, 72, 197, 200, 260, 263, 279, 299, 300, 399, 423, 467, 471, 473, 474, 476, 486, 512, 516, 526
폭발물 60
폭죽 46, 231, 441, 474, 558
폴리브롬화디페닐에테르류 342
폴리스티렌 176, 276, 288
폴리에틸렌 174, 176, 219, 296, 404, 519
푸쉬 풀 캡push-pull cap 210
푸어러pourer 210
프리 컨슈머pre-consumer 468
플라스티글로머레이트plastiglomerate 186
플라스티크러스트plasticrust 186
플라스틱권plastisphere 184
플라스틱 장난감 캡슐 231
플라스틱 죽 177
플라스틱 탄피 474, 558
플라스틱 튜브 24, 209, 263
플라스틱 호스 245
피아노 172, 441
피크닉 27, 116, 243, 248, 325, 467

ㅎ

하수도 45, 255, 277, 279, 296, 315, 316
합류식 하수도 316
해변 쓰레기 무더기의 법칙 26, 93, 97, 195, 204, 214, 284, 299, 301, 319, 320, 356, 377, 404, 430, 459, 489, 514, 523
해변 청소 기계 140
해상 기인 쓰레기 173
해상 기인 해양 쓰레기 44
해안사구 30
해양 보호구역 558
해양 쓰레기 42
햇볕, 햇빛 xi, 46, 83, 92, 120, 190, 202, 225, 279, 317, 325, 327, 388, 395,

398, 487, 503
호일 풍선 234, 238
호텔 64, 72, 244, 246, 264, 391
혼획 55, 412, 418
화물선 56, 57, 58, 62, 226, 361, 453, 500
화장실 vi, 53, 54, 291, 303, 304, 305, 307, 308, 309, 339
화장실 솔 304, 307, 308
휴지 305, 308, 465, 467, 469, 475, 519, 531
히그 지수the Higg Index 353

국가/지역별 찾아보기

그레나다 133, 145, 149, 153, 167, 309, 442
그리스 99, 102, 200, 219, 249, 341, 343, 400, 401, 430, 442, 447, 460, 461, 487, 506, 507, 531
과들루프 143, 162, 164, 245, 309, 330, 343, 344, 402, 458, 489, 529
남극 37, 137, 149
멕시코 62, 107, 144, 148, 167, 207, 248, 351, 354, 355, 367, 368, 373, 379, 388, 475
　멕시코만 62
모로코 40, 47, 54, 476, 486, 487
미국 xii, 29, 30, 48, 59, 63, 69, 73, 83, 95, 100, 103, 118, 121, 123, 128, 130, 136, 148, 156, 158, 159, 198, 201, 202, 206, 209, 219, 226, 231, 236, 237, 238, 248, 253, 255, 261, 270, 203, 284, 285, 287, 296, 299, 314, 320, 322, 334, 339, 355, 356, 361, 368, 379, 405, 417, 418, 420, 422, 445, 447, 448, 451, 454, 468, 471, 472, 473, 474, 485, 493, 499, 505, 506, 507, 513, 516, 521, 522, 523, 526, 529, 531, 558
뉴욕 155, 198, 281, 316
캘리포니아 48, 136, 148, 198, 200, 219, 220, 231, 255, 354, 355, 379, 405, 471
플로리다 59, 156, 159, 197, 198
스코틀랜드 129, 132, 214, 216, 429, 433, 457, 458, 508
스페인 134, 146, 165, 166, 183, 184, 219, 224, 227, 333, 462, 525
스페인령 카나리아 제도 테네리페 섬 525
슬로베니아 102, 318, 334, 391, 420, 425, 430, 433, 444
오만 314, 507
요르단 109, 112, 128, 160, 231, 260, 298, 367, 399, 448, 487, 491
유럽 60, 187, 253, 339, 452, 454, 558
이집트 81, 134, 158, 260, 320
이탈리아 xvii, 96, 98, 101, 143, 199, 217, 250, 269, 270, 298, 299, 300, 306, 320, 368, 384, 385, 400, 422, 433, 434, 446, 462, 492, 519
일본 103, 110, 112, 236, 249, 308, 368, 454, 472, 508, 519, 521, 558
잉글랜드 147, 226, 322, 335, 423, 448
중국 82, 187, 340, 412, 448, 454, 473, 518, 558
쿠바 111, 124
크로아티아 354, 459, 471, 523, 524
파나마 449, 457
포르투갈 132
하와이 56, 198, 236, 284, 362, 375, 400, 406, 414, 417, 431, 447, 470, 473, 520
한국/대한민국 40, 57, 73, 117, 205, 258, 262, 282, 289, 321, 339, 365, 377, 384, 392, 427, 431, 432, 434, 454, 548, 549, 550, 551, 558
히말라야 36

우리가 바다에 버린 모든 것
바다를 걱정하는 당신을 위한 해변쓰레기 필드가이드

1판 1쇄 2023년 3월 20일 펴냄
2판 1쇄 2024년 4월 9일 펴냄
2판 2쇄 2024년 11월 15일 펴냄

지은이 마이클 스타코위치
옮긴이 서서재
편집 서서재, 물도깨비
표지 디자인 맨드라미
내지 디자인 서서재
인쇄 금비피앤피

판형 B6 (128 x 182mm)
종이 센토(100% 재생지) 260g/m^2, 100g/m^2, 아인스블랙(100% 재생지) 120g/m^2
서체 영덕 해파랑체, 공간
  Sandoll 명조Neo1, Sandoll 고딕Neo2, **Leferi Point**, SUIT, EB Garamond
인덱스 아이콘 Flaticon(www.flaticon.com)

펴낸이 이채환, 서재훈
펴낸곳 한바랄 **출판등록** 2022년 3월 2일 **등록번호** 제25100-2022-000018호
주소 서울특별시 마포구 모래내로7길 38, 401-2호
이메일 hanbahralbooks@gmail.com **인스타그램** @hanbahral_books
팩스 0504-076-2823

ISBN 979-11-978239-1-6 (03530)
값은 뒤표지에 있습니다.